教育部人文社会科学研究青年基金项目
"临空经济区重塑区域空间结构的机理与优化路径研究"
（20YJC790124）

河南省软科学项目
"郑州航空港实验区建设重构河南产业与技术结构的路径研究"
（192400410263）

河南省哲学社会科学规划项目
"郑州航空港经济综合实验区辐射带动能力研究"
（2019CJJ088）

河南省软科学项目
"郑州航空港实验区重塑区域空间结构的机理与优化路径研究"
（202400410173）

临空经济促进
区域协调发展的机制研究

汤凯 著

中国社会科学出版社

图书在版编目（CIP）数据

临空经济促进区域协调发展的机制研究/汤凯著．—北京：
中国社会科学出版社，2020.6
ISBN 978 – 7 – 5203 – 6409 – 6

Ⅰ．①临…　Ⅱ．①汤…　Ⅲ．①航空运输—运输经济—作
用—区域经济发展—研究—中国　Ⅳ．①F562

中国版本图书馆 CIP 数据核字（2020）第 069240 号

出 版 人	赵剑英
责任编辑	刘晓红
责任校对	周晓东
责任印制	戴　宽

出　　　版	中国社会科学出版社
社　　　址	北京鼓楼西大街甲 158 号
邮　　　编	100720
网　　　址	http：//www. csspw. cn
发 行 部	010 – 84083685
门 市 部	010 – 84029450
经　　　销	新华书店及其他书店

印刷装订	北京君升印刷有限公司
版　　　次	2020 年 6 月第 1 版
印　　　次	2020 年 6 月第 1 次印刷

开　　　本	710 × 1000　1/16
印　　　张	17
插　　　页	2
字　　　数	253 千字
定　　　价	96.00 元

摘　　要

　　中国已进入一个新时代，社会主要矛盾已转化为人民日益增长的美好生活需要和不平衡不充分发展之间的矛盾，而其中区域发展不平衡、不充分的问题极为突出。因此党的十九大提出要贯彻新发展理念，建设现代化经济体系，实施区域协调发展战略。那么，如何实施区域协调发展战略呢？这一战略的突破口何在？近年来，临空经济这种新型经济形态因其在区域发展中的显著作用而引起社会各界广泛关注，中国各级政府也不断强化对临空经济的重视，并依托区域机场规划设立了众多临空经济区，力图将临空经济培育成区域发展新的增长点，发挥更大效应。在新时代中国政府大力实施区域协调发展战略背景下，临空经济会对中国区域协调发展产生什么样的影响？作用机制和传导路径是什么？临空经济能否成为中国区域协调发展的有效引领？探究上述问题对丰富临空经济与区域协调发展理论体系、促进临空经济的良性发展和区域协调发展战略目标的顺利实现都具有重要意义。

　　临空经济是当经济发展达到较高水平时随着航空运输业的快速发展吸引临空指向性产业和人、财、物、信息、技术等各种生产要素在机场周边大规模集聚而形成的一种新型经济形态，被喻为是驱动区域发展的"第五冲击波"，具有高科技含量、显著外部性、快速时效性、产业集群化等特征，能通过市场效应、空间溢出效应、重构效应推动中国区域协调发展多维战略目标的实现。

　　首先，临空经济会通过市场扩大效应、市场一体化效应促进区域协调发展。发展临空经济能扩大区域市场规模，通过推动区域"中心—外围"结构的形成及良性互动、促进区域经济持续性扩散、拉动区域出口增长、深化区域分工、提高区域劳动生产效率、推动区域全面开放新格局的形成等机制促进中国区域协调发展；临空经济能推动区域要素市场与产品市场一体化，强化区域间互动联系并推动区域间消除壁垒，为各区域发挥比较优势提供支撑，引导要素合理流动、提升要素利用效率，使各区域按集约化方式发展，促进人与自然和谐相处，且临空经济一体化共建能为探索区域间协调发展新机制提供试验平台，从多个方面促进中国区域协调发展。通过构建"市场引力模型"对临空经济市场效应进行实证分析发现：临空经济通过航空运输网络把各区域联系在一起，扩大区域市场规模，推动区域间人员、货物流动，强化区域间互动联系，缩短区域间经济距离，影响区域产业结构、人口、经济规模等，可以大大提升区域间市场引力和市场一体化水平，对促进区域协调发展具有很强的市场效应。而且，越是市场偏远及交通不便区域，其市场效应发挥越显著。

其次，临空经济会通过连续型空间溢出效应、离散型空间溢出效应推动区域协调发展。对于连续型区域，临空经济会通过带动区域就业、拉动投资并发挥乘数效应、降低运行成本促进增长极形成、提升区域竞争力、优化区域发展环境、升级产业结构等机制影响区域协调发展；对于离散型区域，临空经济会通过推动生产要素自由流动、模仿学习、降低贸易成本、强化特殊区域互联互通、促进技术扩散等机制影响区域协调发展。通过创新改造空间权重、构建空间面板计量模型对临空经济空间溢出效应进行实证分析发现：不论是连续型空间溢出效应还是离散型空间溢出效应，对区域协调发展均有正向促进作用；在空间溢出总效应中，离散型空间溢出效应的贡献高达三分之一；在考虑离散型空间溢出效应下，连续型空间溢出效应与总效应（离散型空间溢出效应与连续型空间溢出效应之和）都会增强；临空经济空间溢出效应会随着航空运输网络的完善不断强化。

最后，临空经济会通过空间重构效应、产业与技术重构效应推动区域协调发展。临空经济能推动区域构建高端临空产业体系（临空核心产业、临空关联产业、临空引致产业）、引领传统产业升级、提升区域产业时空价值、促进技术吸纳与扩散、为区域产业双向开放提供战略新通道，从而重构区域产业和技术结构；能推动"空中丝绸之路"构想的实现和中国区域空间发展战略落实、促进区域新经济增长极形成、优化区域现有空间结构和城市群空间体系、拉动欠发达区域跨越式发展，从而重构区域空间结构，对区域协调发展产生深刻影响。运用超制图学技术、格兰杰因果关系检验、普通面板回归模型对临空经济重构效应进行实证分析发现：临空经济能显著重构中国区域空间结构，而且经济越发达区域的空间重构效应越明显；临空经济是促进中国区域产业结构高级化的重要因素，对中国区域产业结构高级化有显著的正向推动作用。

总之，对临空经济三大类、六小类效应的解构、理论和实证分析结果验证了"临空经济能有效促进新时代中国区域协调发展"的理论预判。因此，中国应在国家层面明确临空经济的战略地位，强化中央政府的政策扶持力度，推动地方公共资源更多地向临空经济区倾斜；各地方政府要主动适应、适度超前，因地制宜地促进临空经济效应的发挥；要不断完善临空经济效应发挥的市场基础，强化以航空运输为主导的综合交通体系建设，打破行政壁垒，消除区域间市场分割，促进要素自由流动，全面深化民航市场化改革；要统筹中国临空经济区空间布局与建设，构建中国临空经济发展网络，打造东部三大世界级临空经济集群，推动东北国家级临空经济区设立，给予中西部区域临空经济发展更多支持；要优化产业结构，扩大对外开放，推动临空经济现代产业体系构建，探索建设空港型自由贸易港，强化"港—产—城—域"四位一体发展。

关键词：临空经济；区域协调发展；市场效应；空间溢出效应；重构效应

ABSTRACT

With China entering a new era, the main contradiction of society has been transformed into the contradiction between the growing demand for better life and the unbalanced development of the people. While the problems of uneven and inadequate development in China's regional development are extremely prominent. Therefore, the Central Committee has proposed to carry out the new development concept, build a modern economic system and implement the strategy of regional coordinated development. So, how to implement the strategy of regional coordinated development? What is the breakthrough of this strategy? In recent years, as a result of its significant role in regional development, the new economic form of the airport economy has attracted wide attention from all walks of life. China's governments at all levels have also attached importance to the airport economy. Many airport economic zones have been set up based on the Regional Airport plan, trying to cultivate the airport economy into a new growth point of regional development and play a greater role. Under the background of the Chinese government vigorously implementing the regional coordinated development strategy in the new era, what effect will the airport economy have on the coordinated development of China's region? What are the mechanism of action and the path of conduction? Can the airport economy be an effective guide for the coordinated development of China's region? To explore these issues is of great significance to enrich the theory system of airport economy and regional coordinated development, as well as to guide China's airport economic development to a more scientific and rational direction. It is also of great value to promote the benign operation of the airport economy and to achieve the strategic goals of regional coordinated development.

The airport economy is a new economic form formed by the rapid development of the air transportation industry and the gathering of various production factors such as people, wealth, goods, information, technology and so on. Airport economy is regarded as the "fifth shock wave" that drives regional development. It has the characteristics of high technology content, significant externality, fast timeliness and industrial clustering. It can achieve the multi – dimensional strategic goals of China's regional coordinated development through the effect of "market effect, spacial spillover effect and reconfiguration effect".

Firstly, the airport economy can promote the coordinated development of the region through the effect of market expansion and the effect of market integration. The development of airport economy can expand the regional market size to affect the coordinated development of the region by promoting the formation of regional "center-periphery" structure and the benign interaction, promoting regional economic sustainable diffusion, stimulating regional export growth, deepening the regional division of labor, improving the regional labor productivity, promoting the formation of a new pattern of all – round, opening of regional mechanisms. Airport economy can promote the regional market integration to affect the coordinated development of the region by strengthening inter regional interaction and promoting inter regional barriers to eliminate, providing support for the comparative advantages of all regions, guiding the rational flow of elements and enhance the efficiency of factor utilization, so that all regions can be developed in an intensive way to promote harmony between man and nature. Through the construction of "market gravity model" to analyze the market effect of airport economy, this study finds that the airport economy can really through the air transportation network to each region together, expanding the market scale, promote the flow of regional personnel, goods, and strengthen the contact interaction between regions, and by shortening the regional economic distance as well as by affecting regional industrial structure, population, and economic scale to promote the market gravity and market integration level between regions. But the market effect of airport economy has a certain distance adaptability and is more significant for the remote market and the inconvenient traffic area. The market – oriented reform of civil aviation is an important driving force for the effective implementation of the market effect of the airport economy. At the present stage, promoting the marketization reform of the price and charging mechanism of the civil aviation market is an important means to promote the market effect of the airport economy.

Secondly, the airport economy can promote the coordinated development of the region through the continuous spatial spillover effect and the discrete spatial spillover effect. For the continuous area, airport economy will influence regional coordinated development by promoting regional employment, promoting investment and giving play to multiplier effect, reducing operation cost, promoting growth pole formation, enhancing regional competitiveness, optimizing regional development environment and upgrading industrial structure. For discrete regions, airport economy will affect regional coordinated development by promoting free flow of production factors, imitation learning, reducing trade costs, strengthening interoperability between special areas and promoting technology diffusion. This study makes an empirical analysis of spatial spillover effects on the airport economy through the innovation and transformation of the spatial weight and the construction of the spatial panel measurement model. It is found that the continuous spatial spillover effect and the discrete spatial spillover effect have a positive effect on the regional development. In the total spatial spillover effect of the airport economy, the contribution of the discrete spatial spillover effect is as high as 1/3. Considering the discrete spatial spillover effect of the airport economy, the continuous spatial spillover effect will be reduced, but the total effect (the sum of the discrete spatial spillover effect and the continuous spatial spillover effect) will be enhanced. Therefore, if we do not consider the discrete spillover effect of airport economy, we will overestimate the impact of airport economy on the continuous regional economic growth, and underestimate the total impact of airport economy. The spillover effect of airport economy will continue to strengthen with the improvement of air transportation network. We need to pay special attention to the improvement and accessibility of aviation network, and enhance the optimization and management efficiency of air transportation network.

Finally, the airport economy can promote the coordinated development of the region through the effect of space reconstruction and the effect of industry and technology reconfiguration. Airport economy can promote the construction of high - end airport industry system (core industry, air related industries, airport induced industries), leading traditional industries upgrading, upgrading the temporal and spatial value of regional industries, and promoting technology absorption and diffusion. It can provide a new strategic channel for the two - way opening of the regional industry. Airport economy can promote the realization of the concept of "air Silk Road", promote the implementation of China's regional space development strategy, promote the formation of new regional economic growth pole, optimize the existing spatial structure and urban agglomeration spatial system, and promote the leaping development of underdeveloped areas. This paper makes an empirical analysis on the effect of the airport economic space reconstruction by using the cartography technology. We found that the airport economy significantly reconstructed the regional spatial structure of China, but there was a significant difference in the reconstruction effect of different regions. The effect of space reconstruction on airport economy in central and eastern China is obviously greater than that in the west and the northeast. This study uses the Granger causality test and the general panel regression model to make an empirical analysis on the effect of the industrial reconstruction of the airport economy. It is found that the airport economy is an important reason that influences the upgrading of China's regional industrial structure. It has a significant positive role in promoting the upgrading of China's regional industrial structure, but it has no significant impact on the rationalization of China's regional industrial structure.

In the new era, China's regional coordinated development is richer and more varied. The theoretical analysis and empirical analysis of the three main categories and six sub effects of airport economy have effectively verified the theoretical prediction of "airport economy can promote the coordinated development of China's region". Therefore, China should clarify the strategic position of the airport economy at the national level, strengthen the central government's policy support, and promote the local public resources to tilt towards the airport economic zone. The local governments should improve their importance to the airport economy, adapt themselves actively and moderately ahead of time, and promote the economic effects on the ground by local conditions. We should constantly improve the market base of the economic effect and strengthen the construction of a comprehensive transportation system dominated by air transport. We should break administrative barriers, eliminate market segmentation between regions, promote free flow of elements and deepen the reform of civil aviation market in an all-round way. The central government should coordinate the layout of the economic zone, promote the "air coordination" in the Beijing Tianjin Hebei region, and give more support to the development of the central and western regions. The government should optimize the development system of the airport economy and open to the outside world, promote the construction of the modern industrial system and explore the construction of airport free trade port, drive "airport, industry, airport city and region" to achieve integrated development.

Key Words: airport economy; regional coordinated development; market effect; spacial spillover effect; reconfiguration effect

目　　录

第一章　绪论

习近平在党的十九大报告中明确提出：中国已进入一个新时代，经济已由高速增长阶段转向高质量发展阶段，正处在转变发展方式、优化经济结构、转换增长动力的攻关期，"发展不平衡不充分""发展质量和效益还不高""城乡区域发展和收入分配差距依然较大"等问题"必须着力加以解决"，因此要"贯彻新发展理念，建设现代化经济体系"，要"实施区域协调发展战略"。那么，如何实施区域协调发展战略呢？怎样才能实现区域协调发展目标呢？近年来，临空经济这种新型经济形态在区域协调发展中的作用日益凸显，能从驱动区域产业结构优化升级和发展方式转变、促进区域形成全面开放新格局等多方面推动区域协调发展，已经成为促进区域协调发展的新模式和"新的动力源"[①]，临空经济区及其所依托的航空枢纽促进国家经济发展轴由平面转化为立体，每一个临空经济区都可以起到点轴发展系统中关键节点的作用（张军扩，2007）。但目前对于临空经济的相关理论与实证研究却严重滞后于实践，尤其是缺少对临空经济在区域协调发展中影响效应的研究，因此，系统探讨临空经济促进区域协调发展的理论机制并进行实证分析已成为一项极具挑战性、紧迫性的命题。

---

① 2017年2月23日习近平主席考察北京新机场时强调"北京新机场是我们国家发展的一个新的动力源"。

第一节 研究背景、目的与意义

一 研究背景

（一）中国提出新时代下要"实施区域协调发展战略"

党的十九大报告明确指出，中国特色社会主义已进入新时代，社会主要矛盾已转化为人民日益增长的美好生活需要和不平衡不充分的发展之间的矛盾，并基于这一论断提出要"实施区域协调发展战略"。区域协调发展是国民经济平稳、健康、高效运行的前提，也是中国重大的经济、政治、社会以及国家安全问题，关系到整个中国的长治久安（陈栋生，2008）。尽管自20世纪90年代初中国便提出了区域协调发展理念，而且近年来区域发展的协调性也得到了显著增强，但是区域间发展不平衡不充分的矛盾仍未得到根本解决，区域发展质量和效益不高，城乡发展和收入分配差距依然较大，已严重影响了中国经济的可持续、高质量发展，增加了经济社会的风险（樊纲，2013）。

表1-1显示了中国四大板块地区生产总值（GRP）在全国所占的份额及其变化情况，从中可以看出，虽然从2006年开始东部地区所占比重有所下降，但仍然占全国GDP的一半以上，而且与中部、东北差距不断拉大。1998年中部、东北GRP占全国的份额与东部地区的差距分别为29.9%、41.1%，2015年差距分别扩大到31.3%、43.6%，区域间发展失衡的突出问题未得到有效解决。

表1-1 中国四大板块地区生产总值（GRP）占全国份额及演变① 单位:%

年份 地区	1998	2002	2005	2006	2007	2008	2009	2010	2011	2012	2013	2014	2015
东部10省 （市）	51.1	53.2	55.6	55.7	55.3	54.3	53.8	53.1	52.0	51.3	51.2	51.2	51.6

---

① 东部10省（市）为京、津、冀、鲁、苏、沪、浙、闽、粤、琼；中部6省为豫、晋、鄂、湘、皖、赣；西部12省（区、市）为陕、甘、宁、青、新、蒙、川、渝、滇、黔、藏、桂；东北3省为黑、吉、辽。

续表

年份 地区	1998	2002	2005	2006	2007	2008	2009	2010	2011	2012	2013	2014	2015
中部 6 省	21.2	19.9	18.8	18.7	18.9	19.3	19.3	19.7	20.0	20.2	20.2	20.3	20.3
西部 12 省 （区、市）	17.7	17.0	16.9	17.1	17.4	17.8	18.3	18.6	19.2	19.8	20.0	20.2	20.1
东北 3 省	10.0	9.8	8.7	8.5	8.5	8.6	8.5	8.6	8.7	8.8	8.6	8.4	8.0

资料来源：笔者根据 1996—2016 年《中国统计年鉴》《中国区域经济统计年鉴》整理。

　　图 1-1、图 1-2 显示了中国四大板块城乡居民收入绝对值变动情况，从中可以看出，中国城乡间、区域间人均可支配收入存在较大差距：城乡差距方面，譬如 2005 年东部城乡居民人均可支配收入分别为 13375 元、4720 元，城镇居民人均可支配收入是农村居民人均可支配收入的 2.83 倍，绝对值差距为 8655 元，2017 年东部城乡居民人均可支配收入分别为 42990 元、16822 元，城镇居民人均可支配收入是农村居民人均可支配收入的 2.56 倍，虽比 2005 年有所下降，但绝对值差距扩大到了 26168 元；区域差距方面，譬如城镇居民人均可支配收入，中部、西部、东北地区保持大体一致的走势，但与东部之间的绝对值差距不断扩大，2005 年东部城镇居民人均可支配收入为

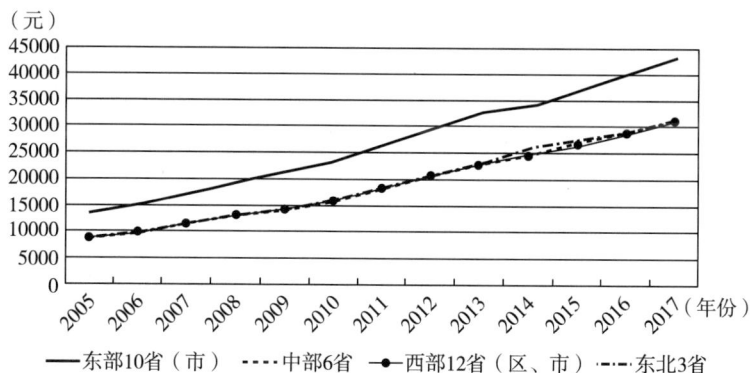

图 1-1　中国四大板块城镇居民人均可支配收入变动趋势
资料来源：笔者绘制。

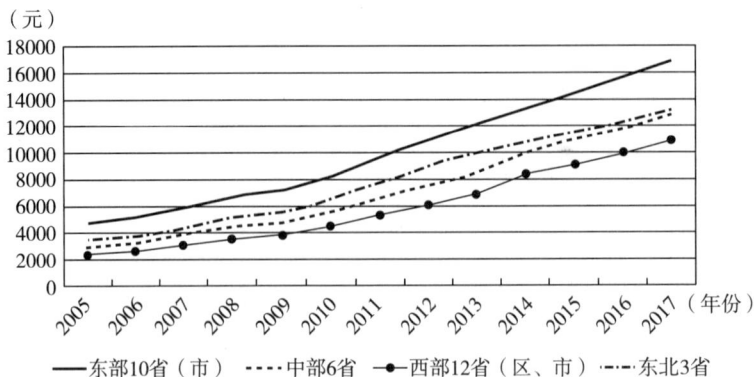

图 1-2　中国四大板块农村居民人均可支配收入变动趋势

资料来源：笔者绘制。

13375 元，分别是中部、西部、东北的 1.518 倍、1.523 倍、1.532 倍，分别高于中部、西部、东北 4566 元、4592 元、4645 元，2017 年东部城镇居民人均可支配收入为 42990 元，分别是中部、西部、东北的 1.374 倍、1.387 倍、1.389 倍，分别高于中部、西部、东北 11696 元、12003 元、12030 元。

中国南北区域发展不平衡问题也呈现出新的特点，自 2012 年后整体上南北差距在不断扩大，"经济增速'南快北慢'，经济总量占比'南升北降'的状况逐渐明显"。① 以黄河为界，2012 年北方区域 GDP 总量占全国的比重为 29%，2017 年则下降至 25.2%；2013 年南北方 GDP 增速差距为 0.3 个百分点，而到了 2017 年则扩大到了 1.9 个百分点；2018 年 GDP 增速排名前十的省（区、市）：西藏（10%）、贵州（9.1%）、云南（8.9%）、江西（8.7%）、福建（8.3%）、陕西（8.3%）、安徽（8.02%）、四川（8.0%）、湖北（7.8%）、湖南（7.8%），除陕西省外，其余全部位于南方区域；2018 年 GDP 增速排名最后的 5 个省（区、市）：天津（3.6%）、吉林（4.5%）、黑龙江（4.7%）、内蒙古（5.3%）、辽宁（5.7%），

---

① 中国国际经济交流中心常务副理事长魏礼群在"中国区域经济 50 人论坛"2019 年会上的讲话。

全部位于北方区域；南方区域人均 GDP 在 2013 年超过北方区域，随后差距不断扩大，2014—2017 年，南方区域人均可支配收入年均名义增长率为 9.3%，北方区域则为 8.6%，比南方区域低了 0.7 个百分点；2013—2016 年，南方区域资本形成总额年均增长 9.4%，增速比北方区域快 3.2 个百分点。

李克强总理指出，"发展的目的是人民富裕、国家强盛，而发展最大的差距是城乡差距和区域差距，这也是现代化建设最大的难题"[①]。所以，党的十九大立足中国社会主要矛盾变化以及发展不平衡不充分的基本国情，以全方位、系统化视角正式提出要"实施区域协调发展战略"，并对主要任务和战略取向做了明确部署，为中国区域协调发展开创了新的局面。

（二）航空运输在全球要素优化配置中的作用愈加突出

经济全球化是世界经济发展的必然选择。出于追求利润最大化和降低生产成本的需要，众多企业基于不同区域的比较优势，在世界各地进行生产分工与协作，推动了生产的全球化；国际贸易深入发展，驱动各国市场跨越国界相互融合带来世界市场的发展壮大，推动了市场的全球化；为追求报酬最大化，资本、劳动力、技术等各类生产要素在世界范围内加速流动，推动了生产要素的全球化；尤其是科学技术的进步及其普及应用，能从各个方面推动经济的全球化进程，"全球化是未来三十年不可逆转的潮流"[②]。在全球化过程中，各国也纷纷进行产业结构调整，发达国家不断进行产业升级，并逐渐将原有的产业向发展中国家或地区转移，产业的国际转移逐渐成为一种常态。在这种全球化深入发展、产业国际转移加速推进的形势下，各类生产要素的空间位移模式呈现出新的特征，航空运输以其快速易达的优势在全球经济发展中发挥愈加突出的作用。

2014 年，全球航空货运量为 5040 万吨，总价值 6.4 万亿美元，货物重量约为全球贸易货物重量的 0.51%，但其总价值占全球贸易

---

① 2012 年 12 月 28 日李克强在江西省九江市区域发展与改革座谈会上的讲话。
② 2017 年 5 月 14 日阿里巴巴董事局主席马云在"一带一路"国际合作高峰论坛开幕式上的讲话。

货物价值的 34.6%；航空旅客运输量为 33 亿人次，其中 54% 的国际旅客是通过航空运输的①。可以预见，世界航空运输业的高速发展在未来的经济全球化进程中仍将继续发挥重要的支撑作用。根据空中客车的统计分析，自 20 世纪 80 年代初以来，以客运周转量（RPK）②计算，全球航空运输每十五年翻一倍；航空运输对外部冲击表现出极高的弹性，较之于其他行业，航空运输能更迅速地从经济危机等外部冲击中恢复，2008 年国际金融危机以来航空运输年增长率约为5.8%；随着新兴市场经济体活力的不断增强，预计未来二十年航空运输仍能保持较快的增长，2014—2024 年，全球航空运输年均增长率有望保持5.2%，2024—2034 年保持 4.0%，仍可实现每十五年左右翻一倍的水平，将继续驱动世界经济全球化进程③。

中国是经济全球化的主要受益者和贡献者，并将继续深度参与和引导未来的经济全球化，"中国经济要发展，就要敢于到世界市场的汪洋大海中去游泳，如果永远不敢到大海中去经风雨、见世面，总有一天会在大海中溺水而亡"④。而航空运输业正适应了国际贸易运输距离长、空间范围大、时间敏感性强的特点，成为中国与世界其他国家资金流、技术流、产品流、产业流、人员流的重要纽带，"中国民航已经成为参与经济全球化的重要渠道，以及平衡全球贸易的重要平台"⑤。图 1-3 显示了 2003—2018 年中国民航国际航线运输总周转量变化情况，从中可以发现除 2009 年、2012 年外，其余各年均保持增

---

① 资料来源：ATAG, *Aviation*：*Benefits beyond Borders*，https：//aviationbenefits. org/media/149668/abbb2016_ full_ a4_ web. pdf.

② 客运周转量（Revenue Passenger Kilometer, RPK），又名收入客千米，是反映航空客运数量的代表性指标，指航空实际运送旅客数量与飞行里程的乘积，计算方法为：客运周转量 $= \sum$（实际运送旅客数量×航段距离）。

③ 资料来源于空中客车公司（Airbus）发布的《全球市场预测（2015—2034）》（*Global Market Forecast* 2015—2034）报告，参见空中客车公司网站：http：//www. airbus. com/。

④ 2017 年 1 月 17 日国家主席习近平在达沃斯世界经济论坛开幕式上发表的《共担时代责任　共促全球发展》的讲话。

⑤ 2012 年 7 月 20 日时任中国民航局局长李家祥在国务院新闻办发布会上就《国务院关于促进民航业发展的若干意见》回答记者提问时的讲话。

长状态①。

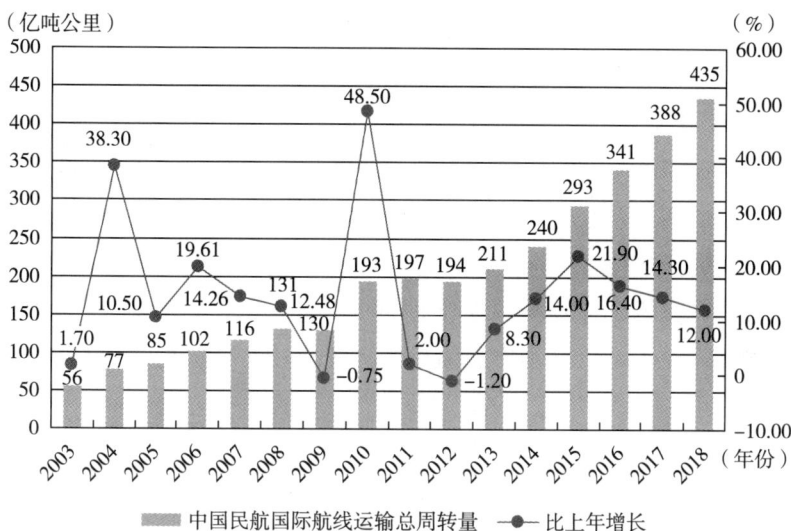

图 1 - 3 中国民航国际航线运输总周转量

资料来源：笔者根据中国民用航空局发布的《民航行业发展统计公报》（2003—2018）绘制。

2018 年尽管全球经济以及国际贸易增速降到 2008 年以来的最低水平，但中国民航业特别是国际业务部分仍然保持着较快的增长，当年中国航空运输货物总周转量为 1206.53 亿吨公里，比 2017 年增长了 11.4%，其中国际航线（除港、澳、台）为 435 亿吨公里，比 2017 年增长了 12%；旅客总周转量为 10712.32 亿人公里，比 2017 年增长了 12.6%，其中，国际航线为（除港、澳、台）2822.61 亿人公里，比 2017 年增长了 14%；截至 2018 年年底，中国与其他 65 个国家共 165 个城市有定期航班通航，共开通了 849 条国际航线，航线里程达到 412.52 万公里，有力地推进了中国对外开放和全球化进程②。预计未来 20 年，中国航空旅客周转量年均增长率为 6.8%，到

① 其中 2006—2008 年数据缺失，采用插值法对总周转量及其增长率进行了估算。
② 资料来源于中国民用航空局发布的《2018 年民航行业发展统计公报》。

2034 年，航空旅客周转量将占世界的 16%，人均年乘机出行次数从 2014 年的 0.3 次增长至 2034 年的 1.09 次，达到 2016 年的欧洲水平，成为全球航空业增长最快的地区之一①，航空运输将在中国各区域参与全球要素优化配置中发挥更为重要的作用。

（三）企业区位选择向机场周边聚集成为热点现象

20 世纪 70 年代新技术的兴起打破了资源空间分布不均对区域生产力发展的局限，大规模集成电路、微电子、生物工程等一大批科技含量高的新兴产业出现；21 世纪以后随着世界进入知识经济时代，以现代信息技术、生物技术为核心的新一轮高科技革命推动产业结构不断优化升级，新经济形态、新生产方式驱动企业区位选择出现新的变化。

一些新兴的技术密集型产业，如电子信息、生物医药等产业，往往更具有产品价值高、生命周期短、承担运费能力强、市场竞争激烈、对时间较为敏感等特点，而且被复制、仿造的速度加快。所以，时间成为影响这类企业获取技术创新效益的重要因素，产品投放时间延后可能带来巨大的经济损失，"未来已不是大鱼吃小鱼而是快鱼吃慢鱼"②，决定竞争成败的关键是"迅者生存"（survival of the fastest）③。这也驱使行业竞争规则与企业选址规则发生深刻变化，时间成了商业竞争的秘密武器，由于反应时间导致的优势将带动其他各种竞争优势，因而在最短时间内以最低成本创造最大价值成为企业成功的最新模式（George Stalk and Thomas Hout，1990）。所以，发达的综合交通体系和高效的物流网络对技术密集型企业而言至关重要，而机场周边区域逐渐成为这类企业的重点选址对象。如重庆市临空经济的

---

① 资料来源于空中客车公司（Airbus）发布的《全球市场预测（2015—2034）》（*Global Market Forecast* 2015—2034）报告，参见空中客车公司网站：http：//www.airbus.com/。

② 世界经济论坛执行主席克劳斯·施瓦布（Klaus Schwab）在 2016 年夏季达沃斯论坛上做出上述表述。

③ 美国著名未来学家阿尔文·托夫勒在 1990 年出版的 *Power shift*：*Knowledge*，*Wealth and Violence at the Edge of the 21st Century*（中译本：《权利的转移》，中信出版社 2006 年版）一书中明确提出"进入 21 世纪后，在经济发展中决定竞争成败一个不容置疑的因素是：迅者生存（survive of the fastest）"。

发展吸引了包括惠普、碁基等著名品牌电脑商和富士康等全球大代工厂的入驻，每天通过约 6 架波音 747－400 全货机将产品及时运输到世界各地，以达到将产品迅速投放市场的目的。同时，航空物流、企业总部、研发机构以及其他高端知识密集型服务业也都倾向于向机场周边聚集，以便利用便捷的交通条件满足高端商务需要，实现全球易达。所以在美国达拉斯沃思堡机场周边区域聚集了如花旗银行、微软、雅培实验室等近两千家高科技公司。

此外，由于计算机智能在产业优化进程中的广泛应用，生产流程趋于完善、社会分工更加精细化，使多品种、小批量的柔性生产方式成为可能并逐渐扩大，以顺应需求个性化、多样化的趋势。而这种生产方式具有极高的时间价值指向，要求企业能不断缩短产品研发与运输时间，以最快的速度进入市场。这都显著改变了企业的区位偏好，使其由原先的运费指向、市场指向不断向时间价值指向转移，企业选址更倾向于向机场周边聚集，以便利用快捷的航空运输增强企业对市场需求变化的敏感性和灵活性，提升企业的市场竞争力。

（四）临空经济成为区域供给侧结构性改革的重要突破口

中国经济增速自 2010 年开始不断下行，2017 年中国 GDP 增速为 6.9%，虽然实现了 2010 年以来的首次回升，但是经济运行仍未从根本上摆脱减速下行的压力，2018 年 GDP 增速为 6.6%，是 1990 年以来的最低水平。同时，长期结构性矛盾已经成为最突出的问题，而"矛盾的主要方面在供给侧"[1]。面对严峻的经济形势，习近平提出了"供给侧结构性改革"思路，要求发展动力机制要从以往的重需求转变为供需双方共同发力，要"释放新需求，创造新供给，推动新技术、新产业、新业态蓬勃发展，加快实现发展动力转换"[2]，要"在适度扩大总需求的同时，着力加强供给侧结构性改革，着力提高供给

---

[1]　2016 年 5 月 16 日习近平在中央财经领导小组第十三次会议上的讲话中强调"当前我国经济发展中有周期性、总量性问题，但结构性问题最突出，矛盾的主要方面在供给侧"。

[2]　参见 2015 年 10 月 29 日十八届五中全会通过的《中共中央关于制定国民经济和社会发展第十三个五年规划的建议》。

体系质量和效率，增强经济持续增长动力"①。

在供给侧改革下，区域协调发展的需求更为现实和迫切，供给侧改革要"更加注重人口经济和资源环境空间均衡"（龚雯，2016），化解中国资源配置过度集中于东部、大城市等区域结构问题；要推动"区域创新、区域结构优化、区域新增长点的形成等"（林火灿，2015），提升区域核心竞争力和可持续发展能力。临空经济区因主体功能定位清晰，促进区域协调发展、提升城市竞争力等作用明显，已成为中国众多地方政府从供给侧探索区域发展结构调整的重要突破口。2012年7月国务院出台了《关于促进民航业发展的若干意见》（国发〔2012〕24号），明确提出要"大力推动航空经济发展，通过民航业科学发展促进产业结构调整升级，带动区域经济发展"，"选择部分地区开展航空经济示范区试点，加快形成珠三角、长三角、京津冀临空产业集聚区"；2013年3月国务院通过了《郑州航空港经济综合实验区发展规划》（国函〔2013〕45号），设立了中国第一个国家级临空经济实验区；2015年7月国家发展改革委和中国民航局联合出台了《关于临空经济示范区建设发展的指导意见》（发改地区〔2015〕1473号，以下简称《意见》），进一步明确提出要"把临空经济示范区建设成为现代产业基地、区域物流中心、科技创新引擎和开放合作平台，为促进区域经济社会发展和经济发展方式转变提供有力支撑"。在该《意见》指导下，又相继设立了北京新机场、青岛胶东、重庆、广州、上海虹桥、成都、杭州、长沙、贵阳、西安、宁波、南京、首都机场十三个国家级临空经济示范区。截至2018年年底，中国已有90余个机场规划设立了临空经济区②。临空经济已成为地方政府探索区域供给侧结构性改革的重要突破点。

综合以上背景分析可以看出，中国目前仍存在较严重的区域发展不平衡、不充分等问题，新时代"实施区域协调发展战略"亟须寻求更有力的抓手。与此同时，航空运输在促进区域融入全球市场、推动要素全球优化配置中的作用愈加重要，并以其高时效性吸引资金、

---

① 2015年11月习近平主席在中央财经领导小组第十一次会议上的讲话。

② 未统计中国香港、中国澳门及中国台湾地区。

劳动力、产业、企业等要素不断向机场周边聚集，催生出临空经济这种新的经济形态，为中国区域供给侧改革提供了有效突破口，在转变区域发展方式、优化区域经济结构、强化区域发展动力、促进区域协调发展中的作用日益凸显。近年来，中国各级地方政府不断强化对临空经济的重视，纷纷依托区域机场建设临空经济区，力图将其构建成区域发展的新增长极，带动区域发展；国家层面也加大了对临空经济的支持力度，出台了一系列指导性文件，设立了多个国家级临空经济示范区，以期促进临空经济效应发挥、优化空间格局，推动区域协调发展。那么，临空经济究竟能对中国区域协调发展产生什么样的影响？有怎样的作用机制？又能在多大程度上改变中国既有的区域发展不协调现状？如何加快临空经济发展实现中国区域协调发展？这正是目前缺乏研究和亟待研究的问题，本书将为此作出积极努力。

二　研究目的

本书的主要目的是从学理上阐释并验证临空经济在中国区域协调发展中的影响效应，通过构建临空经济促进中国区域协调发展的多维理论、实证分析框架，实现理论创新，并结合新时代中国区域协调发展的内涵要求和特征探讨临空经济促进中国区域协调发展的可行路径与对策，力求为中国区域协调发展战略实施和各级政府制定区域发展规划提供理论指导和决策依据。具体而言，本书研究的目的主要有以下两点：

第一，理论方面，构建并实证验证临空经济促进中国区域协调发展的效应体系。首先，现有对临空经济在区域发展中效应的研究多是集中于探讨临空经济的投资效应、经济增长效应等，忽视了市场、空间、结构等因素在其中的作用，且缺乏对临空经济促进区域协调发展作用机制的系统分析。本书将市场、空间、结构等因素纳入分析框架中来，以期弥补以往研究忽视市场、空间、结构等因素的不足，对临空经济效应作出全面科学的评判。其次，相对国外而言，中国对临空经济的研究较为落后，对临空经济在区域协调发展中效应的研究更不够系统和深入，多是就某个具体区域临空经济发展情况和效应作案例分析，缺乏理论深度和系统性，难以从中国区域协调发展全局高度思考中国临空经济发展中面临的机遇与挑战。所以，本书力图通过对临空经济与中国新时代区域协调发展内涵的分析，系统论证临空经济各种效应对区域协调发展的作用机理和传导路径，实现中国临空经济、区域协调发展理论研究的深化。最后，国内学者对临空经济的研究大多缺乏普遍性的实证证据，多是基于某个特定临空经济区进行实证分析，此类研究其优点是具有较强的针对性，但缺陷是研究结论不具有普遍意义，亟须更能反映中国临空经济整体影响的实证类研究。本书选取中国 35 个主要临空经济区及空港城市作为研究样本，针对临空经济促进区域协调发展的每种效应都构建了相应的实证分析模型，用以分别进行实证检验，以期使研究结论更具有普遍性意义。

第二，实践方面，为中国各级政府制定临空经济发展规划、推动区域协调发展战略实施提供理论支撑和对策建议。在市场体系比较健全的国家或区域，私人部门投资是区域发展的根本力量，占据主导地位，只有有效提升私人部门投资才可能从根本上推动区域产业结构不断优化升级以及相关科学技术的持续性创新。但是，对于中国这一正处于转型再平衡关键期的大国来说，政府在区域协调发展中仍占据极为重要的地位：交通等基础设施建设长期以来都是各级政府调控经济的必要手段，完善的交通基础设施对于促进区域经济持续增长、推动要素自由流动、构建区域更加开放格局都起到极为重要的作用；产业扶持政策在区域发展中也扮演了极为重要的角色，中央或地方政府在制订区域发展规划时，往往会基于区域发展实际，对一些产业或部门实施具有一定重点倾斜、优先扶持的政策措施，使其优先快速发展，以此形成区域发展动力，推动其他产业和整个区域的共同发展。那么，在当前中国区域发展极不平衡、不充分的现实背景下，各级政府应该如何提升交通基础设施投资与利用效率？不同区域特别是欠发达地区应该优先扶持什么样的产业？新时代下区域应该选择发展哪些新经济以推动其发展方式的转变？本书将论证依托机场及航空运输所形成的临空经济这种新的经济形态能够通过市场效应、空间溢出效应、重构效应对区域协调发展产生重要影响并推动其目标实现，将全面评估临空经济在区域协调发展中的作用，以期能为各级政府基础设施建设、产业政策制定、区域发展战略规划设计提供理论支撑。

三 研究意义

(一) 理论意义

第一，通过研究临空经济促进中国区域协调发展的效应体系及作用机制，可以丰富临空经济理论、区域发展理论及公共经济管理理论的研究内容。本书从整个中国区域协调发展和国土空间开发格局出发，以公共经济管理理论、区域发展理论贯穿全文，综合运用公共政策学、公共经济学、空间经济学、新结构经济学、产业经济学等相关学科理论与研究方法，将市场效应、空间溢出效应、重构效应纳入临空经济效应的分析框架中，从学理上厘清了临空经济促进中国区域协调发展的各种效应及作用机理，并对临空经济各种效应的价值定位等进行了系统的理论分析，可从交通、市场、空间、产业、结构、政策等多个角度丰富临空经济理论、区域发展理论及公共经济管理理论的研究内容。

第二，通过构建相应的数理模型对临空经济效应进行实证分析，可以完善临空经济定量研究方法。本书引入并改进了市场引力模型、空间面板计量模型、超制图学技术模型等多个数理模型，用以分别实证检验临空经济促进中国区域协调发展的市场效应、空间溢出效应、重构效应，并定量测度了一些效应的贡献程度，对结果做了对比分析与评价。既弥补了以往多是从个别发达区域而非中国全局层面对临空经济影响进行局部均衡分析的缺陷，又能推动现有文献定性研究为主、定量分析不足、方法单一重复、科学性不强等问题的解决，从而深化对临空经济在区域协调发展中效应的认识，也能为临空经济的定量研究做出一定贡献。

第三，利用区域间航空运输联系这一方法构建空间权重矩阵，能为拓展空间计量模型研究内容提供新的思路。空间计量模型中常基于区域间地理邻近关系、地理距离、经济距离等来构建空间权重矩阵，而这些构建方法都存在割裂离散型区域间联系的缺陷，本书提出了临空经济离散型空间溢出效应的概念，并基于区域间航空运输联系构建了空间权重矩阵，合理地把离散型区域间的空间影响纳入空间计量模型的分析框架，能有效拓展空间计量模型的研究内容。

（二）实践意义

第一，能为中国临空经济健康发展提供理论指导。中国临空经济萌芽于 20 世纪 90 年代初，2010 年后才开始迅速发展。到 2025 年中国布局规划民用机场总数将达到 370 个并覆盖绝大多数地级市[①]，届时临空经济在区域发展中的作用会更为突出，临空经济将逐步成为"支撑区域经济发展的增长极""引导区域经济发展的新方向""区域经济发展的潜力所在"（连玉明，2017）。但目前中国各地现已规划的 90 余个临空经济区中鲜有成熟的发展模式，均处于探索性建设阶段，社会各界对临空经济的发展规律与建设经验、在区域协调发展中的作用与地位等的认识上也存在不足，所以系统探索临空经济促进中国区域协调发展的各种效应，对于各地的临空经济发展实践具有重要的指导价值。

第二，能为新时代中国区域协调发展战略实施提供新思路。中国区域协调发展理念自 20 世纪 90 年代初便已提出，但近年来区域间某些方面的不协调、不平衡不但没有改观，甚至出现了加剧现象。随着中国经济由高速增长阶段转向高质量发展阶段，新时代区域协调发展战略实施提出要更加注重贯彻新发展理念，发展开放型新经济。本书探讨临空经济这种新的开放型经济形态与区域协调发展战略目标的契合性，论证其如何从市场、空间、结构等方面促进区域协调发展，可为中国区域协调发展战略的实施路径提供一个方向指引。

第三，能为各级政府制定与实施区域发展规划提供政策依据。中国各级政府近些年来对交通基础设施进行了大规模的投资，出台了多项产业扶持政策，兴建了多种类型的开发区、试验区等，但其效果莫衷一是。如何才能提升投资效率使其发挥最大效力？选择什么样的产业优先发展才能更好地满足区域发展需要？这些都是各级政府制定与实施区域发展规划时要考虑的重要内容。本书系统分析依托机场和航空运输所形成的临空经济在中国区域协调发展中的效应类型、作用机理、支撑要素，并通过构建严谨的数理模型进行定量研究，得出具有

---

① 资料来源于 2017 年 2 月 13 日国家发展和改革委员会、中国民用航空局联合发布的《全国民用运输机场布局规划》（发改基础〔2017〕290 号）。

普遍性的结论，深化了对机场、航空运输、临空产业、临空经济区等对区域协调发展影响的认识，可为中央及地方政府确定有关交通投资、产业扶持、园区建设等的规模、力度、优先顺序等提供有力的政策依据。

第二节　文献述评

本书主要是以中国区域协调发展为背景研究临空经济在中国区域协调发展中有哪些效应并进行实证验证，探讨临空经济发展的一般性规律，总结实践中存在的问题，为促进临空经济在中国区域协调发展中发挥更大作用提出相应的对策建议，加之有关区域协调发展的理论体系已比较成熟，因而本书的文献述评主要是围绕国内外研究临空经济的文献而展开，如临空经济的内涵界定、临空经济的形成与演进机理、临空经济的产业与空间结构、临空经济对区域发展的影响等，以厘清现有研究内容，为更好地开展本书研究奠定基础。

一　国内外文献综述

（一）国内外文献统计分析

就临空经济相关学术论文而言，基于 Springer、SD Elsevier 两大英文数据库以主题词为"airport economy"的检索方式对历年文献进行检索，发现发表在 SSCI 来源期刊上的文献共有 323 篇；基于中国知识基础设施工程（CNKI）数据库以"主题 = 临空经济"的检索方法对 1978—2018 年的文献进行检索，发现发表在"中文社会科学引文索引（CSSCI）"来源期刊上的论文数量仅为 69 篇[①]。

就临空经济相关著作而言，国外临空经济相关研究较有影响力的著作有：麦金利·康维（Mckinley Conway）所著的《空港城市：21世纪新的全球交通中心》（*Airport Cities* 21：*The New Global Transport Centers of the 21st Century*，1993），该书被认为是"目前关于临空经济最权威的著作"（谭淑霞等，2012）；约翰·卡萨达（John D. Kasar-

---

① 2018 年 3 月 19 日检索。

da）所著的《航空大都市：我们未来的生活方式》（*Aerotropolis - The Way We'll Live Next*），该书提出了速度经济理论，并系统分析了航空大都市这一崭新的区域发展模式。国内学者出版的有关临空经济代表性学术著作主要有《临空经济：速度经济时代的增长空间》《中国临空经济发展报告》《临空经济发展探索：以长沙为例》《郑州航空港经济综合实验区发展报告》《航空港经济区（郑州）重点产业培育研究》《临空经济理论探索与实践》《临空经济发展的战略与对策——以首都国际机场为例》《临空经济区对腹地区域经济的影响研究》《航空都市区的发展和实践》等。

为深入探索国内学者对临空经济的研究现状，基于 CNKI 数据库，进行主题和关键词变换检索，统计临空经济相关主题文献数量，得到以下统计数据①：主题为"临空经济"的文献有 2420 篇；主题为"航空经济"的文献有 274 篇，主题为"航空产业"的文献有 7035 篇；主题为"航空城"的文献有 1230 篇；关键词为"临空经济"的文献有 4052 篇；关键词为"航空经济"的文献有 73 篇，关键词为"航空产业"的文献有 5548 篇；关键词为"航空城"的文献有 1822 篇。此外，为分析文献来源结构，进一步基于 CNKI 数据库以"主题或关键词 = 临空经济"的检索方法对 1978—2016 年的文献进行检索，共有 4879 篇文献符合条件，其中，771 篇来自学术期刊，占总量的 15.8%；109 篇来自优秀硕士学位论文，占总量的 2.2%；仅有 8 篇来自博士学位论文，占文献总量的约 0.16%；其余文献来自报纸以及国内外会议论文，占总文献数量比重高达 82%。按照被引用率进一步聚焦，发现被引 10 次以上的文献总共有 91 篇，期刊论文中曹允春教授 2006 年发表的《中国临空经济发展现状与趋势》一文被引 94 次，居被引用文章最高位；学位论文中南京航空航天大学刘雪妮的博士学位论文《我国临空经济的发展机理及其经济影响研究》一文被引 65 次居最高位；在学位论文中，多数是运用一种分析工具探讨某个临空经济区具体发展问题。整体而言，国内有关临空经济的文献数量已较为可观，但是多集中于从案例分析、规划建设等角度归纳总结

---

① 检索时间同上。

临空经济的运行与发展情况，或是将临空经济作为学术背景去研究某一实践中的具体问题，相对于众多的应用性研究，专门从事临空经济理论研究的学者及文献数量并不多①。

（二）临空经济内涵研究

国外学者对临空经济内涵的研究最早可追溯到 20 世纪 60 年代，并提出了机场综合体（Airport Complex）、机场聚落（Airport Cluster）、空港城市（Airport City）、航空大都市（Aerotropolis）、航空城（Aviation City）、航空商务集群（Air‐commerce Cluster）等概念。1965 年美国著名航空专家、康维国际（Conway Data Inc.）创始人麦金利·康维（Mckinley Conway）发表了 *The Fly‐in Concept* 一文，最早提出了"临空经济"的概念，认为临空经济将在企业区位选择、城市规划等方面产生重要影响；在后续出版的《空港城市》（*The Airport City*，1970）、《空港城市：21 世纪发展新概念》（*The Airport City：Development Concepts for the 21st Century*，1980）、《空港城市：21 世纪新的全球交通中心》（*Airport Cities 21：The New Global Transport Centers of the 21st Century*，1993）等系列著作中，麦金利·康维对临空经济思想进行了系统总结，并基于机场核心作用从区域功能拓展和集成的角度逐渐形成提出了机场综合体（Airport Complex）概念：以机场为核心，融合航空运输、仓储物流、旅游休闲、餐饮购物、产业开发等为一体的多功能区域。欧洲学者奥马尔（Omar E. L. Hosseiny，2003）从机场对区域经济发展的作用机制出发，认为机场的存在以及投资建设所产生的乘数效应会增加区域就业岗位、吸引众多商业及相关经济活动向机场附近聚集，并在与多种陆路交通方式相互衔接的驱动下，使机场区域成长为多模式交换节点并不断成长为"航空城"和区域经济发展的增长极。美国北卡罗来纳州立大学、著名临空经济专家约翰·卡萨达（John D. Kasarda，1991，2011）教授从交通运输方式变革角度提出了"第五冲击波理论"并创立了"航空大都市"模型，认为：在当前数字化、全球化和以时间价值为基础的竞争体系中，航空运输

---

① 根据 CNKI 检索到的信息，仅中国民航大学曹允春、南京航空航天大学刘雪妮是研究临空经济理论 7 篇文章以上的笔者。

已经成为继海运、河运、铁路、高速公路运输之后驱动经济发展的"第五冲击波";航空运输改变了工商企业区位选择模式,吸引航空偏好型企业向机场周边集聚从而形成临空产业走廊和产业集群、产业带,驱动新城市的产生即形成"航空大都市"(Aerotropolis)①。

国内学者对临空经济内涵的研究开始于 20 世纪 90 年代中后期,主要从要素流动、产业发展、空间演变等角度对临空经济内涵进行了探讨。曹允春(2009)认为,临空经济是一种要素流动与集聚现象,航空运输唯有能推动人口、资本、信息、技术、贸易等要素在机场周边形成大规模集聚,才能催生出临空经济;张军扩(2007)认为,临空经济是一种产业现象,是交通运输变革和产业升级的产物,是机场产业与地方产业相互联系融合而催生出来的;欧阳杰(2017)认为,临空经济是一种空间现象,机场是临空经济产生的基础,缺乏机场作用的经济不能被称为是临空经济,这也是临空经济又被称为"机场经济"(Airport Economy)的原因,所以,对临空经济的界定应主要限于机场周边区域,其产生与发展以机场特别是大型航空枢纽为依托,并受机场规划、功能定位、资源禀赋等因素的制约,围绕机场最终形成临空经济区、航空城或航空大都市;刘伟(2006)认为,临空经济是一种新的经济形态,光有机场并不必然产生临空经济,临空经济是区域经济发展到较高水平、机场客货吞吐量达到一定程度的产物,是以航空客货流为支撑、以航空运输为指向的多种产业有机联系而形成的独特的经济发展形态。

(三)临空经济形成、演进机理研究

国外学者主要从宏、微观层面探讨了临空经济形成与发展的影响因素。John D. Kasarda(1999)从宏观层面研究了临空经济的形成动因,提出交通运输变革会对经济活动区位选择和城市发展产生重要影响,在 21 世纪突出表现为大型枢纽机场不断吸引经济活动向机场周边空间集聚,在这种作用下催生出了临空经济。A. C. I. Europe 和 Yourk Consulting(2002)从微观层面研究了临空经济的形成条件,认为机场市场定位、腹地经济发展水平、交通便捷性、城市土地开发模

---

① 约翰·卡萨达教授也因其对航空经济的理论贡献被誉为"全球航空经济第一人"。

式是影响临空经济区形成与发展的主要因素。Omar E. L. Hosseiny（2003）认为，临空经济区的形成与发展主要依赖于机场容载量、所依附区域环境、陆路交通网特点、机场地位、区域经济发展水平五大因素。

国内学者侧重于研究临空经济发展的动力机制，从机场与航空运输活动、腹地经济发展、城市多中心空间分散、政府引导开发、空间距离、交通便捷性、临空产业集群发育水平等多个方面分析临空经济的形成、演进。何艳和张瑜（2012）研究了临空经济区发展的动力因素，提出临空经济区发展主要由机场吞吐量、运行效率、临空产业集群等内部动力和区域对外开放水平、经济规模、产业结构等外部动力共同决定，中国大部分临空经济区仍处于外部动力为主、内部动力为辅的发展阶段。李非等（2012）认为，临空产业集群是临空经济区形成的核心力量，中国大型航空枢纽已进入临空产业集聚阶段，而大部分区域性航空枢纽尚处于运输经济向产业集聚过渡阶段。吕斌和彭立维（2007）认为，临空经济区的形成是大规模航空运输、企业区位选择标准变革、大城市多中心发展趋势、政府推动等因素共同驱动的结果。江崇莲（2010）认为，航空港服务体系、综合交通网络、航空指向型产业聚集以及区域政策支撑是影响临空经济形成与发展的主要因素。孙波等（2006）认为，临空经济区与腹地区域经济发展的双向互动是临空经济形成的一般机理。张军扩（2008）基于机场、空港区、腹地经济三者间的互动关系，从微观企业区位选择标准变动、宏观区域经济发展水平等角度研究临空经济的形成和演化，认为枢纽机场客货吞吐量支撑、企业区位选择偏好向时间敏感性转变、腹地经济发展达到一定水平是临空经济形成、发展的基本要素。祝平衡等（2007）学者从临空经济形成的充分、必要条件出发，认为大型航空枢纽、立体交通体系是临空经济产生的充分条件，大规模临空产业集群、发达的腹地经济及广阔的市场空间则是必要条件。曹允春（2009）从新经济地理学视角提出航空运输能改变区域的可达性、降低运输时空成本、提高贸易自由度，从而能有效吸引各类产业在机场周边集聚，并在正反馈自我强化机制作用下逐步强化集聚，最终形成了临空经济区，此外，基于主导动力不同，基础性、内生性、外源性三大动力在临空经济演进机制中的作用有明显差异，从而使临空经济呈现阶段性跃进特征。

（四）临空产业研究

国外学者对临空产业的研究主要集中于产业特征及产业分类、空间布局等方面。在产业分类上，Florida R. 等（2015）认为，机场周边区域对航空物流、航空制造等产业最有吸引力，从而会不断引起这些产业的集聚，这在世界各大枢纽机场表现尤为明显，如韩国仁川、美国孟菲斯通过发展临空经济成为世界著名航空物流枢纽，美国西雅图、法国图卢兹、加拿大蒙特尔则成为著名的航空制造业城市；Jacco Hakfoort（2001）认为，科技进步及经济全球化推动产业不断向高端性、开放性升级，产品附加值不断提升、单位产品承担运费能力及对时间的敏感性也越来越强，从而对航空运输产生较强的依赖，所以，机场周边区域能吸引智能终端、通信设备、光学仪器、高端制造、药物制品等产业的集聚；Conventz S. 和 Thierstein A.（2015）认为，知识经济的发展推动高端商务往来更加频繁，因需高频次、远距离商务交流从而对交通的便利性提出更高的要求，所以，机场区域因其全球易达性能吸引众多公司总部、金融机构、法律会计、广告会展等高端服务业的集聚。在产业空间布局上，不同类型的临空产业对机场的依赖程度存在显著差异，从而在空间布局上呈现出鲜明的特征，剑桥系统研究所 Glen E. Weisbrod 等（1993）学者基于对欧洲、日本、北美等多个大型机场周围 6 千米范围内的调查，按照机场对经济活动的吸引程度，将临空产业分为非常高度集中—高度集中—中等集中—越来越集中四大类型，并分别倾向于布局在空港区—紧邻空港区—空港相邻区—空港交通走廊沿线等区域；Omar E. L. Hosseiny（2003）基于空港与腹地城市的互动发展研究了临空经济空间成长机制并将其划分为空港（the airport domain）、空港地区（the sector of the airport）、空港区域（the airport's region）三个阶段，提出临空经济空间范围不断扩张的同时经济活动内容也更为丰富，逐渐从机场经营和辅助业务为主导向非航空收入过渡，最终成长为整个区域发展的增长极；John D. Kasarda（2006）基于廊道加集群创造了"航空大都市"模型并对其内部空间布局进行了解构，提出航空大都市环状交通系统内部主要布局航站楼购物中心、会议中心、高档商务酒店、货运处理设施、停车场、机场办公室、鲜活易腐货物中心、多式联运衔接平台等，环状交通系统外部主要布局高科技产业园、及时制造产业园、航空物流产业园、保税仓储园区、自由贸易区、酒店与休闲娱乐区、商务办公走廊、购物餐饮区、居住区等。

相对于国外学者重点关注临空产业特征和分类等问题，国内学者更加关注临空经济区内产业结构的演变、临空产业集群发展等内容。在产业结构演变方面：杨友孝和程程（2009）认为，临空产业结构演变是一个持续性动态过程，探讨临空经济区内产业演变等问题必须用动态的思维、结合临空经济生命周期来展开，并把临空经济发展过程划分为准备、成长、成熟、瓶颈、航空城开发五个阶段，结合城市化相关理论，提出临空产业结构会依据航空指向性的强弱变化呈现出阶段性演替的形态；刘雪妮（2008）提出，随着临空经济的发展成熟，临空经济区产业结构将经历从交通运输业为主导向多样化产业协同的趋势演变；李非等（2012）研究了临空经济发展每个阶段驱动产业演进的动力因素，并提出临空产业正呈现出集聚水平进一步强化、产业结构更加高端化、与世界经济互融性不断增强的整体演变形态。在产业集群发展方面：王巧义（2014）把中国临空产业集群划分为市场主导、政府主导以及政府市场互动型三种类型，并有针对性地对临空产业集群的实施路径提出建议；张明莉（2013）从系统论的角度把时间、空间、产业、组织网络四个因素纳入临空产业集群的研究中，构建了临空产业集群发展分析框架；赵冰和曹允春（2013）研究了中国主要机场周边区域临空产业集群发展形态，提出中国当前应倾向发展航空运输、临空高科技和临空现代服务三大产业集群；王志清（2006）等系统分析了民航产业集群的构成要素以及区域特点，论证了航空港与民航产业集群间的辩证关系，提出可在京津冀区域大力发展民航产业集群的建议；周柯和曹东坡（2015）研究了临空经济重点产业培育问题，提出应重点培育航空制造、电子信息、新材料、生物医药、高端物流、现代服务等产业集群；刘雪妮等（2008）基于集中系数计算方法研究了临空产业集群的识别问题，提出临空产业集群发展具有阶段性，地方政府培育临空产业集群需考虑其所处发展阶段性差异及存在的不足，侧重于发展航空运输相关产业、服务业、地方优势产业等。

（五）临空经济区管理研究

机场管理是临空经济区管理的重点，国外学者主要对临空经济区机场商业管理、机场航线管理、机场基础设施管理等问题进行了研究。Smahel T.（2017）认为，机场航线网络直接关系到区域的通达性水平，会对游客满意度、区域制造业及生产服务业发展、区域就业水平产生重要影响，所以要特别注意航线网络的优化，不断提升机场的连接度。Bowen J.（2000）研究了 1979—1997 年东南亚区域国际航空运输通达度的变化模式，认为对发展中国家而言，融入国际航空运输网络对于吸引资金、货物、人员、信息等要素资源极为重要，政府应运用各种手段推动航空运输业自由化、机场发展，并要特别注重航空运输网络的重构。Gitto S.（2012）使用数据包络法（DEA）评估了 2000—2006 年意大利机场管理改革对 28 个机场技术效率的影响，发现机场活动能影响政策制定，进而会通过影响私人资本流入、服务自由化、特许权授予等方式促进效率提升。Prager F.（2015）研究发现，降低游客在机场的排队等候时间能够产生极大的经济效应，各机场应提高管理效率，在检票、行李托运、值机等方面减少旅客等候时间。Adler N. 等（2014）基于东北亚运输市场情况，研究了航空运输自由化、天空开放政策、机场时刻资源分配等的影响，认为这三个因素对促进本区域航空运输业发展、增进消费者福利都有重要作用，机场管理应大力推动航空运输自由化和空域资源进一步开放，同时更科学地安排机场时刻资源。土地开发与管理是临空经济区管理的重要内容：Michel Van Wijk（2011）基于荷兰史基浦机场、德国法兰克福机场所在的两大区域，研究了两个临空经济区政府在土地管理上的区别，指出史基浦机场区域采用的是政府主导协调的土地管理模式，建立了有效的协调机制从而保障土地充足供应，而法兰克福机场区域因难以建立跨区域规划协会导致了土地供应协调失败，因此法兰克福机场所在区域政府更倾向于通过强化基础设施建设来促进土地开发利用。John D. Kasarda（2009）把临空经济区土地管理模式分为市场驱动型、等级制度驱动型、网络驱动型、混合型四种类型，市场驱动型下临空经济区因利益各方均以市场为导向从而难以形成统一的发展共识，导致协调土地供给极为困难；等级制度驱动型下通过自上而下行政命令的方式能够实现土地的高效开发，也是大部分临空经济区所采用的土地管理模式；网络驱动型主要是因为临空经济区土地开发可能会涉及多个行政单位，需其相互协调从而形成网络型管理模式；混合型则是上述三种土地管理模式之间不同形式的组合。

国内学者对临空经济区管理的研究主要侧重于探讨临空经济区功能定位、运行效率、可持续发展、竞争力等方面。沈丹阳和曹允春（2014）运用 DEA 数据包络法研究了临空经济区经济效率，认为机场、腹地资源、结构是影响临空经济区经济效率最重要的三个因素，并针对如何强化临空经济区管理、提高其经济效率提出了具体政策建议。杨深和陆超（2014）结合揭阳市临空经济区管理实践对临空经济区管理体制进行了研究，认为应基于临空经济区不同发展阶段，依次选择领导小组—大管委会—直属分局等管理体制，提升临空经济区管理水平。史普润等（2012）运用灰色关联模型，选择江苏七个临空经济区为样本对临空经济区资源配置效率进行了研究。汤宇卿等（2009）探讨了临空经济区的功能定位，认为临空经济区功能定位模糊、区内产业航空指向性不强是目前临空经济区管理面临的最重要的问题。方明和袁堃（2010）运用因子分析法研究了临空经济区可持续发展问题，提出区位、管理、环境和基础服务是影响临空经济区可持续发展最主要的四个因素。曹允春等（2006）针对如何提升临空经济区竞争力做了研究，认为政府应在制定临空经济区规划中发挥主导作用，要强化对临空产业的遴选制度安排，不断提升临空经济区软、硬基础设施条件，推动创新并协调好临空经济区建设所涉及的各区域及部门利益关系。

（六）临空经济空间结构、发展模式与阶段研究

随着临空经济区在全球大型航空枢纽周边不断涌现，基于实践需要，临空经济空间问题逐渐成为研究热点。国内外主要对临空经济空间形态、空间演进趋势等方面进行了研究，研究方法上逐步从前期定性、介绍性描述为主向定量、应用性研究为主转换。国外学者主要以临空产业对机场的依附程度为依据来划分临空经济空间结构。剑桥系

统研究所 Glen E. Weisbrod 等（1993）将临空经济区空间结构划分为
"空港区—紧邻空港区—空港相邻区—空港交通走廊沿线"四个部分；
John D. Kasarda（2006）基于廊道加集群提出"航空大都市"模型并
对其内部空间产业布局情况进行了详细解构（见图1-4），在学术界
产生了极大的影响。

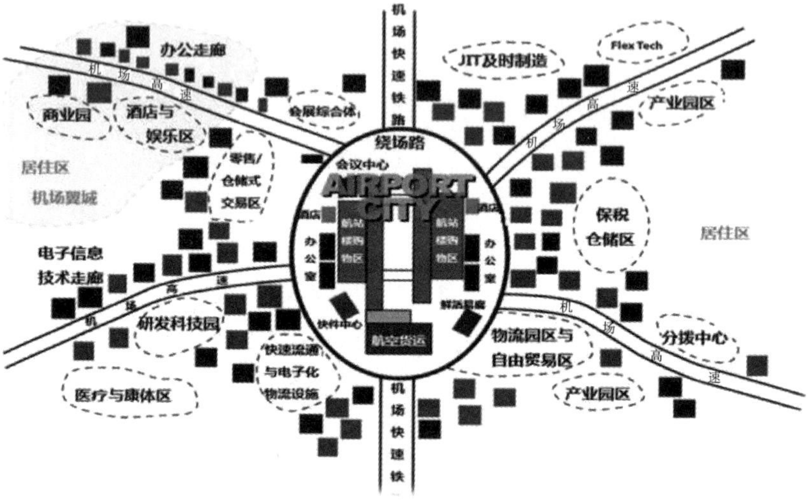

图1-4　航空大都市模型

资料来源：John D. Kasarda，*What is an Aerotropolis*，http：//aerotropolisbusinessconcepts.
aero/the - aerotropolis/。

　　国内学者主要从临空经济区成长过程、不同产业对航空枢纽依附
程度、机场影响范围等角度对临空经济区空间结构进行划分。曹允春
（2009）认为，机场从原先功能单一的交通集散场所成长为多功能的
临空经济区，其空间演进也遵循形成期、成长期、成熟期等生命周期
一般过程，分别对应着航站区、航空港区、临空经济区三个空间发展
阶段，每个阶段可从机场资源条件、客货流量、产业规模、与腹地区
域的关系等方面进行识别，同时，在临空经济区内部有其明确的空间
功能分区，临空工业区、农业区、服务区、旅游休闲区、居住区等功
能区不断形成并呈现出多样化的空间布局形态；张军扩等（2008）

认为，不同产业对航空枢纽的依赖程度不同，使临空经济区在空间形态上呈现出一定层次的圈层结构，并将其依次划分为机场区、空港区、航空城、临空经济区、临空经济经常影响区、临空经济偶发影响区；李健（2005）、王学东（2014）也以不同产业对航空枢纽的依赖程度差异将临空经济空间结构划分为空港区、紧邻空港区、空港相邻区与空港交通走廊沿线地区、外围辐射区，并对每个区域范围作了具体界定；刘洋（2006）把以机场为地理中心、10—15千米为半径的环状区域内部细化为中心机场环、商业服务环、制造配送环、外围环。值得一提的是，在信息技术广泛运用的影响下，包世泰等（2008）学者尝试利用地理信息系统（GIS）技术来构建临空经济区空间分析模型，对临空经济区范围界定、产业空间布局等进行了探索性分析。

国外对临空经济发展模式与发展阶段的研究较少，国内学者主要是基于世界成熟临空经济区发展经验来对其进行归纳总结。在临空经济发展模式方面，沈露莹（2008）从主导产业差异的视角将临空经济发展模式划分为以孟菲斯机场为代表的航空物流型模式、法兰克福机场为代表的物流商务并重模式、仁川机场为代表的休闲产业模式、以史基浦机场为代表的多元化综合型模式、以西雅图机场为代表的航空制造型模式；周少华和韦辉朕（2009）从临空经济发展主导力量差异的视角，将其划分为政府主导、机场（企业）主导、政府与机场（企业）共同主导三种模式；杨友孝和程程（2008）从临空经济扩张方式差异的视角，将其划分为渐进式、跳跃式、更新式和大型航空城式四种模式。阶段性是临空经济发展的一个显著特征，在临空经济阶段性演变方面，练振中（2011）结合国际上成熟临空经济区发展的经验总结和城市化相关理论，把临空经济划分为准备、成长、成熟、瓶颈、航空城开发五个阶段；曹允春（2009）基于对临空经济的发展支撑、表现、作用的识别，运用生命周期理论把临空经济划分为形成期（机场极化空间）、成长期（临空产业综合体空间）、成熟期（知识创新空间）三个阶段；魏晓芳（2010）等出于对临空经济区产业选择和空间布局模式研究的需要，把临空经济分为初级、快速成长、发展成熟三个阶段；吴国飞和陈功玉（2014）根据临空经济区内临空产业集群的发展水平及临空经济对区域经济的影响方式，把临空经济划分为运输经济、临空产业集聚、城市经济三个阶段。

（七）临空经济在区域发展中作用研究

国外学者主要是从"机场作用"的角度选取个别大型枢纽机场作为研究对象，将机场看作是区域经济中的一个经济体来探讨其对区域经济发展、就业、税收等方面的影响。1952 年美国总统机场委员会报告中明确提出，尽管很多机场从航空运输及飞机飞行需要来看已规划建设得较为完善，但是机场作为城市的重要部分，与城市间的关系还不够紧密；Karsner D.（1997）从城市发展史的角度研究了 1940—1980 年机场、航空运输对美国城市经济与地理结构的影响，认为机场的出现和发展给美国城市带来了深刻的经济和地理变化，促进了美国工业社会的转型并推动美国后工业文化的形成，尤其是 20 世纪 60年代喷气式客机的普及使机场周边区域发展超出许多人预料，形成独特的经济区，推动众多学者和机构开始强化对这一问题的研究；Suksmith P. L. 和 Nitivattananon V.（2015）运用多元线性回归模型研究了航空运输对区域居民财产价值与管理的影响，提出航空运输会从安全、噪声、环境、空气污染、交通五个方面引起居民财产价值改变，并基于曼谷国际机场进行了案例分析；Siyan Peter 和 Mohammed Nuruddeen Isa（2017）等基于尼日利亚四个国际机场 2003—2015 年数据资料，采用误差修正模型研究了航空运输对尼日利亚经济增长影响，发现航空运输活动与尼日利亚经济增长存在显著的正相关关系；Karacor E. K. 和 Korshid D.（2015）以伊斯坦布尔第三机场为例，研究了机场与航空运输活动对区域土地利用、环境及可持续发展等方面的影响；Denise Zak 和 Michael Getzner（2014）基于文献分析法对欧洲中部机场经济影响的相关研究做了全面总结；Mosbah S. 和 Ryerson M. S.（2016）研究了美国大都会区机场对区域经济增长的影响，认为机场可以成为地方政府促进区域经济增长的重要工具，但应注意不同大都会区机场影响的多样性，科学评价机场扩张的影响；Brueckner J.（2003）基于美国大都会区机场研究了航空交通运输与城市经济增长、就业水平之间的关系；牛津经济预测中心（Oxford Economic Forecasting，2006）研究了英国航空业对英国经济增长、贸易、旅游、投资的影响；Stilwell J. 和 Hansman R. J.（2013）基于美国机场周边工业分布情况研究了航空运输业对美国经济的重要性，认为航空运输能够通过改变区域生产效率、市场进出便捷度、商业区位选择，从而对经济增长产生重要影响。特别值得关注的是，国际机场协会（Airports Council International，ACI）、国际民航组织（International Civil Aviation Organization，ICAO）、航空运输行动小组（Air Transport Action Group，ATAG）、国际航空运输协会（International Air Transport Association，IATA）等国际机构对临空经济的作用开展了持续性研究，并实现了从定性研究向定量、定性相结合的转变。1992 年国际机场协会欧洲部（ACI Europe）发布了《机场：重要的经济伙伴》（*Airports – Partners in Vital Economics*）的研究报告，对机场的经济作用做了概括性的阐释；2002 年与约克咨询公司（York Consulting）共同发布了《欧洲机场：创造就业与繁荣——一部经济影响研究工具书》（*Creating Employment And Prosperity in Europe：An Economic Impact Study Kit*）的报告，运用当时最新的数据深入探讨了机场在提升区域可达性、促进社会扩张、推动旅游业发展以及驱动国家和区域经济增长等方面的重要作用，并把机场经济功能划分为直接、间接、引致、催化四种类型，对每种类型的内涵、测度方法、数据搜集途径等进行了系统的界定；在此基础上，ACI Europe 又分别于 2004 年和 York Aviation 发布《欧洲机场经济社会影响》（*The Social and Economic Impact of Airports in Europe*）、2015 年和 InterVISTAS 发布《欧洲机场经济影响——经济增长的重要催化剂》（*Economic Impact of European Airports – A Critical Catalyst to Economic Growth*）等研究报告，明确指出机场作为国家和区域经济发展的驱动器，其作用突出表现在会通过直接、间接、引致、催化等路径推动区域经济增长、拉动社会就业等方面，并进行了量化测度。ATAG（2016）也采取了类似的分析思路和方法对全球机场的经济社会影响进行了测度，认为航空运输能够驱动经济和社会进步，为全球经济增长、就业、贸易联系、旅游业发展提供动能，并为世界可持续发展提供支撑。

国内相关研究多聚焦于探讨机场运营、航空运输与区域发展之间的关系等方面，研究方法上以投入产出法、线性回归分析方法等为主。管驰明和马奇骐（2010）研究了航空运输投资促进经济增长的作用机制，并构建 VAR 模型运用中国 1985—2007 年相关数据对两者关系进行了检验，发现航空运输投资是中国经济增长的重要原因；罗黎明（2011）运用投入产出模型，对湖南省 2002 年航空运输业与区域产业关联情况进行了测度，发现航空运输业对其他产业与外部环境有较强依赖性并呈现典型的"后相关"特征，航空运输业对制造业的影响最大，其次是旅游业；孙淑芬（2012）运用投入产出模型、AHP（模糊综合评价法），结合天津滨海国际机场相关数据资料研究了民航机场社会经济效益的评价问题；匡旭娟和谢立（2017）运用多元线性回归模型研究了航空运输与国际贸易关系问题，发现中国及其贸易国 GDP 规模与航空货运量呈正相关关系；苏建军等（2012）基于 1985—2008 年中国 30 个省区相关数据，运用协整分析、格兰杰因果关系检验法研究了航空客运量与旅游客流量的关系，发现航空客运量对国内旅游客流量增长影响较为显著，能有效促进旅游业的发展；刘雪妮等（2007，2009）借鉴国际机场协会欧洲部（ACI Europe）的分析方法，把航空运输对区域经济、就业的影响分为直接、间接、引致、催化四种方式，运用投入产出模型研究了北京首都机场临空经济对北京经济增长、就业的直接、间接、引致、催化影响，并运用格兰杰因果关系检验分析中国航空运输业发展和区域经济增长之间的因果关系，发现珠三角、长三角区域航空运输业发展是区域经济增长的重要原因；赵伟伟等（2014，2018）运用图表法、聚类分析法，研究了航空运输活动对中国城市体系格局演变的影响，并探讨了航空运输与区域经济发展的关系，认为机场高效运营可提升本区域的连通度，从而强化与其他区域的经济联系，对本区域经济发展产生积极影响；"临空经济发展战略研究"课题组（2006）以首都国际机场为研究对象，探讨了北京临空经济发展对区域经济增长、就业增加、技术进步、产业结构调整、要素空间优化等的影响；赵文（2011）以北京新机场建设为案例，基于临空经济在区域发展中的增长极作用和对区域空间结构的影响，研究了临空经济与区域经济耦合发展机理；高友才和汤凯（2017）研究了临空经济对供给侧结构性改革的作用机理和改革指向，提出临空经济能够通过产业升级、结构优化、价值提升、技术革新等多条路径推动当前中国经济结构性矛盾的化解；同时，基于时空角度的分析发现，临空经济与区域经济两系统整体呈"U"形耦合结构。

二 国内外文献评析

整体而言，现有对临空经济的研究正逐渐从早期的现象描述，到对临空经济相关概念、内涵、空间特征、产业构成的分析，再逐步向对临空经济在国家或地区发展中作用剖析、测度以及相关理论探讨转变。由于临空经济是一个涉及众多因素、结构复杂、动态发展的概念，学术界对临空经济的研究在很多方面尚未形成统一的意见，也存在一定的不足。

对临空经济内涵、特征的理解会直接影响到对其效应的剖析。尽管国外学者对临空经济内涵的研究相对较早，但是并没有形成一个完好的定义，且近些年来也未有明显突破，现有代表性研究其核心观点均是基于机场在区域发展中的作用、从区域性或空间性的视角来探究临空经济，只不过分别侧重于说明机场区域的多功能特性、空间开发增长极特性、城市功能特性，所涉及的区域范围和功能更广、更多而已。相较于国外研究，国内学者从要素流动、产业发展、空间演变等方面赋予临空经济更丰富的内涵，分析也更为深入，使临空经济概念内涵逐渐清晰。临空经济的内涵不是静态的，而应与时俱进，随着中国临空经济实践的深入，尤其是在中国推动实施区域协调发展战略、临空经济区在各地方蓬勃发展的背景下，亟须结合各区域临空经济的丰富实践，构建形成更稳定、更系统的临空经济概念框架。

明晰临空经济形成、演进机理对促进其效应发挥有重要意义。虽然现有研究已逐渐系统化并达成一定共识，即普遍认为临空经济发展受机场、经济环境、政府等多重因素的影响；但是，尚未阐明机场、地方政府、交通设施等不同因素在临空经济形成、演进以及效应发挥过程中所处的地位、发挥作用的程度差异、区域差异、阶段性差异等，尚未阐明临空经济形成、演进过程中与所依附区域间的阶段性互动关系。此外，明晰临空产业发展规律能够为区域探索如何更高效利用机场及区域其他资源、融入世界网络、推动区域产业结构升级提供重要参考。国外对临空产业的研究已较为深入，关于临空产业类型、空间布局等方面的研究成果对促进临空经济效应发挥、临空产业体系构建具有较强指导价值。但是，国外研究主要是从静态的角度对临空产业类型、空间布局进行归纳总结，缺乏从动态的角度对临空产业演化机理、演进模式进行深入分析；缺乏对推动临空产业演进的政策措施及支撑条件等的相关研究。尤其是近年来许多发达国家临空经济发展趋于成熟，临空经济区产业结构调整加快并出现较明显的产业置换现象，而尚未出现针对这一问题的系统研究。国内对临空产业的研究主要仍停留在借鉴国外临空产业发展经验、阐述临空产业集群现象、构思中国临空产业发展模式的初步状态，尚缺乏对国内临空经济区产业结构演进与驱动机制、临空产业对整个区域产业结构影响机制等方面的理论与实证研究。

临空经济区管理在临空经济效应发挥中具有重要作用，临空经济区是一个由多种要素、多元利益主体、多种功能相互作用形成的复杂经济社会系统，涉及众多的管理内容，而现有研究主要侧重于临空经济区内部机场管理、土地管理等方面，而对临空经济区与其所依附区域、多个临空经济区之间的管理与协调则研究不足。在临空经济区空间布局与演化研究方面，现有文献主要聚焦于个别大型航空枢纽周边区域内部空间布局、演变问题，研究空间尺度局限性明显，鲜有从中国全局层面、板块层面、区域间关系与差异层面研究临空经济区空间布局的影响要素、作用机制、优化路径等问题。在临空经济发展模式和阶段演变研究方面，整体而言相关研究成果已较为显著，但是，临空经济发展模式不同、其阶段性演变路径、对区域发展的影响路径也应有所差异，目前对两者的研究尚处于分离状态，鲜有把临空经济发展模式、阶段演变两者有效结合起来进行的综合性研究，对临空产业结构、临空经济区空间结构的阶段性演进模式研究也较为薄弱。

临空经济在国家和地区发展中具有重要的推动作用已成为共识，在临空经济作用研究方面，虽然现有研究已对机场、航空运输等对所在区域就业、旅游、经济增长等方面的影响进行了深入探讨，但量化分析方法较为单一；同时，缺乏对机场与机场间、临空经济区与临空经济区间影响的量化研究，更缺少对临空经济影响机制的系统分析。特别是临空经济拥有丰富的内涵、多元化的影响路径，区域发展也远不止区域经济增长这一个方面，随着发展临空经济正成为一种全球现象，仅基于"机场作用"的视角来研究其对临空经济区或所依附区域经济增长的影响，这一局限性不断显现。如何把对临空经济的影响研究提升至中国区域协调发展的层面，从而跳出"就机场言机场"的封闭系统，现有分析仍较为薄弱。此外，目前国内众多拥有机场的区域不断强化临空经济发展力度，相继提出了规划建设临空经济区的构想，以期培育本区域经济发展新增长极，但临空经济在促进区域经济增长之外，还会产生什么样的效应，有怎样的影响机制，如何进行实证验证，也亟须进行这方面的探讨。

综上所述，尽管临空经济的相关研究已较为丰富，但应用研究的多、理论探索的少，整体上并不系统且缺乏一定的深度，理论研究严重滞后于实践需要。当前中国临空经济建设风生水起，发展临空经济几乎已经成了中国大型航空枢纽城市的必然选择，为了能够更好地把临空经济理论在"分析的范畴"和"实践的范畴"上进行有效结合，在当前阶段，国内临空经济研究亟须在以下几个方面重点拓展强化：

第一，强化立足中国临空经济发展实践的研究。研究综述提到的众多研究临空经济的西方学者中不乏学界大家，但是其研究多是以西方发达区域的临空经济实践为基础来开展的，其研究成果并不能保证在其他国家或区域具有普遍的适用性，特别是在当前经济社会正发生深刻变革的中国，更不能盲目照搬西方的临空经济发展理论和经验。中国幅员辽阔，不同航空港以及所依附的区域社会经济发展情况差异显著，为国内临空经济研究提供了丰富的样本；同时，中国机场属地化改革为临空经济发展提供了广阔空间，中国众多区域目前也正在大力发展临空经济。所以，基于中国临空经济发展实践的相关理论研究具有广阔的前景。国内学者要在充分借鉴国外学者研究成果的基础上，立足中国国情，结合当前中国政治环境、文化特点、社会背景以及未来发展趋势，科学引入新结构经济学、空间经济学等相关理论，因地制宜、因时制宜地开展临空经济理论与实践探索。

第二，强化基于从中国区域协调发展的层面对临空经济效应进行理论分析与量化测度。临空经济在区域发展中效应的评估不能仅局限于机场对临空经济区或所依附城市区域经济增长这单一方面，相对于区域经济增长，区域协调发展更强调发展质量，是更高层次追求，也是新时代中国构建现代化经济体系的重要内容，包含了区域经济增长、区域互动水平提升、区域间差距缩小等更多内涵。同时，临空经济是一个由多种要素构成的完整的经济系统，其作用也不仅限于机场或航空运输。所以，要把研究视角提升至中国区域协调发展层面，对临空经济在区域协调发展中的各种效应进行科学、全面、动态性的量化评估，系统探讨临空经济对区域协调发展的动态影响机理；要从中国全局、中国各板块或区域间关系与差异等更大层面研究临空经济区空间布局、不同临空经济区之间的相互关系、优化路径及其对区域协调发展的影响；要关注临空经济对区域不同产业的关联效应、带动作用；关注临空经济对不同空间层次的辐射作用。

第三，强化从市场、空间、结构等视角对临空经济作用机理进行研究。现有临空经济理论多是从宏观层面探讨临空经济形成机理、模式以及对就业、税收、经济增长等方面的影响，而缺乏基于中、微观视角的相关研究。所以，需要更深入丰富中、微观视角的理论与实证研究，把市场、空间、结构等中微观因素纳入临空经济分析框架，特别要对临空经济如何通过影响区域市场环境、空间形态、结构演变从而影响区域协调发展进行系统探讨，对各级政府、企业、消费者等不同经济主体在临空经济效应发挥中的作用进行深入分析，从区域市场特征、企业区位选择偏好与空间布局模式、消费者倾向、产业结构、分工差异、资源禀赋条件、开放水平、制度变迁、市场机制与政府作用等方面深化临空经济发展动力体系、效应体系研究，不断明晰临空经济影响区域协调发展的关键驱动要素、作用机制，为中国各区域临空经济的优化及发展提供科学的理论支撑和务实的发展思路。

第四，强化对临空经济效应作用机制的实证研究。现有对临空经济在区域发展中作用机制的研究大多是概念模型，研究结论多基于经验总结归纳，缺少可供检验的规范性数理模型研究，难以对临空经济作用机制验其真伪；而且现有研究多聚焦于临空经济对区域发展影响的静态结果分析，对影响的初始形成条件、区域市场环境变迁、经济溢出路径、产业结构演化、空间结构演变等动态过程的实证研究极为薄弱。所以，亟须强化规范的动态机制模型研究，运用宏、中、微观规范数理模型来探讨临空经济对区域发展的影响，并区分临空经济对区域发展的不同效应，刻画区域市场环境、区域经济溢出、产业结构、空间格局等演变过程，分析其起步条件、发展路径、作用机制。此外，尽管学术界就临空经济促进区域发展的结果和过程形成了一定共识，但是经验检验的结果却常出现分歧，这可能是因为现有分析多是局部均衡分析所致。临空经济具有显著的网络性、外部性以及空间溢出效应，不仅辐射所在区域，有可能影响到周边省市甚至全国，所以对临空经济影响的局部分析有可能会导致结果的高估或低估。在这种情况下，亟须把临空经济空间溢出效应纳入定量分析框架，并从更大区域或整个国家甚至全球的角度分析临空经济效应，唯有如此才可能更全面科学地评价临空经济对区域发展的影响方向及程度，为中国临空经济发展和各级政府决策提供理论依据，更好地促进中国区域协调发展。

第三节　研究思路与方法

一　研究思路

本书按照"理论分析—机制分析—实证分析"的逻辑思路、"总—分—总"的行文模式来进行探讨。具体而言：

第一，明确临空经济与区域协调发展的内涵并构建临空经济效应体系和总体分析框架。在对现有文献述评的基础上，发现现有研究多是基于"机场作用"视角来研究机场或航空运输对区域经济增长的作用，亟须从中国区域协调发展的视角来系统研究临空经济的效应，并把市场、空间、结构等因素纳入临空经济效应分析中。而学界目前对临空经济、区域协调发展等概念仍存在着不同程度的定义模糊或概念混用。所以，在系统分析临空经济促进区域协调发展的效应之前，有必要厘清临空经济、区域协调发展等关键概念内涵，并在此基础上构建临空经济促进中国区域协调发展的效应体系，提出临空经济在促进区域协调发展中所存在的市场效应、空间溢出效应、重构效应，形成一个总体分析框架，以清晰呈现后续研究脉络。

第二，分别系统分析临空经济在区域协调发展中的市场效应、空间溢出效应、重构效应。为凸显临空经济促进中国区域协调发展的效应类型及其独特的作用机制，本书分别对临空经济的市场效应、空间溢出效应、重构效应进行系统研究。在对每个效应的分析中，研究思路均为"理论分析—机制分析—实证分析"，实证分析中所使用的数据均为2004—2015年中国35个主要临空经济区、空港城市相关数据。具体而言：基于空间经济理论探讨临空经济市场效应的内涵及机理；然后从中剥离出临空经济市场扩大、市场一体化两种子效应，并分析两种子效应促进中国区域协调发展的作用机制；最后通过构建市场引力模型实证检验临空经济市场效应。基于空间经济理论、外部性理论探讨临空经济空间溢出效应的内涵及机理；然后依据受影响区域的空间区位差异将空间溢出效应细化为连续型、离散型两种子效应，并对两种子效应促进中国区域协调发展的作用机制进行系统分析；最后构建空间计量模型对临空经济空间溢出效应进行实证检验。基于新结构经济学理论研究临空经济重构效应的内涵及机理；然后对其产业与技术重构效应、空间重构效应两种子效应在中国区域协调发展中的作用机制进行阐释；最后运用超制图学技术、面板数据回归模型对临空经济重构效应进行实证检验。在对每种效应的实证分析中，基于中国临空经济发展实践，采用了2004—2015年中国35个主要临空经济区、空港城市相关数据，实现理论分析与实证分析的结合。通过以上三方面内容的系统分析，以期为中国区域协调发展中临空经济各种效应的作用机制与实现路径理出一条清晰的脉络。

第三，针对如何推动临空经济效应发挥、促进中国区域协调发展提出相应的对策建议，并总结研究结论，指出本书的研究不足和展望。

研究技术路线如图1-5所示。

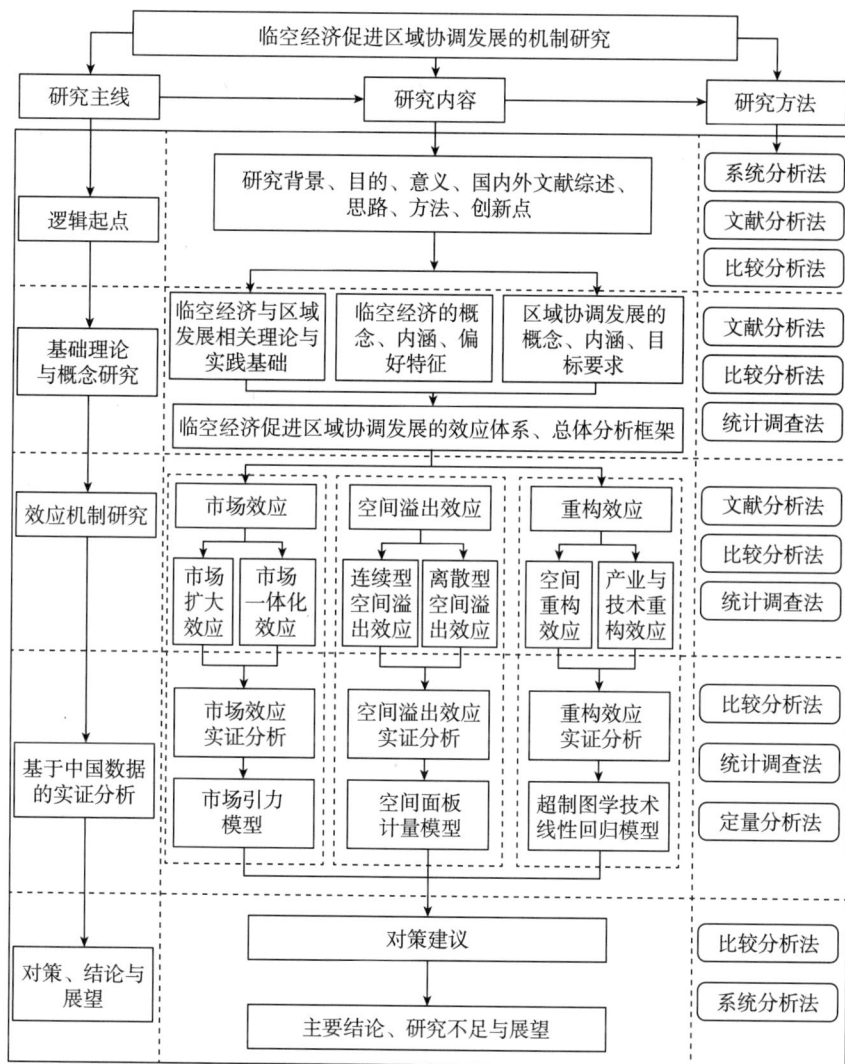

图 1-5 研究技术路线

资料来源：笔者绘制。

二 主要研究方法

（一）文献分析与统计调查相结合

文献分析法是经济管理科学研究中一种最为基本的研究方法，同时也是一种相对成熟的信息获取方式。通过对国内外相关文献的检索、归类、分析，以期能够准确客观地了解国内外相关研究的进展、视角以及研究的不足，为规避可能的研究误区、借鉴相关研究成果提供理论依据。同时，无论是对临空经济、区域协调发展等问题的纵向反思和阐释，还是对临空经济在区域发展中效应发挥等问题的区域间横向比较和借鉴，也都离不开大量的文献收集和分析整理工作。本书相关文献收集渠道主要有：第一，来自中国知网、万方数据库和国家社会科学学术文献数据库，包括 CSSCI 来源期刊、中文核心期刊、报纸、博士学位论文与硕士学位论文、统计年鉴、会议论文等资料。第二，来自已经出版的中英文专著，主要获取途径为图书馆借阅、在线搜集或购买。第三，来自学校图书馆外文数据库中的国外文献，以及谷歌学术、百度学术等可在线查阅的英文文献。第四，来自相关区域的临空经济区规划、政府政策报告、工作报告、统计资料、官方媒体报道等。

作为一篇理论分析为主的研究，必须要有丰富的具有充足说服力和显著代表性的统计调查做支撑。所以，论文将统计调查法与文献分析及其他分析方法有效结合，以实现相互呼应、相互佐证，尤其是在临空经济每一种效应的论证中，无论是作用机制的定性分析；还是对每种效应的量化测度，都基于一定的统计调查并选取具有代表性的案例做针对性的剖析，从中抽象和解构出一般性或普适性的结论以佐证相关观点。虽然统计调查也难以得出放之四海而皆准的普适性结论，但是有助于证实文中所论述的理论，或者得到否定性的结论，说明"不是什么"或"仍存在哪些不足"的问题。为保证统计调查能够达到预期效果，需要基于代表性、可行性、科学性的原则对调查对象进行甄选，本书涉及的统计调查对象均为典型性的临空经济区、空港城市（如重点选取了中国 35 个主要空港城市），并对其中个别对象如郑州航空港经济综合实验区等进行了田野调查。通过文献分析与统计调查法的综合运用，以期能够从个别中解剖或抽象出一般性结论，将调查样本的共同本质、特征、属性和变量提炼出来形成科学的结论。

（二）比较分析与系统分析相结合

比较分析与系统分析相结合是本书采用的一个极为重要的研究

方法。

　　由于地理区位、自然环境、经济社会基础及其政策优惠等多方面差异，造成中国东部、东北、中部、西部区域在交通设施、临空经济以及区域经济发展水平等方面均存在显著差异，所以在探讨临空经济对区域协调发展的效应过程中必须强化对不同区域间的比较分析才能提高研究结论的科学性；另外，临空经济具有完整的生命周期，从而决定了其对区域协调发展的作用也具有鲜明的阶段性特征。当前中国有些区域临空经济已进入成长期甚至是成熟期，而有些区域则仍处于起步阶段，所以，有必要比较分析不同阶段下临空经济对区域协调发展的影响特点、动力机制等。

　　区域协调发展是一项极为复杂的系统工程，不仅涉及交通基础设施等物质资本，还涉及区域财政、劳动力、科学技术、产业等要素；不仅涉及机场、航空运输、临空经济的作用，而且涉及铁路、公路、水路以及相应的临站经济、临港经济等的共同作用。所以，在研究临空经济促进中国区域协调发展的效应时，必须强化系统分析法的运用，并通过与比较分析法的有效结合，更全面系统地考察影响中国区域协调发展的各类相关要素，对临空经济的效应作出更加准确的评价。

　　（三）定量分析与定性分析相结合

　　临空经济在中国区域协调发展中各类效应的发挥是一个较为复杂的过程，并受到一系列要素的影响，本书采用定性分析与定量分析相结合的分析方法对其进行探讨。

　　定性分析主要体现在对现有国内外临空经济相关研究文献进行了系统梳理和归纳总结，探讨了临空经济的演生、内涵特征，分析了中国区域协调发展的历史进程，总结了中国区域协调发展现阶段的内涵与目标要求，并分别基于空间经济学、新结构经济学等理论提出了研究假设，构建了理论分析的核心框架，系统阐释了临空经济相关效应对中国区域协调发展的作用机理和传导路径。

　　在定性分析的基础上，为提升本书结果的可信度，运用不同的计量方法构建了多个数理模型，采集中国 35 个主要临空经济区及空港城市 2004—2015 年相关数据进行了定量研究，主要体现在以下方面：

运用市场引力模型论证了临空经济促进中国区域协调发展的市场效应；运用空间面板计量模型论证了临空经济促进中国区域协调发展的空间溢出效应；运用超制图学技术、普通面板数据回归模型论证了临空经济促进中国区域协调发展的重构效应。

第四节　研究创新

本书创新主要体现在以下几个方面：

第一，构建了临空经济促进中国区域协调发展的效应体系。

从文献述评中可以发现，国内外对"临空经济"与"区域协调发展"两者的研究整体上尚处于分离状态。虽然对临空经济在区域经济增长中作用的研究已有一定的基础，但现有研究多是集中于探讨机场或航空运输对临空经济区自身或所依附城市经济增长的影响，而区域协调发展是新时代中国更高层次的区域发展追求，其内涵远不止区域经济增长这一个方面；同时，临空经济的影响也远非机场或航空运输所能涵盖，且现有研究由于在基础理论运用、模型构建、方法使用和数据采集等方面的差异，常出现不同甚至是相反的研究结论。本书明确提出临空经济是一个包含多种要素的完整的经济系统，并全面分析了临空经济的历史演进、偏好、内涵特征，探讨了新时代下区域协调发展的内涵要求，然后将两者有机结合，构建了临空经济促进中国区域协调发展的效应体系。既是从临空经济的实践出发研究区域协调发展问题，也是以区域协调发展为目标研究临空经济问题，丰富了有关临空经济、区域协调发展的学术思想，推动了临空经济理论体系、区域协调发展理论体系的构建与完善，实现了研究视角与理论体系的创新。

第二，提出了临空经济市场效应、空间溢出效应、重构效应概念，并进行了系统论证。

在文献述评中已经明确提出，现有研究多是从宏观视角探讨临空经济的增长效应，这必将导致对临空经济效应评判的片面化。本书基于临空经济实践和理论分析，把市场、空间、结构纳入临空经济效应理论分析体系，解构出临空经济三大类、六小类效应，创新性地提出了临空经济促进中国区域协调发展的市场效应、空间溢出效应、重构效应等概念，并分别将其解构为市场扩大效应与市场一体化效应、离散型空间溢出效应与连续型空间溢出效应、空间重构效应与产业及技术重构效应六小类效应，对其在中国区域协调发展中的作用机制进行了系统论证，有效地拓宽了临空经济影响区域协调发展的分析框架。

第三，丰富完善了临空经济效应的实证检验方法。

现有定量研究临空经济效应的文献多是采用多元线性回归模型或投入产出模型来考察局部某个区域临空经济发展对本区域经济增长的影响，这类局部均衡分析方法显然难以满足临空经济网络性、外部性、空间溢出性等多元化特征要求。本书基于中国临空经济发展实践，从全中国层面考察临空经济各种效应，采集了中国 35 个主要临空经济区及其所依附空港城市的相关数据，并针对临空经济不同效应，引进、构建了差异性的数理模型来分别进行检验，得出了具有一般意义的研究结论。对于临空经济市场效应，通过引入克鲁格曼指数、经济距离等，改进市场引力模型来进行验证；对于临空经济重构效应，利用超制图学技术可视化呈现了临空经济网络对中国空间版图的重构效应，利用格兰杰因果分析、面板数据回归模型检验了临空经济产业重构效应。特别是对于临空经济空间溢出效应，构建了空间面板计量模型，并基于区域间的航空联系对模型中空间权重矩阵进行创新性改进，分别检验剥离出来的临空经济离散型、连续型空间溢出效应，有效克服了以往计量模型忽视空间溢出效应、低估临空经济影响的缺陷，以期能够对临空经济在区域协调发展中的空间溢出效应作出全面科学的评价。整体而言，本书在临空经济定量实证分析上进行了多项创新尝试，为研究临空经济效应、进行相关政策机制设计提供了一条新的研究思路。

第四，明晰了临空经济各种效应对中国区域协调发展的影响机理。

临空经济在区域协调发展中效应的发挥是通过各种影响机理来实现的，唯有明晰这些影响机理才能够为其效应产生、发挥提供坚实的理论支撑。正如文献述评中分析，现有文献要么是从项目管理的角度就某项与机场、航空运输等相关的基础设施投资进行判断，要么仅是从宏观角度探究机场或航空运输对某单个区域经济增长的产出效益，而未分析临空经济促进区域协调发展各类效应的影响机理，即把临空经济效应的发挥过程视为"内部黑箱"，这必将造成临空经济对区域协调发展效应的相关研究缺乏足够的理论支撑。针对这一不足，本书综合运用区域发展理论、公共经济管理理论、空间经济理论、新结构经济学理论，从"理论分析—机制分析—实证分析"等多个维度构建了临空经济促进区域协调发展的一个相对完善的分析框架，系统阐释了临空经济各种效应的影响路径、作用机制，以期打开其影响区域协调发展这一过程的"内部黑箱"，为全面深入地评价中国区域协调发展中的临空经济效应提供坚实的理论支撑。

第二章　临空经济促进区域协调
发展的理论与实践基础

　　从现有学术成果看，有众多理论能够为本书提供支撑，如经济增长理论、国际贸易理论、系统论、可持续发展理论等，本章将甄别性地选择与本书关联性最强的区域协调发展理论、公共选择理论、空间经济理论、新结构经济理论作为理论基础进行系统论述；同时，深入探讨国内外较为典型的临空经济区建设实践，以期为后续效应分析展开提供现实支撑。

第一节　临空经济与区域发展全球耦合现象

　　从全球临空经济与区域发展的历史脉络与现实情况看，二者并非是顺沿各自轨道而孤立发展，在特定范围内二者常在时间上相伴而生、空间上高度融合、速度上相互推拽，从而呈现出融合性发展的三维耦合现象。

一　时间上相伴而生

　　从时间维度分析，以临空经济促进区域协调发展的实践最先出现在西方发达国家，并从 20 世纪 90 年代开始相继在一些工业化、城市化及对外开放水平较高的发展中国家或地区出现。临空经济的萌芽、成长会吸引大量的资金、技术、劳动力、信息、贸易等各类生产要素和企业在机场周边集聚，首先直接推动了机场周边区域经济发展，从而形成经济高度集中的临空经济区。其次伴随临空经济区的扩张蔓延，各类生产要素不断向外扩散，不断推动腹地城市以及更大范围内的区域经济的发展。最后腹地城市能在更大空间吸引企业、生产要素在临空经济区汇聚，一方面会促进区域内临空经济的快速成长；另一方面也有利于临空经济发展环境的改善，从而构建良好的临空产业发展生态。因此，可以说临空经济与区域经济是相互依托和支撑、在时间上相互伴随和共同发展的。

二 空间上高度融合

从空间维度分析，临空经济与区域发展存在高度交叉的现象，往往临空经济较发达的地区其区域经济也较发达。

临空经济的形成与高端产业、对外贸易的发展密切相关，需要高度发达的区域经济支撑；区域经济发展也并非是其区域范围内不同功能区的简单加总与物理式集聚，而是各子区域、各子经济系统间产业紧密关联、生产要素高速流动的自组织系统，需要临空经济提供引领。所以，在世界范围内，发达的临空经济区常位于对外开放和高端产业发展水平较高的区域。2014 年全球最大的五个航空大都市中（伦敦、迪拜、东京、巴黎、新加坡）有四个位于发达国家；全球排名第 6—10 位的航空大都市虽然都位于亚洲发展中经济体中，但是所在城市均为区域性经济中心，如中国北京市、上海市及中国香港特别行政区，泰国曼谷市，韩国仁川市等。美国 50 大航空客运枢纽大部分分布于美国大西洋沿岸波士顿—华盛顿城市群、五大湖芝加哥—匹茨堡城市群、圣地亚哥—旧金山城市群等区域发展水平较高的城市群内，其临空经济与区域发展呈现出高度空间融合的现象。

三 速度上相互推搡

从速度维度分析，临空经济与区域发展往往相互适应、相互促进，而且因为航空运输业具有高弹性特征，所以以航空运输业为核心的临空经济的增长速度一般快于区域经济。

西方发达国家临空经济发展起步较早，从 1959 年世界上第一个临空经济区——爱尔兰香农国际航空港自由贸易区建立至今已 60 年，其间，虽然各大临空经济区发展速度与区域经济常不一致，但是两者大体上表现出速度上相互协调的情况，当区域经济发展放缓时，临空经济发展速度也会减缓，且减缓幅度更大；当区域经济迅速增长时，临空经济也会迅速增长，且增长速度更大。图 2-1 显示了临空经济发展速度与区域性经济危机的关系，可以发现，世界航空客运周转量的增长变化明显受到区域经济危机的影响。在经济危机发生期间，客运周转量都呈现出不同程度的下降。但是，航空运输相比区域经济来说更具有弹性，能更快从衰退中恢复，例如，2008 年国际金融危机发生后，航空客运周转量受到明显冲击，但短暂性的下滑之后很快就能恢复增长态势。2008—2013 年客运周转量年均增长 5.8%，十年来已增长了 62%。

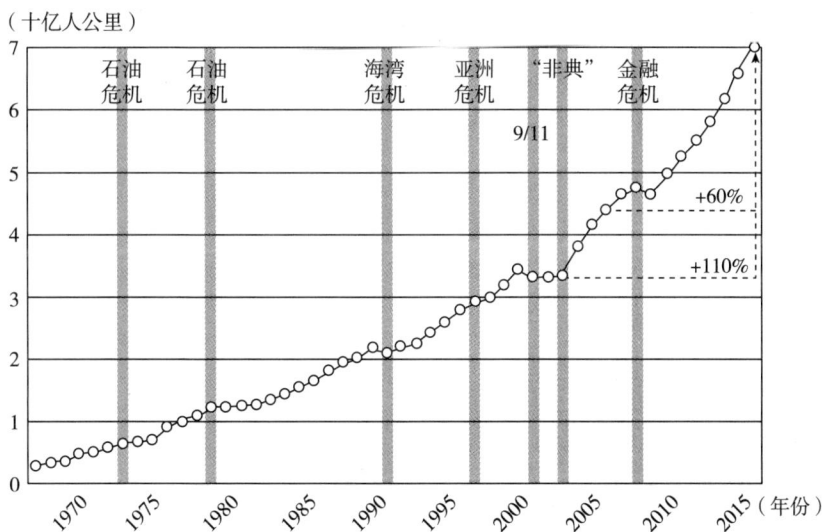

图 2-1 世界航空客运周转量发展趋势

资料来源：AIRBUS，*Global Market Forecast - Growing Horizons*（2017/2034），http://www. airbus. com。

图 2-2 显示了世界航空运输与实际 GDP 增长速度的比较情况，可以看出，航空运输增长的波动幅度明显大于实际 GDP 的变动，但是大体上保持了一致的上升或下降的变化趋势。整体而言，航空运输增长率大于实际 GDP 增长率，但随着时间的推移也呈现出不同的比

例变化，以每十年的平均水平计算，从 20 世纪 70 年代至今，航空运输量增长率与实际 GDP 增长率的比分别为 3.1 倍、1.9 倍、1.8 倍、1.4 倍和 2.1 倍（在图中以实际 GDP 每增长 1% 对应航空运输量增长多少来表示）。就中国而言（见图 2 - 3），普遍认为航空需求与 GDP 增速之间存在明显的弹性关系，其弹性系数为 1.3—1.5 倍。

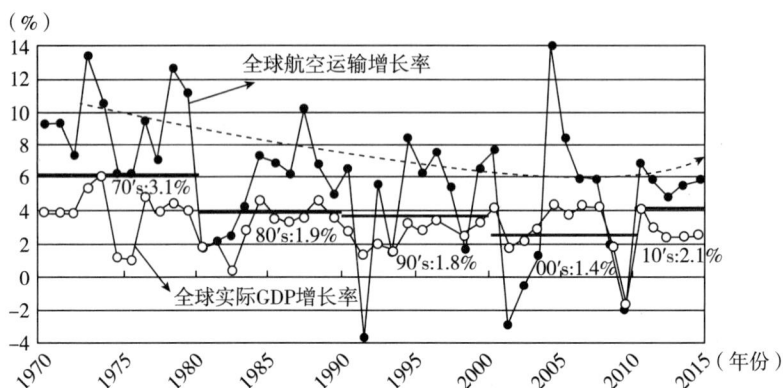

图 2 - 2　全球航空运输与实际 GDP 增长率比较

资料来源：AIRBUS, *Global Market Forecast – Flying by Numbers*（2015 – 2034），http：//www. airbus. com。

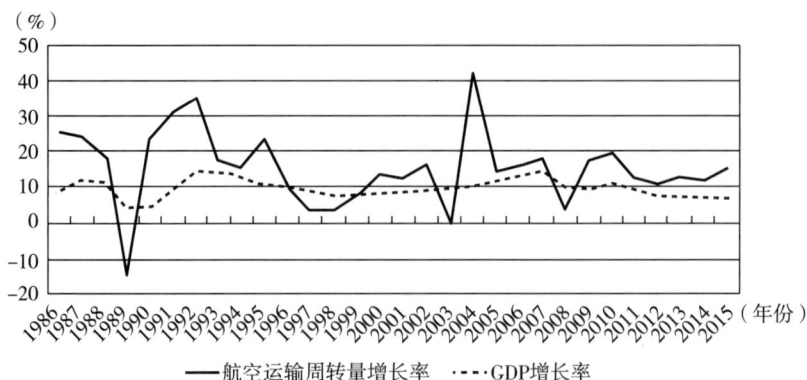

图 2 - 3　中国航空运输周转量与 GDP 增长率比较

资料来源：笔者整理绘制。

第二节　理论基础

一　区域协调发展理论

因存在资源的稀缺性与不平衡性，一个国家或地区在发展过程中，针对内部不同区域往往可以采用多样化的发展顺序，如有的采用先后顺序发展模式，选择让某些区域优先发展，然后再带动其他区域发展；有的采用同时发展模式推动众多区域齐头并进。依据这种不同区域发展先后顺序关系的差异，从理论上可以把区域协调发展的相关理论分为两类：区域均衡发展理论与区域非均衡发展理论。

（一）区域均衡发展理论（Balanced Development Theory）

区域均衡发展理论强调保持对国民经济各个部门与区域同时进行相同或相似的投资力度，以实现其基本同步发展或达到同一水平，推动落后区域高度工业化和经济快速增长，实现国民经济各个部门和区域相互协调、全面发展的目的。区域均衡发展理论主要有罗森斯坦·罗丹（Paul Rosenstein – Rodan，1943）提出的"大推进理论"，罗格纳·纳克斯（Ragnar Nurkse，1953）提出的"贫困恶性循环论"。"大推进理论"认为，由于生产函数、需求、储蓄供给的"不可分性"，小规模及其个别部门的投资往往只会引起更为严重的经济失衡，因此，应该在发展中国家或区域对国民经济各个部门按同一比率同时进行大规模投资推动这些部门的平均增长，实现整个国民经济的全面发展。"贫困恶性循环论"认为，"一国贫穷是由于它贫穷"（A country is poor because it is poor），发展中国家或地区长时期的贫困并不是因为其国内资源不足，而是由于其在国民经济发展运行中存在着供给与需求两个恶性循环：从供给看，发展中区域经济落后，人均收入水平较低导致储蓄能力偏低，进而导致资本形成不足，资本形成不足又使生产率难以快速提升，从而又造成较低的人均收入，从而完成了一个"低收入—低储蓄能力—低资本形成—低生产率—低产出—低收入"的恶性循环；从需求看，发展中区域经济落后，人均收入水平较低导致购买力和消费能力偏低，进而会导致投资引诱不足，投资引诱不足又会导致资本形成不足，从而使生产规模难以扩大、生产率难以快速提升，低生产率又会导致较低的人均收入，从而完成了一个"低收入—低购买力—投资引诱不足—低资本形成—低生产率—低产出—低收入"的恶性循环。两个恶性循环相互作用、相互联系，使落后区域国民经济运行难以实现根本好转。而要摆脱这种恶性循环，就必须同时对落后区域国民经济各部门实施全面的大规模投资，扩大市场和生产规模（罗格纳·纳克斯，1966）。同"大推进理论"不同的是，"贫困恶性循环论"尽管也认为应该同时对所有部门进行全面大规模投资，但是并不赞成各部门按相同比率投资和发展，而是应以各部门产品需求价格弹性与收入弹性大小为依据来决定其不同的投资比率。需要注意的是，针对如何实现区域均衡发展，以上两大理论都认为，由于落后区域市场机制不完善，即使市场调节作用较大，要在短时间内汇聚如此大规模的资本并投资于国民经济各个部门，也是极为困难的，所以主张实施积极的国家干预，通过国家计划手段推动资本投入，实现区域平衡增长。

（二）区域非均衡发展理论（Unbalanced Development Theory）

区域非均衡发展理论强调区域经济发展过程的非均衡性质，认为发展是经济从一种类型向另一种类型渐进式的升级过程，大部分落后区域都存在着生产力水平与人均收入水平偏低、同发达区域间差距不断扩大等区域经济发展不平衡问题，而要解决这些问题可以通过不平衡增长来实现。区域非均衡发展理论主要有以赫希曼（Albert Otto Hirschman，1958）为代表的"不平衡增长理论"，以缪尔达尔（Gunnar Myrdal，1957）为代表的"循环累积因果理论"，以佩鲁（Francois Perroux，1955）为代表的"增长极理论"，以威廉姆森（Jeffrey G. Williamson，1965）为代表的"倒'U'形理论"等。"不平衡增长理论"认为，落后区域在产业方面真正缺乏的是资源使用的方法与能力，受资源约束应依据发展阶段的差异最先投资于具有较强的"前向关联"与"后向关联"的主导产业部门；在空间方面"经济进步并不会同时出现在所有的地方，而一旦出现在某一处，巨大的动力将会使得经济增长围绕最初的增长点集中"（赫希曼，1991）；在区域关系特别是发达区域与落后区域间的关系方面提出了著名的"极化效应"（Polarized Effect）和"涓滴效应"（Trickle‒down Effect）概念，并认为在区域经济发展早期极化效应起主导作用并伴随区域差距不断扩大，而就长期而言涓滴效应会不断缩小区域差距。"不平衡增长理论"提出落后区域应重点投资能源、交通运输、水利电力、制度、教育等社会固定资本，政府直接或间接地带头扩张直接生产部门，通过以上两条路径来诱导、倒逼投资实现区域经济发展的目的。"循环累积因果理论"认为，在社会经济动态演进中，社会、经济、政治、文化等因素间并非是守恒或均衡的，而是存在着相互联系、相互影响的循环累积因果关系，某一因素的变化会引起另一因素的变化，后一因素的变化反过来又会强化前一因素的变化，从而推动社会经济巡沿最初因素变化方向不断发展。由于社会经济演进过程并非是同时产生并均匀分布，一旦某个区域获得先发优势超前发展，则会通过循环累积因果的作用持续超前发展，加剧区域间不平衡并导致先进区域与落后区域间发生回波效应（Backwash Effect）、扩散效应（Spread Effect）两种相反的空间效应。循环累积因果理论强调的是区域分化问题即区域发展中的"马太效应"①（Mathew Effect），基于此提出的主张是，政府应在经济发展初期阶段优先开发条件优越的区域，以实现较高的投资效率及其经济增长率，然后通过扩散效应拉动其他区域发展，要特别防止由于循环累积因果所可能导致的区域差距不断扩大，当区域经济发展到一定阶段时必须要有强有力的国家干预，政府要针对落后区域制定实施一系列特殊刺激政策来促进其加快发展，以缩小区域间差距（Gunnar Myrdal，1957）。"增长极理论"认为，经济增长并不是同时产生于各个生产部门或区域，而是以差异化的方式和强度最先产生于一些条件较好的部门和区域，从而形成增长极，然后经由不同渠道向外扩散，对整个经济体系或更大空间区域产生差异化的影响。这里的增长极既包含经济意义上的推进型主导产业，也包含地理空间上条件优越的区域（Francois Perroux，1950）。作为增长极理论的延伸，"点—轴开发理论"提出区域经济发展中心一般最先出现于少数

---

① "马太效应"源自《圣经·马太福音》："对已经富有的人，还要给予，使之锦上添花；而对一文未名的人，也要强行夺走。让富有的人更富有，让没有的人更没有"。

条件较好的区域并成斑点状分布，然后随着区域经济的持续进步，经济中心点不断增加，点和点间在交通通道、水电供应线等连接下逐渐形成发展轴线，吸引劳动力、资本、企业等要素向轴线周围聚集形成发展轴。所以也可以把点轴开发看作是由先进区域的经济中心（点）沿交通通道向落后区域的纵深推移（陆大道，2002）。"倒'U'形理论"认为，随着经济增长及收入水平的提高，区域间差距大体上呈现先扩大后缩小的倒"U"形变化形态。该理论把时序问题引入区域空间结构变化的研究中来，典型特征是强调了均衡与经济增长之间的替代关系随时间的推移而呈非线性变化（Jeffrey G. Williamson，1965）。

区域均衡发展理论和区域非均衡发展理论对本书研究都有借鉴作用，因此本书力图综合运用区域协调发展的相关理论来评述中国区域协调发展的战略演进、新时代要求、前进方向，探究临空经济在区域协调发展中的市场效应、溢出效应、重构效应等，并提出相应的政策主张。需要注意的是，"一种既定的手段可能只对一种或多种目的有用，一种既定的目的也许能通过多种不同的手段来实现；为了实现既定的目的，或者需要有选择地，或者需要集中地使用不同的手段"。（哈耶克，1989）发展中国家探寻区域协调发展的路径必须要基于不同地域、不同阶段、不同目标而进行差异化的选择，中国理所当然也应如此。因此，区域均衡发展、区域非均衡发展以及二者的交替运用均可成为备选方案而并非是水火不容，有的学者也已经提出将二者结合运用并把均衡发展作为区域发展最终目标、非均衡发展作为实现手段的观点，如赫希曼（1991）就曾明确提出"在经济发展的高级阶段，引起平衡增长的可能性正是过去不平衡增长的经历"。所以本书并没有将非均衡与均衡完全割裂，而是综合运用这些理论的科学之处，力图对临空经济在中国区域协调发展中的各种效应进行全面的剖析。

二　公共选择理论

市场与政府的关系问题长期以来都是公共管理学界研究的重要内容，尤其是"政府应该做什么和政府不应该做什么，这是公共管理者所关注的基本问题"（欧文・E. 休斯，2015）。在完全竞争条件下市场机制能够充分发挥资源优化配置的作用，但完全竞争仅是理论上的理想状态，在现实经济生活中由于垄断、外部性、公共物品以及信息不对称等因素的存在，使完全竞争的条件无法得到全部满足从而会导致"市场失灵"（Market Failure），具体表现为公共物品与服务有效供给不足、难以有效调节收入分配不公、无法保证经济持续稳定增长等诸多方面，在此情况下就必须借助外力以非市场的方式来实现，即要发挥政府的作用。但是政府也并非是万能的，市场条件下政府干预行为也有明显的局限性从而导致"政府失灵"（Government Failure）。

　　以 1986 年诺贝尔经济学奖获得者布坎南（James M. Buchanan）为代表的公共选择学派对政府失灵问题进行了系统研究。公共选择理论（Public choice theory）是运用经济学的理论假设（特别是理性人假设）和分析工具来研究公共决策问题的一个新的经济学与政治学交叉研究领域。公共选择理论认为，虽然"市场可能失败的教训广泛地被认为是为政治和政府干预做辩护的证据"，但"市场的缺陷并不是把问题交给政府去处理的充分条件"，"政府的缺陷至少和市场一样严重"（詹姆斯・M. 布坎南，1988），主要表现为：政府由于信息不足、缺乏市场激励、干预政策频繁变动、政策时滞等问题造成决策失误；政府由于缺乏竞争压力和降低成本的激励机制以及监督信息不完善等问题造成政府工作效率低下；由于官僚主义、公共行动费用的分散性、利益分配的集中性等问题造成政府部门和公共预算膨胀；由于行政权力对市场的干预和管制从而导致发生"寻租"行为等。所以，公共选择理论既承认政府的必要干预，又反对政府的过度干预，并从公共物品入手提出政府主要职能应集中于向社会提供公共物品与服务、调节收入分配、促进经济稳定增长等方面（陈振明，1996）。公共选择理论虽然存在一定的局限并引起较多争议，但是也为正确处理政府与市场的关系、完善政府干预行为、预防政府失灵提供了极有意义的参考，布坎南也因其把经济学工具与方法运用到政治决策领域中以及对政府失灵分析等开创性贡献被称为"公共选择之父"。

　　市场机制与政府调控的有机结合是促进区域协调发展的基本经验。推动中国区域协调发展，既需要发挥市场机制的决定性作用，不断打破行政壁垒、消除区域封锁，形成公平、公正、统一、开放的市场，推动要素自由流动；又需要发挥政府的独特作用，充分利用区域规划、区域政策、法律法规等调控工具（张可云，2015），协调不同利益主体关系、推动各类市场培育、促进区域合作与对外开放、提供公共物品和服务、调节区域收入再分配等（钟昌标，2016）。从政府在中国区域发展中的作用历程看，各级政府正逐渐从原先的"划桨者"向"掌舵者"转变，这并不意味着政府作用的削弱，而是在发挥市场资源配置决定性作用前提下，解决政府越位、缺位、错位等问题，是政府职能的转变与优化，是为了更好地发挥政府作用。

促进临空经济在区域协调发展中各种效应的发挥离不开市场"无形的手"与政府"有形的手"的共同作用。临空经济的产生是市场作用的结果，其微观经济主体的行为也必然受到市场的调节和引导；而中国大规模的临空经济区建设和发展在很大程度上是靠政府推动的、是一种政府行为，尤其是发展临空经济会涉及众多利益主体，各类体制机制问题较为复杂，机场等基础设施投资建设、航空运输安全与管制、机场周边区域土地开发等活动均离不开政府的协调，所以，"临空经济的发展必然需要中央政府、行业主管部门和地方政府的公共政策和详细规划的支持和协调"（张军扩，2007）。

因此，在本书对临空经济各种效应的分析中，将力图从公共经济管理的视角，结合市场失灵、政府失灵等公共经济管理理论，探讨市场与政府在临空经济效应发挥中的作用机制、影响路径，在要素自由流动、临空经济区规划、临空产业培育与遴选中的协调机制等问题，并提出相关政策启示。尤其是在临空经济空间溢出效应的研究中，将运用市场失灵中的外部性理论对其进行深入探讨。

三　空间经济理论

"空间经济学"（Spatial Economics）或"新经济地理学"（New Economic Geography）发端于 20 世纪 90 年代，一般以诺贝尔经济经济学奖获得者克鲁格曼（Paul Krugman）于 1991 年发表的《规模报酬与经济地理》一文作为其起点（梁琦、黄卓，2012）。空间经济学以规模经济、不完全竞争为主要理论基础，试图通过运输成本把空间因素纳入一般均衡分析框架中，来探讨各类生产要素的运动规律、机制及其经济增长的规律与途径，其基本思想是"强调经济增长的非连续性和非单调性，并以这种非连续过程解释区际经济发展差异"（安虎森，2008）。

"空间经济学"的建模策略以"迪克西特—斯蒂格利茨模型"（Dixit – Stiglitz Model，简称"D – S 模型"）框架为基础（Paul Krugman，1991），借鉴国际贸易理论并利用"冰山运输成本"（Iceberg Transport Cost）、动态演化（Ad hoc Dynamics）等技术通过计算机数值模拟来构建，主要包括"中心—外围模式"的区域模型、研究城市层级体系演化的城市模型、探讨产业集聚与国际贸易的国际模型三大类，其中"中心—外围模型"（Core Periphery Model）被认为是奠定了空间经济学的基础（殷广卫，2008）。空间经济学模型有很多，且理论含义各有差异，但一般性结论主要有：（1）经济系统内生的因果循环决定了经济活动的空间差异。经济活动空间模式的形成主要由聚集力和扩散力两种方向相反的力量所决定，而聚集力由市场接近效应（Market Access Effect）、价格指数效应（Price Index Effect）引起，扩散力由市场拥挤效应（Market Crowding Effect）引起，两种力量相互抵消后剩余的非均衡力决定了经济活动的空间布局。（2）即使没有外生因素的冲击，经济系统内生力量也能够引起经济活动的空间差异。聚集力、分散力均随着贸易自由度的提高而下降，但分散力的下降速度更快：当空间贸易成本较大、贸易自由度较低时，分散力大于聚集力占据主导地位，此时经济活动处于均衡分布状态；随着贸易成本的下降、贸易自由度的提升，聚集力与分散力均不断减弱且分散力的减弱速度更快，当突破某一临界点（突破点）时，聚集力超过分散力成为主导，均衡状态被打破，经济活动将向某一区域集中形成"中心—外围"结构。（3）在某一临界状态下经济系统常出现突发性集聚。在经济活动均匀分布、贸易自由度较小的情况下，贸易自由度的提升并不会改变经济的均衡状态；但是当贸易自由度提升到某一临界点时，只需微小的扰动使贸易自由度超过该临界点便可打破原有的均衡状态引起经济活动的突发性集聚；而且由于扰动经常发生，故突发性集聚具有必然性特征。这一特征也蕴含了从量变到质变的哲学思想：贸易自由度的提升使要素流动性不断增强，但前期较长时间内无法突破制约因素的限制，将仍保持均衡状态，这是量变过程；当贸易自由度提升至突破点，此时聚集力与分散力力量相当，只需稍微再提升贸易自由度哪怕再微小都会使要素迅速流向特定区域形成突发性聚集，这为质变过程。这一特征说明，"根据传统的线性思维预测政策变动的效应，有时会导致严重的失误"（安虎森和蒋涛，2006）。（4）经济系统存在"区位黏性"（Location Stickiness），也称为"路径依赖"（Path Dependence）。经济系统形成某种分布模式或发展路径后，若想改变这种模式则需付出较大成本，各种经济活动像是被"黏"在这种模式上一样。当黏性较强时单靠内生力量难以改变现有状态，外生冲击如政策优惠、基础设施建设等将发挥重要作用，但是要求外生冲击力要足够大，否则也难以改变现有状态且会造成资源的浪费。（5）公众预期变化影响经济发展路径。空间经济学认为，当贸易自由度处于某一特定区间时（维持点与突破点之间重叠区），经济活动空间形态会存在多重稳定性均衡的可能，在这种情况下公众基于有效性原则所作出的预期选择将决定最终的经济路径，即每位个体预测其他大部分人所选择的某一经济模式有效，则每位个体将都会选择大部分人选择的经济模式。因此，对公众预期的变化也会引发固有的经济系统向另一经济系统转变，即存在"自我实现预期"的情况。空间经济学众多新颖的观点使其政策含义也明显区别于传统经济理论，例如，在区域协调发展问题上，空间经济学提出要实现区域协调发展，先进区域应该推行更为开放的政策，而落后区域则需发展具备比较优势的产业，并循序渐进地扩大开放，即先进区域与落后区域应该推行差异化的开放政策。

本书将尝试运用空间经济理论，从微观层面研究临空经济如何通过影响企业的区位决策作用于区域协调发展，从宏观层面解释现实中已广泛存在的临空产业区域性空间集聚现象，从政策层面基于空间治理理论探讨如何充分发挥临空经济在区域协调发展中的作用。尤其是在对临空经济市场效应的理论分析中，将把空间经济理论作为最基本的理论分析工具，探讨临空经济扩大市场规模、提高贸易自由度、促进市场一体化等对区域协调发展的影响。同时，在各效应实证模型的构建中，也主要使用了空间经济模型与空间分析技术，如分析临空经济市场效应中使用的市场引力模型、空间溢出效应中的空间面板计量模型、重构效应中的空间超制图学技术等。中国各区域临空产业集聚、临空经济区和航空大都市建设等经济现象都可以从空间经济学理论中探求到理论根源，正如克鲁格曼所言，"中国的经济地理，非常符合新经济地理学的框架"，因为"首先，出现了非常明显的中心—外围结构……，同时，区域差异也是 19 世纪美国'制造业带'的真实写照……，然后关于产业区位问题……，中国存在着成千上万的产业集群"，所以，"在中国以及其他新兴经济体，新经济地理学模型对于我们所看到的现象有广泛的应用"①。此外，"中国经济活动的空间组织，中国的经济地理正在发生着剧烈的、持久的、趋势性的变化。这样一种变化应该说既对空间经济研究提出了重大需求，同时也为空间经济研究提供了世界上最重要的一个素材，创造了世界上最优越的空间经济研究土壤"②，运用空间经济理论来研究临空经济促进中国区域协调发展中的各种效应，也能够为空间经济理论研究提供丰富的素材，并有可能推动其研究的进一步深化。

四　新结构经济理论

"新结构经济学"（New Structural Economics）由北京大学林毅夫教授 2011 年于耶鲁大学库兹涅茨年度讲座上提出③，在该讲座上林毅夫作了"新结构经济学：反思发展问题的一个理论框架"的演讲，并随后发表于《世界银行研究观察》上，标志着新结构经济学的正式诞生（付才辉，2017）。新结构经济学是基于中国和其他发展中国家经济发展和转型成败经验、在对发展经济学尤其是对其前两波思潮进行批判性反思的基础上逐渐形成的一个新的理论体系（见图 2 - 4），

---

① Paul Krugman, "The New Economic Geography, Now Middle - aged", *Regional Studies*, 2011, 45（1）: 1 - 7.
② 2011 年 7 月时任中国区域经济协会会长杨开忠教授在中山大学举办的"首届空间经济学国际研讨会（2011）"上的致辞。
③ 鉴于新结构经济学是最近几年才引起关注的新的发展经济学理论，故本节对新结构经济学理论的阐述相对其他理论基础更为系统。

是发展经济学的第三波思潮（林毅夫，2011）。

第一波思潮：结构主义	第二波思潮：新自由主义	第三波思潮：新结构经济学
重点强调：市场失灵问题	重点强调：政府失灵问题	重点强调：要素禀赋问题
观点主张：进口替代 政府直接配置资源 重工业优先发展	观点主张："华盛顿共识" 私有化、市场化、自由化 "休克疗法"	观点主张：有效市场 有为政府 基于要素禀赋发展产业
实施结果：危机不断 经济增长停滞 与发达国家差距拉大	实施结果：经济增速更低 危机更频繁 与发达国家差距更大	实施结果：正得到更多认同 在非洲国家效果明显
学界评价：普遍失败	学界评价：遗失的二十年	学界评价：重新思考发展问题的一座里程碑

| 1950 | 1960 | 1970 | 1980 | 1990 | 2000 | 2010 | 2018 （年份） |

图 2-4　发展经济学三波思潮

资料来源：笔者综合整理绘制。

　　发展经济学第一波思潮为"结构主义"（Structuralism）。主要流行于第二次世界大战结束后至 20 世纪 80 年代。第二次世界大战结束后为适应战后重建，尤其是新取得政治独立的发展中国家富国强兵的需要，而产生了发展经济学这一新的经济学子学科，并出现了"结构主义"第一波发展经济学思潮。当时经济学家普遍认为，发展中国家之所以贫穷落后是因为其缺少像发达国家那样先进的现代化产业，要想赶上发达国家就必须具有同发达国家相同的劳动生产率和现代化资本、技术密集型产业。而由于市场失灵无法依赖市场力量自发构建现代化产业，所以，结构主义建议发展中国家应以政府为主导直接配置资源来克服市场失灵的缺陷，实施进口替代战略、重工业优先发展的赶超战略，动员一切力量迅速构建与发达国家类似的资本与技术密集型现代化产业等。这一思想得到了当时众多发展中国家的认同，但是长期实行"赶超战略""进口替代战略"的国家在前期投资拉动下出现短暂的快速增长后，大多数经济便陷入了停滞、危机不断，导致发展中国家同发达国家间的差距不断扩大，故经济学界对"结构主义"这一指导思想被评价为"普遍失败"（Krueger A. O. and Tuncer B.，1982）。

　　发展经济学第二波思潮为"新自由主义"（Neo-liberalism）。从20 世纪 80 年代开始，基于对失败的结构主义政策的反思催生了以新自由主义为特征的发展经济学第二波思潮。当时经济学界主流看法是，发展中国家之所以落后、危机不断，其主要原因是发展中国家没有像发达国家那样建立起完善的市场经济制度，发展中国家政府过度干预市场造成资源配置不当，并大量滋生了"寻租"、腐败行为，政府失灵普遍存在。所以，新自由主义建议发展中国家应当遵循"华盛顿共识"，以"休克疗法"推行私有化、市场化、自由化等激进的改革措施，建立像发达国家那样完善的市场经济体制。但是，这一思想推行的结果是使大部分发展中国家出现了经济停滞、金融危机等问题，经济增长速度较推行结构主义的六七十年代还更为缓慢、危机发生也更为频繁甚至面临崩溃，与发达国家的差距进一步扩大。故一些经济学家将实施华盛顿共识改革的八九十年代称为发展中国家"遗失的二十年"（Easterly W.，2001）。

发展经济学的第三波思潮为"新结构经济学"（New Structural Economics）。发展经济学的前两波思潮并未给大多数发展中国家带来预期中的发展，而现实却提供了另外的一些选择，有些未采取或少量运用"进口替代"战略的经济体却实现了快速稳定的发展：中国台湾、中国香港、韩国、新加坡、日本等少数几个经济体从 20 世纪 60 年代开始并未按照当时发展经济学主流思潮结构主义的建议实施进口替代政策，而是另辟蹊径在出口导向战略以及渐进式改革的推动下，通过先利用自身劳动力优势发展劳动密集型等小规模产业、快速积累了大量外汇资本，再逐步向大规模资本密集型产业发展过渡的路径，实现了经济的快速腾飞，成为少数几个赶上发达国家的经济体[①]；第二次世界大战以后全世界共有 13 个经济体通过利用同发达国家技术

---

① 根据安格斯·麦迪森的研究，从第二次世界大战结束到战后最严重金融危机爆发的 2008 年全球 200 多个经济体中：唯有中国台湾、韩国实现了从低收入经济体向高收入经济体的跃升；唯有 13 个经济体实现了从中等收入向高收入的跃升，而其中除了中国香港、中国台湾、日本、韩国、新加坡 5 个经济体外，其他经济体均是石油生产国（地区）或是在第二次世界大战前就同发达国家差距较小的欧洲国家（地区）；唯有 28 个经济体实现了同美国人均收入缩小 10% 或以上，而其中有 16 个经济体是石油、钻石生产国或是欧洲国家；阿根廷、委内瑞拉却从高收入国家跌入到低中等收入国家中；有 18 个经济体人均收入同美国差距扩大了 10% 以上。当前，全球 200 余个经济体大部分仍处于低收入或中等收入状态中。

和产业差距所带来的后发优势实现年均超过 7%、持续 25 年以上的经济增长①，特别是中国自 1978 年改革开放至 2016 年这 38 年来保持了年均 9.6% 的增长速度，贸易增长率更是达到 14.8%，按照购买力平价计算中国 GDP 已在 2014 年超越美国成为第一大经济体，占世界经济规模的比例也从 1978 年的 4.9% 增长到了 2016 年的 18.6%，人均 GDP 从 1978 年的 155 美元增长到了 2016 年的 8200 美元左右②，是世界上经济增长速度最快的经济体之一，已实现了从低收入国家发展向中等偏高收入国家的跃升③，且仍可能保持长期的高速增长，在 2025—2030 年进入高收入国家行列（樊纲，2015；林毅夫、刘培林，2018），而中国所启动的改革实行的是务实的渐进式双轨制改革，这在当时被发展经济学主流思潮新自由主义认为是最糟糕的转型方式（J. Sachs et al.，2006），但是却取得了举世瞩目的发展成就。"任何理论都是为了帮助人们认识世界，改造世界"④，一方面是按照传统发展经济学思潮发展导致的失败，到目前为止尚未有任何一个发展中国家能遵循发展经济学主流思潮所推崇的政策而取得成功；另一方面却是"亚洲四小龙"、中国改弦更张，推行当时被主流发展经济学看来是错误的政策所获得的成就，因此，故有的发展经济学理论难以有效解释当今众多经济现象，也无法为发展中国家政府制定产业政策提供科学的建议，而正是通过对以往发展经济学理论的扬弃、在对前两次发展经济学思潮批判性反思的基础上产生了新结构经济学。

新结构经济学认为，"结构主义""新自由主义"共同的缺陷是

---

① 这 13 个经济体为：博茨瓦纳、巴西、中国、中国香港、中国台湾、印度尼西亚、日本、韩国、马来西亚、马耳他、阿曼、新加坡、泰国，资料来源于世界银行 2008 年发布的《增长报告：持续增长和包容性发展战略》。

② 资料来源于 2017 年 10 月 27 日林毅夫在英国剑桥李约瑟研究院第二届李约瑟年度纪念讲座上作的《李约瑟之谜和中国的复兴》的演讲。

③ 世界银行（World Bank）2016 年公布的收入分组标准为：人均国民总收入低于 1045 美元为低收入（Low income）经济体，在 1046—4125 美元为中低收入（Lower middle - income）经济体，在 4126—12745 美元为中高收入（Upper middle - income）经济体，高于 12745 美元为高收入（High - income）经济体。根据世界银行测算，2016 年中国人均国民总收入为 8250 美元，很明显超过了中高收入国家门槛值。

④ 周子勋：《林毅夫：新结构经济学何以引领第三波发展思潮》，《中国经济时报》2016 年 3 月 11 日第 9 版。

其提出的政策都违背了比较优势，"结构主义"所提出的优先发展资本密集型产业相对于当时的发展中国家而言太过超前，从而使大量企业缺乏自生能力，过度依赖政府的财政支持，造成资源错配并滋生"寻租"、腐败行为；而"新自由主义"所提出的政府短时间内彻底实现全部市场化的做法，使前期优先发展的尚缺乏自生能力的企业大量破产，从而导致经济的崩溃。新结构经济学主张"用新古典的方法来研究在经济发展过程当中，结构和结构演变的决定因素"，其理论框架主要由"要素禀赋""有为政府""有效市场"等部分构成，核心思想是认为现代经济增长本质上是持续的技术创新、产业升级和多样化的连续性结构变迁过程，而一个经济体在每个时点上的产业结构是由该时点上经济体的劳动力、资本、基础设施、土地资源、制度等要素禀赋结构决定的，要素禀赋结构并非是一成不变而是会随着时间的推移发生变化，所以，产业结构的优化升级必须与变化了的禀赋结构相适应，协同发挥充分竞争的有效市场和因势利导的有为政府的共同作用（林毅夫，2017）。

图 2 - 5 显示了新结构经济学的逻辑分析思路。

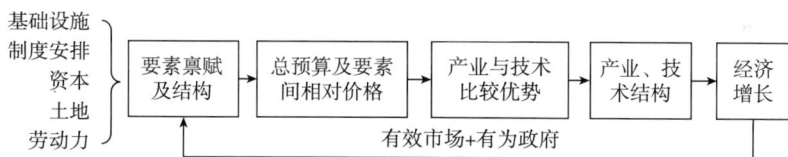

图 2 - 5　新结构经济学逻辑分析思路

资料来源：笔者综合整理绘制。

　　新结构经济学认为，要素禀赋、比较优势、产业与技术结构升级都是一个连续性的动态变化过程，一个经济体基础设施、制度、土地、资本、劳动力等构成了经济体的要素禀赋，并决定了其结构。而要素禀赋及其结构又决定了经济体在该时点的总预算及要素的相对价格，进而决定了产业和比较优势，只有发展符合自身比较优势的产业才能具有"自生能力"和市场竞争力。而随着技术创新与产业升级所带来的经济增长，又会不断改变经济体的基础设施、制度环境、资本、劳动力等要素禀赋结构，从而再次推动产业结构的不断演进和经济的持续发展。同时，要确保经济体遵循比较优势发展，必须充分发挥"有效市场"和"有为政府"的协同作用：充分竞争的有效市场能够反映各种要素的稀缺程度从而为企业决策提供准确的价格信号，引导追寻最大化利润的企业进入符合比较优势的行业；而"有为政府"能够有效解决企业间外部性及协调问题，在克服外部性、改善软硬环境、甄别潜力产业等方面发挥因势利导的作用（林毅夫，2015）。

新结构经济学不但在理论上构建了一个完整的逻辑自洽系统，同时还在政策层面为发展中国家提供了一套名为"增长甄别和因势利导"两轨六步法的产业政策框架，为其产业政策制定提供具体的操作指导[1]。新结构经济学将最优产业结构内生化并克服了"结构主义""新自由主义的"的种种缺陷，为发展经济学提供了更新颖的思路，不仅具有理论创新的重大价值，也在引导中国和其他发展中国家摆脱基于发达国家经验的主流发展理论束缚、探索出一条适合各发展中国家自身特点的现代化之路方面做出了重大贡献。众多世界著名经济学家如达斯古普塔（Partha Dasgupta）、阿克洛夫（George Akerlof）、菲尔普斯（Edmund Phelps）等均给予新结构经济学以高度评价，2001年诺奖获得者约瑟夫·斯蒂格利茨（Joseph Stiglitz）将其评价为"将成为重新思考发展问题的一座里程碑"、迈克尔·斯宾塞（Michael Spencer）将其称为"真正重要且富有雄心的作品"[2]。当前"各国要根据自身禀赋特点，制定适合本国国情的发展战略"[3]正不断成为共识，新结构经济学在实践中也正得到越来越多的认同，波兰将新结构经济学作为其制定国家发展战略的理论基础，埃塞俄比亚根据新结构经济"增长甄别和因势利导"框架推动经济结构转型使其迅速成为非洲最具有活力的轻加工工业出口基地，中国吉林省运用新结构经济学

---

① "增长甄别和因势利导"（Growth Identification and Facilitation）两轨六步法主要涵盖目标选择、消除约束、吸引投资、壮大规模、设立工业园、产业激励六大步骤。

② 韦森：《探寻人类社会经济增长的内在机理与未来道路——评林毅夫教授的新结构经济学理论框架》，《经济学（季刊）》2013年第3期。

③ 2015年9月26日习近平主席在联合国发展峰会上的讲话。

指导产业政策制定。随着中国经济由高速增长阶段转向高质量发展阶段，其要素禀赋结构也发生了重大改变，资本在中国已经从相对短缺变为相对丰富，推动供给侧结构性改革、实现中国区域协调发展也必须依据基于中国和各区域要素禀赋结构的变化来推动产业、技术、基础设施、制度等全面升级；同时，运用"有望成为中国本土化自主理论创新的典型代表"（付才辉，2015）、"重构了发展经济学"（余永定，2013）的新结构经济学来研究中国问题，对于"推进充分体现中国特色、中国风格、中国气派的经济学科建设"[①] 也将具有重要意义。本书在对临空经济重构效应的分析中，将重点运用新结构经济学理论对其进行系统探讨。

第三节　实践基础

一　国外临空经济与区域发展实践

1959 年爱尔兰香农国际航空港自由贸易区的成立标志着世界上第一个临空经济区的正式形成。经过 60 年的发展，在一些国际性枢纽机场周围已经建成了若干个较为成熟的临空经济区（见表 2 - 1）。而从时间脉络看，国际临空经济发展实践大致可分为三个阶段：20世纪 60 年代为临空经济初步发展期，临空经济区以发展对外贸易、出口加工业为主要特征，爱尔兰香农国际航空港自由贸易区是这一时期的典型代表；20 世纪 70 年代为临空经济成长期，因科技革命促进了体积小、价值高、运费承担能力强等高技术产品的迅速发展，故该时期临空经济区以发展高新技术制造业为主，以美国达拉斯沃思堡机场周边区域为典型代表；20 世纪 80 年代至今为临空经济繁荣期，主要特点是临空经济区向多功能、多层次、综合开发模式转变，在区域发展中的战略定位显著提升，逐渐成为区域发展的重要增长极，以新加坡樟宜机场、韩国仁川机场等为典型代表（阮菊明，2017）。研究国内外典型临空经济区的实践，能够为更好地推动临空经济在区域协

[①] 2016 年 7 月 8 日习近平主席在经济形势专家座谈会上的讲话。

调中效应的发挥提供借鉴。

表 2 - 1　　　世界部分枢纽机场周边临空经济发展情况

机场名称	航空港近邻区	航空港交通走廊地带
美国奥兰多国际机场（MCO）	货运中心；贸易港；度假区；海洋水族馆、自由贸易区；工业园；购物中心；医疗城	迪士尼世界；自然保护区；佛罗里达环球影城
美国亚特兰大国际机场（ATL）	货运大楼；货运中心；飞机维修工厂；贸易港；宾馆	世界会议中心；亚特兰大球场；时装商业中心；服务商业中心
法国戴高乐国际机场（CDG）	货运区、大规模物流中心、罗亚西（研究开发、商务功能）、商务中心（约9万平方米）、小型样品会场、宾馆、大规模工业园（家具、雪铁龙汽车）	拉·德方斯（商务、公园、博物馆）、巴黎市中心（宾馆、会议中心、名胜等）
法国里昂国际机场（LYS）	货运中心、飞机维修工厂、宾馆、商务中心、郊外型购物中心	里昂市中心
德国法兰克福国际机场（FRA）	货运中心（约110公顷）、飞机维修厂、宾馆、购物中心、尼德拉多（国际商务中心）	法兰克福博览会、法兰克福市中心（宾馆、繁华街道）
法国尼斯蔚蓝国际机场（NCE）	货运中心、国际海洋避暑胜地、餐饮、酒店	索菲亚安亭城（研究城市）、ACROPOLIS（古希腊的卫城）、酒店、餐厅、戏院、购物中心、夏纳会议中心、国际海洋避暑胜地、尼斯市中心
英国伯明翰国际机场（BHM）	货运大楼、国际展览中心（9万平方米）	阿斯通科学园、沃力克大学科学院、伯明翰科学园、丰田新工厂、罗伯罗技术中心
意大利罗马菲乌米奇诺机场（FCO）	货运大楼、玛丽安娜奴奥巴（包括住宅、商业设施等综合性商务中心）	埃无罗（将万博会场商业中心化）
韩国首尔金浦国际机场（GMP）	货物航站楼、临空工业园区	宾馆、贸易中心、国际会议中心、市中心

机场名称	航空港近邻区	航空港交通走廊地带
新加坡樟宜国际机场（SIN）	空中货运中心、自由贸易区、"罗亚"工业园区（航空宇航、飞机相关产业）	拉普路斯城、游艇基地中心、世界贸易中心、科学公园、工业园区、中国庭院、日本庭院、"散通萨"岛（旅游胜地）

资料来源：阮菊明：《临空经济理论解析与上海航空城战略行动》，上海三联书店 2017 年版，第 336—337 页；张蕾：《长三角空港经济区产业结构空间格局演变及路径优化研究》，科学出版社 2016 年版，第 2 页。

（一）爱尔兰香农国际航空港自由贸易区

香农镇原本是爱尔兰西部香农河河口湾北岸、爱尔兰第三大城市利默里克市（Limerick）西 20 千米处一个小村庄，因区位正位于北美和欧洲大陆中轴线上，且避风条件良好、利于飞机起降，故爱尔兰政府于 1942 年在此处修建了香农机场，以为北美—欧洲航线飞机补充燃料。机场建成后，香农航空服务业快速发展，逐渐成为国际重要的航空中转站，北美—欧洲航线在香农机场停留的飞机一度高达 85%。1947 年，香农机场在一个仅 2 米长的小柜台上为航班机组人员和乘客提供售卖免税烟酒及纪念品等服务，成为世界上第一个机场免税店。伴随飞机制造技术迅速发展，飞机性能和载油量大幅增加，北美—欧洲航线直飞愈加便捷，香农机场区域优势逐渐降低。1959 年，爱尔兰政府以香农机场为核心，设立了世界上第一个工业自由贸易区，即香农国际航空港自由贸易区，并授权香农开发公司专门负责推进该地临空经济发展。

表 2 - 2 爱尔兰香农空港自贸区发展历程

时间	事件
1942 年	修建香农机场
1947 年	设立世界上第一个机场免税店
1959 年	设立世界上第一个自由贸易区；成立香农开发公司负责推动航空业发展
1968 年	成立香农开发区；授权香农开发公司全面负责开发

时间	事件
1972 年	成立利默里克大学和香农国家科技园（爱尔兰第一个国家级科技园）
1980 年	成立本土高技术公司创新中心
1982 年	香农正式建镇
1984 年	成立利默里克国际技术园
20 世纪 90 年代	成立凯里技术园、提帕雷里技术园、恩尼信息时代园、博尔技术中心
2001 年	香农开发区实现与欧洲、北美宽带网络连接
2004 年	提出"香农开发区 2020 发展规划"，推进香农开发区从服务型经济向知识型经济飞跃
2006 年	招商引资工作由香农开发公司移交爱尔兰投资发展署
2012 年	重组香农开发区，目标是打造一个世界级的航空业聚集区
2014 年	香农开发公司重组为香农集团，下辖香农机场、香农国际航空服务中心、香农商业地产和香农（文化）遗产四个分支集团，重点发展航空航天、港航交通、旅游管理等产业集群

资料来源：笔者综合整理。

　　香农空港自贸区设立之初主要以从事出口加工业为主，通过税收优惠及低成本优势来吸引来自国外尤其是美国的投资。20 世纪 70 年代后，开始重点向高科技型工业转型，并相继设立了利默里克大学、利默里克工学院、高新技术公司创新中心、香农国家科技园等机构，使该区域拥有大量的高素质劳动力，有效地推动了科研创新与区域经济融合发展及从劳动密集型向技术密集型的升级。20 世纪 90 年代后，全球产业转移速度加快并不断向成本更低的东欧与亚洲国家转移，新兴经济体也不断强化科技创新力度；同时爱尔兰政府将企业所得税税率统一定为 12.5%，在此背景下，香农自贸区开始大力发展国际金融、互联网等现代服务业及知识型产业，向信息技术产业转型。21 世纪初至今，香农空港自贸区再度调整发展战略，逐渐向高新科技产业集群方面发展，通过推动产业多元化、集群化，致力于将该区域建设成世界级生活、工作学习及旅游休闲胜地。

　　香农空港自贸区正是通过紧跟全球经济发展趋势、多次适时性地调整发展战略，有效实现了从"航空加油服务—出口加工贸易—高科技工业—信息技术产业—高新科技产业集群"的转型升级，从原本工业基础薄弱的落后农业区域发展成知识型经济高度集中的发达区域，成为克莱尔郡内第二大城市、第二次世界大战之后爱尔兰唯一新兴城市，被誉为"世界上最早、最成功的经济开发区之一"。截至 2014 年，香农空港自贸区已由最初仅有 10 家外资企业入驻、提供工作岗位 580 个，发展为拥有 130 多家公司、提供 7000 多个工作岗位、年销售额超 30 亿欧元、年产值超 6 亿欧元、90% 用于出口的繁荣工业区。占地面积也已由最初的 2.43 平方千米扩展到覆盖爱尔兰中西部克莱尔（Clare）、利默里克（Limerick）、提珀雷里（Tipperary）、凯里（Kerry）、奥法莱（Offaly）5 个郡、总面积约 1 万平方千米的庞大区域。产业集群涵盖航空航天、创新企业孵化、制药与医疗器械制造、国际金融、国际物流、供应链管理等多个领域，拥有爱尔兰最大的多样化企业园①。香农空港自贸区的成果经验为其他国家探索区域发展模式提供了宝贵的借鉴。1980 年邓小平曾专门派出代表团到香农自贸区参观学习，香农自贸区因此也成为中国深圳、珠海、汕头和厦门经济特区的重要蓝本。

（二）荷兰阿姆斯特丹史基浦航空城

荷兰史基浦机场（Amsterdam Airport Schiphol）于 1967 年 4 月建成运营，距首都阿姆斯特丹市仅 15 千米，是世界上距离市中心第二近的大型国际枢纽机场，也是荷兰皇家航空公司所在地、史基浦火车站所在地，区位优越。2018 年史基浦机场旅客吞吐量已达 7105 万人次，居欧洲第三位，仅次于伦敦希思罗机场和巴黎戴高乐机场（见图 2 - 6）；同时机场地处欧洲中心位置，距欧洲主要商业中心飞行时间大部分在 2—3 小时，拥有 6 条跑道、100 多条航线、300 多个目的地和欧洲第二大经济腹地，已成为全球重要的集客货运输、航空物流、商务会展、休闲观光、国际贸易等于一体的综合性"国际航空城"，表 2 - 3 显示了荷兰阿姆斯特丹史基浦航空城的建设发展历程。

---

① 王胜等著：《爱尔兰香农自由贸易区发展经验探析》，《今日海南》2018 年第 6 期。

（万人次）

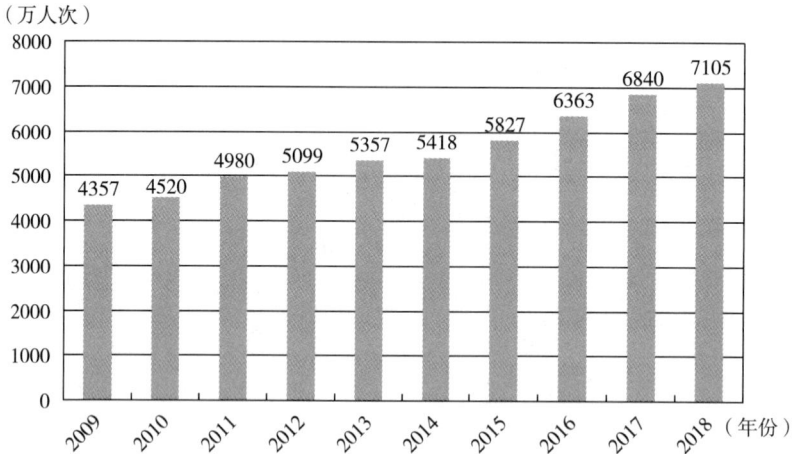

图 2-6　史基浦机场旅客吞吐量变化（2009—2018）

资料来源：笔者根据国际机场协会发布的《全球航空运输报告》综合整理绘制。

表 2-3　　　　　　　　荷兰阿姆斯特丹史基浦空港城发展历程

时间	事件
1916 年	荷兰第一架（军用）飞机降落于史基浦草坪机场
第二次世界大战期间	史基浦机场因战争而毁坏
1967 年	新史基浦机场建成运营
1988 年	荷兰政府推出"Mainport"战略（枢纽港战略），提出围绕史基浦机场建设航空城；成立史基浦区域发展公司（SADC）负责机场周边区域规划开发
1990 年	荷兰与美国签订开放天空协议，成为欧洲第一个与美国签订此协议国家
1994 年	组建阿姆斯特丹机场地区委员会（AAA）
1995 年	荷兰政府开始用"机场城市"（Airport City）定位史基浦机场
1999 年	成立房地产开发部门负责史基浦机场区域招商事宜
2003 年	完成自 1998 年开始持续 15 年总计投资 27 亿美元的第一代航空城扩展计划；为提升史基浦机场区域全球竞争力，荷兰政府提出"大都会"发展策略
2008 年	与巴黎机场达成战略合作
2016 年	成为欧洲第三大机场

资料来源：笔者综合整理。

　　荷兰政府及相关部门很早便认识到临空经济在区域发展中的重要作用（见表 2 - 4），根据区域经济发展形势与市场变化，以史基浦机场为核心、从国家战略的高度对其周边区域进行了多轮次的动态规划，并成立了多元化的开发机构（见表 2 - 5），推动机场周边设施和园区建设，引导机场区域持续健康发展。1988 年荷兰政府的"Mainport"战略（枢纽港战略）提出要围绕史基浦机场大力发展临空经济，将其周边区域建成一个"集枢纽机场、综合交通枢纽、国际贸易和物流中心、国家经济发动机、区域就业中心和财富中心的多元综合体"（曹允春，2013），即世界级临空经济区或航空城；在其同年发布的《国家规划与发展报告（第 4 版）》中进一步明确把史基浦机场发展提升到了国家发展中心和经济驱动引擎的地位，将其与鹿特丹港共同定位为荷兰"海港 + 空港"双轮驱动模式的两大支撑。经过三十余年的有序建设，阿姆斯特丹机场周边区域（Amsterdam Airport Area）已经建成为涵盖商旅与物流服务的综合型航空城，成为典型的机场城市以及重要的区域增长极，有 540 余家跨国企业的总部或市场与销售中心入驻，如美国沃尔特迪士尼公司、法国欧莱雅公司等全球知名企业；产业从最初的地方传统产业为主发展到涉及 IT、时鲜易腐、航空航天、生物医药、国际金融、航空物流、高档时装、电子信息等各个领域；拥有世界贸易中心、高尔夫球场、免税购物中心、美术博览馆等非航空产业；物流园、商务园、工业园密集分布于机场周围（见表 2 - 6、图 2 - 7），其物流园区是欧洲物流中心；临空产业体系完善，机场周边 88% 的交通运输业、72% 的国际化企业、75% 的旅馆业、46% 的商业金融服务、42% 的技术密集型产业位于各类产业园区内业①。因此，史基浦机场航空城也被誉为"欧洲商业界的神经中枢"（Nerve center of The European Business World），并与知识经济等因素联系起来构成荷兰新的"Brainport"战略（智慧港战略）重要基础，成为荷兰重要的经济支撑。

---

　　① 阮菊明：《临空经济理论解析与上海航空城战略行动》，上海三联书店 2017 年版，第 356—361 页。

表2－4　　　　荷兰各级政府对史基浦机场航空城价值看法

机构	管辖范围	对史基浦机场航空城价值的看法	
		价值	问题
荷兰环境房产与规划部	全国	荷兰经济的依托之一；国际竞争力的重要方面	
荷兰经济事务部	全国	荷兰经济引擎；推动运输相关产业发展；提升荷兰国际营商环境	
交通运输、公用事业及水务管理部	全国	国际竞争力的重要内容；荷兰国际接入点	
北荷兰省	省域	区域经济引擎；创造就业；改善经济环境	污染问题（噪声、空气污染）、外部安全性问题
阿姆斯特丹市政府	市域	区域经济资产；创造本地就业；国家和区域经济的引擎	污染问题
哈雷蒙梅市政府	市域	创造本地就业	污染问题

　　资料来源：根据首都机场集团"十二五"战略规划中国民航大学课题组2012年3月发布的《国外典型机场周边地区临空产业发展案例——荷兰史基浦机场》报告综合整理而成。

表2－5　　　　　　　史基浦机场航空城开发参与机构

中央政府		中央政府各机构
阿姆斯特丹机场地区委员会（AAA）	地方政府	北荷兰省政府；阿姆斯特丹市政府；哈雷蒙梅市政府；阿尔梅勒市政府
	主导机构	SADC－SRE；机场集团成员
	其他专业开发机构	荷兰国际集团（ING）；Multi商业地产集团
	协作机构	荷兰皇家航空；阿姆斯特丹港口局

　　资料来源：阮菊明：《临空经济理论解析与上海航空城战略行动》，上海三联书店2017年版，第360页。

表2－6　　　　史基浦机场周边区域产业类型及重点企业

产业类型	重点企业
航空物流	DHL，TNT，UPS，FedEx，Kerry Logistics，VCK，VAT Logistics，Nissan，Menzies World Cargo，BAX Global，Panalpina，Nipppon Express

续表

产业类型	重点企业
航空航天	KLM, AAR, Aviall Service, Boeing, Bell Helicopter, Textron, CAE, EADS, Epcor, Honeywell Aerospace, Wencor, Dixie Aerospace, Stork Forkker Service, Schreiner Aviation Group, Rockwell Collins, Thales International
电子信息	IBM, AT&T, BMC Software, Cisco Systems, Hewlett Packard, Juniper Networks, Microsoft Benelux, NEC, LG, Nikon, Ricoh, Omron
生物医药	Abbott, Bausch&Lomb, Merck Sharp&Dohme, Idexx
高档时装	Gucci Group, The Sting, Bjorn Borg, Blue Blood, Paul Warmer, Next in line, No Excess, M&S Mode, Barts
国际金融	ABN Amrol, Baker&McKenzie, Bank of Tokyo, Mitsubishi UFJ, Citigroup, Deloitte&Touche, KPMG, Merrill Lynch, Price Waterhouse Coopers, Yapi Kredi Bank

资料来源：阮菊明：《临空经济理论解析与上海航空城战略行动》，上海三联书店 2017 年版，第 357—358 页。

整体而言，荷兰政府在史基浦机场周边区域临空经济的发展中起到极为关键的作用，将机场周边区域开发提升到国家战略高度、制定前瞻性区域发展规划、科学的土地开发模式、严格的项目遴选机制、完善的综合交通枢纽建设等都有力推动了史基浦机场航空城的良性发展。随着机场作用的不断提升，阿姆斯特丹逐渐从原先的"大海港＋小空港"向"海港＋空港"双轮驱动区域发展模式转变，史基浦机场在区域发展中的作用也实现了"国际枢纽机场—多功能航空城—国际商业中心"的转型升级，为区域乃至整个荷兰经济做出了独特的贡献。

（三）新加坡樟宜机场临空经济区

新加坡樟宜国际机场（Singapore Changi Airport）于 1981 年 7 月建成运营，距市区 17 千米，有 2 条跑道、4 座航站楼，是新加坡最主要的民用机场和亚洲重要的航空枢纽，为 100 多家航空公司提供服务，每周约 7400 架航班从樟宜机场起降，飞往全球 100 多个国家和地区、400 多个城市，至 2018 年 4 月已连续六年被国际航空运输评级组织 Skytrax 评为"全球最佳机场"。2018 年樟宜机场旅客吞吐量达 6560 万人次，货邮吞吐量达 218 万吨，均居全球前 20 位（见图 2 - 7）。

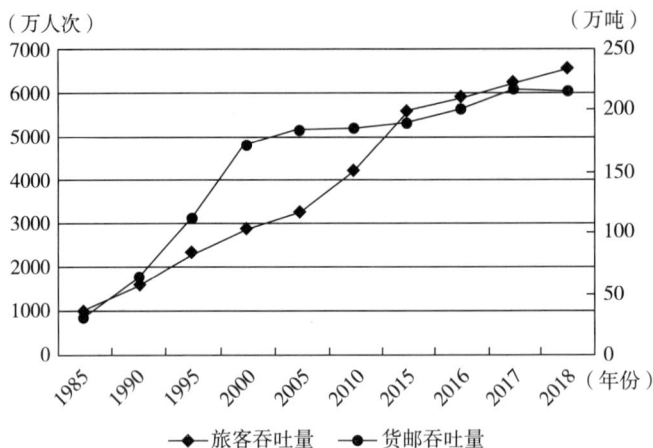

图 2 - 7 樟宜机场主要运营指标

资料来源：根据中国民航局历年发布的《从统计看民航》绘制。

　　樟宜机场临空经济区主要有樟宜商务园、机场自贸港、芯片园等多个园区（见表 2 - 7），业务涵盖航空航天、高科技制造、高端商务、会展、康体休闲、金融、航空物流、高端服务等各个方面。其中，航空航天产业方面，拥有 100 多家航空业公司，是亚洲最大的飞机维护、修理和翻修（MRO）中心，拥有亚洲最大的飞机维修产业集群，新加坡科技宇航公司（ST Aerospace）是世界最大的第三方飞机维修商，全球三大飞机发动机制造商普惠（Pratt and Whitney）、劳斯莱斯（Rolls - Royce）、通用电气公司（GE）均在新加坡设有研发中心，庞巴迪（Bombardier）、空客（Airbus）、贝尔（Bell Helicopter）、古德里奇（Goodrich）等世界著名飞机制造公司均在新加坡设有维修厂，新加坡航空展是世界三大国际性空展之一，实里达航空航天园（Seletar Aerospace Park）与樟宜机场快捷联通构建大航空城概念，正成为世界一流航空工业基地；高端服务业方面，樟宜机场临空经济区拥有多家规模酒店、公园、商业中心，3 家高尔夫球俱乐部，3 家大型综合休闲俱乐部，3 家博物馆（樟宜机场博物馆、文化博物馆、新加坡空军博物馆），从樟宜机场 5 分钟车程即可到达新加坡展览馆。2016 年新加坡航空运输及机场周边临空产业约贡献了 7% 的

GDP 和 17 万个就业岗位[①]。

表 2 - 7　　　　新加坡樟宜机场临空经济区主要产业及企业

功能区	概况	重点入驻企业
樟宜商务园	于 1997 年投入使用，有地铁连接樟宜机场及市中心，主要发展高新技术产业、知识密集型产业及金融业	IBM，Invensys，Xilinx，Cisco，Honeywell，HUAWEI，Ericsson，DBS，Citibank，Credit Suisse，Standard Chartered Bank，JPMorgan
樟宜机场自由贸易港	设立于 1996 年 9 月，由樟宜机场集团负责运营，是新加坡境内 7 个自由贸易港之一，主要发展航空货运业务，是全球典型的空港型自由贸易区，由樟宜航空货运中心（CAC）与樟宜机场物流园（ALPS）组成	世界排名前 25 的物流公司有 20 家落户新加坡，世界前 50 家第三方物流公司有一半以上将亚太总部设在园区内，主要有：Kuehne Nagel，Sankyu，Schenker，Yusen，FedEx，UPS，TNT，Nippon Express
芯片制造园区	主要有巴西力芯片园、淡滨尼芯片园等	30 家集成电路设计中心，全世界约 10% 集成芯片和 40% 的硬盘媒体，世界排名前十五的无线集成电路设计公司中的 9 家，主要有：Philips，TSMC，Siemens，Infineon，HITACHI，Siltronic，Avago，Fairchild，Micron Technology，Media Tek，UMC，UTAC，SSMC
实里达航空航天园	投资约 1.5 亿新元兴建，与樟宜机场相距 15 千米，并有海陆空等交通方式连接，形成大航空城的概念，主要发展航空工业制造与维修等产业	已入驻 Jet Aviation，Fokker Services Asia，Hawker Pacific，Execujet，Pratt and Whitney，Rolls - Royce，Bombardier，Safran Group，Bell helicopter 等 60 余家著名航空企业

资料来源：笔者综合整理。

　　可以说，新加坡东部区域正是凭借樟宜临空经济区国际贸易、商务旅游、航空制造与维修等优势产业而有效融入世界，成为以临空经济促进区域协调发展的全球典范。

---

① 赵巍：《樟宜机场如何成就全球最佳机场？》，《空运商务》2016 年第 2 期。

二 国内临空经济与区域发展实践

(一) 中国民航业的起步与发展

中国自第一座机场建立到现在已近 110 年。1904 年，来自法国的两架小型飞机在北京南苑校阅场进行了飞行表演，这是中国上空第一次出现飞机；1910 年清政府于南苑修建简易跑道并进行飞机试制修造，诞生了中国历史上第一座机场——北京南苑机场；1913 年依托南苑机场创建了中国第一所正规航空学校——南苑航空学校；1920 年中国第一条国内航线"北京—天津"航线正式开通；1936 年中国第一条国际航线"广州—河内"航线正式开通。虽然机场建设及民航事业在中国起步较早，并且在改革开放后得到迅速发展，但直到 20 世纪末，中国民用航空在机场数量、航线网络、线路里程、运营效率、技术水平、装备质量等方面都远落后于其他发达国家，与航空强国的目标相去甚远。而与此同时，改革开放 40 余年来中国国民经济持续高速发展，对航空运输的需求与日俱增，供需矛盾越发紧张，对国民经济健康运行形成了严重制约。因此，进入 21 世纪尤其是 2004 年机场属地化改造完成后，各级政府逐渐认识到机场及航空运输在服务国民经济发展中的重要地位，开始大规模推动机场建设，中国开始由民航大国向民航强国快速迈进（见图 2 - 8、图 2 - 9），2018 年全年旅客吞吐量 126468.9 万人次，货邮吞吐量 1674.0 万吨，据世界第二位；预计未来 20 年，中国航空旅客周转量年均增长率为 6.8%，到 2034 年，航空旅客周转量将占世界的 16%，人均年乘机出行次数从 2014 年的 0.3 次增长至 2034 年的 1.09 次，达到 2016 年的欧洲水平，成为全球航空业增长最快的地区之一[1]；截至 2018 年，中国国境内民用航空（颁证）机场共有 235 个（不含中国香港、中国澳门和中国台湾地区），其中定期航班通航机场 233 个，定期航班通航城市 230 个[2]，规划到

---

[1] 资料来源于空中客车公司（Airbus）发布的《全球市场预测（2015—2034）》(*Global Market Forecast* 2015 - 2034) 报告，参见空中客车公司网站：http：//www. airbus. com/。

[2] 资料来源于中国民航局发布的《2018 年民航机场生产统计公报》，参见中国民航局网站：http：//www. caac. gov. cn/XXGK/XXGK/TJSJ/201903/t20190305_ 194972. html。

2020 年，全国民用运输机场数量达 260 个左右，到 2025 年达到 370 个（规划建成约 320 个），并形成三大世界级机场群、10 个国际枢纽、29 个区域枢纽①。

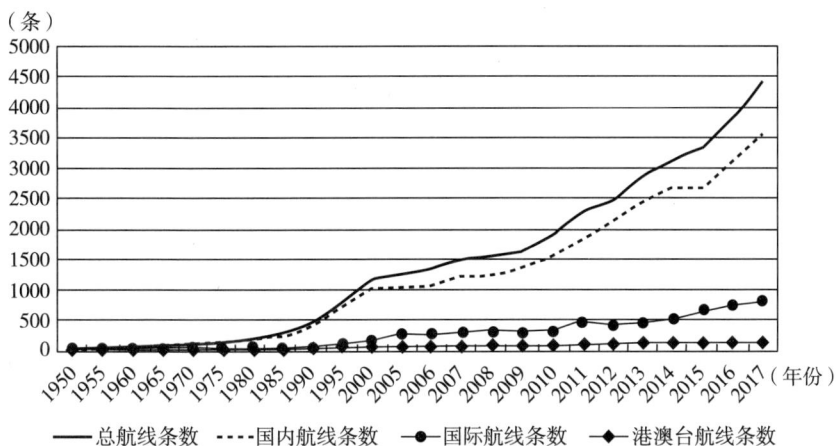

图 2 - 8　中国主要年份航线条数统计（1950—2017）

资料来源：笔者综合整理绘制。

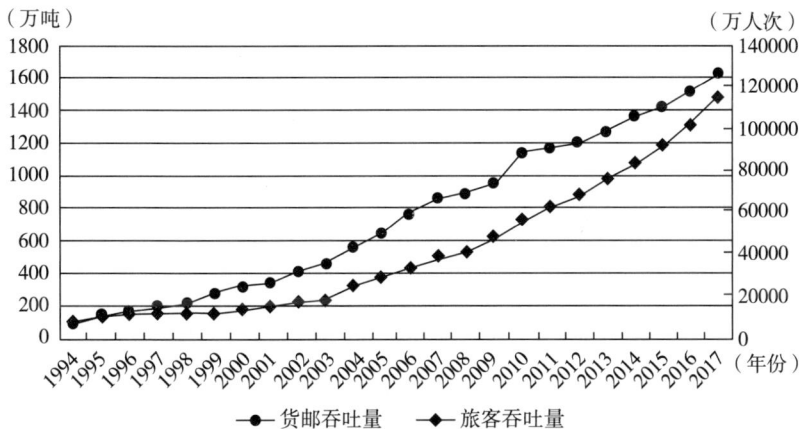

图 2 - 9　中国历年货邮与旅客吞吐量统计（1994—2017）

资料来源：笔者综合整理绘制。

---

① 资料来源于国家发展改革委、中国民用航空局联合发布的《全国民用运输机场规划》（发改基础〔2017〕290 号），参见国家发改委网站：http：//www. ndrc. gov. cn/zcfb/zcfbghwb/201703/t20170315_ 841017. html。

（二）临空经济在中国区域发展中的重要地位

伴随着民航业的快速发展，临空经济在中国主要枢纽机场周边逐渐形成。1992 年，中国第一个临空经济区——以成都双流机场为核心的"西南航空港经济开发区"正式成立；2013 年 3 月国务院通过了《郑州航空港经济综合实验区发展规划》（国函〔2013〕45 号），设立了中国第一个国家级临空经济实验区；截至 2019 年 3 月，中国已成立各类临空经济区 90 余个，已基本覆盖中国主要经济带，其中，已运营临空经济区 42 个，已规划临空经济区 40 个（包括青岛新机场和玉林机场），有意向规划临空经济区 9 个；国家级临空经济示范区 14 个，分别为郑州、北京新机场、青岛、重庆、广州、上海虹桥、成都、长沙、贵阳、杭州、宁波、西安、首都机场、南京临空经济示范区。

中国临空经济的发展引起了社会各界的高度重视。2004 年 5 月 27 日，中国第一届临空经济论坛在北京顺义区顺利召开。截至 2019 年 7 月，已在北京、广州、南宁、成都、鄂尔多斯、武汉、重庆、杭州、南昌、天津等地连续举办 11 届。2006 年 3 月，中国民航大学临空经济研究所（现更名为临空经济研究中心）成立，成为中国第一个以临空经济为主要研究对象的科研机构。2009 年，湖北工业大学何艳博士申报的"临空经济区形成与发展的动力机制研究"正式获国家自然科学基金青年项目立项（项目批准号：70903011），成为第一个获批的以临空经济为主题的国家自然科学基金或国家社会科学基金立项项目。2013 年 9 月，航空经济发展河南省协同创新中心获批，成为全国第一个以临空经济为主要研究对象的省级协同创新中心。2014 年，郑州大学设立"临空经济管理"为基础与新兴学科并招收博士研究生，是中国第一个正式将"临空经济"作为学科建设的高校。2018 年，该学科培养的第一批博士生顺利毕业。2017 年 6 月 15 日，复旦大学国际空港城市研究中心发布了首个《中国空港经济区（空港城市）发展指数报告（2017）》，并于 2018 年 11 月 26 日发布了首部《中国空港经济区（空港城市）发展蓝皮书（2018）》。2017 年 6 月 23 日首届中国临空经济"一带一路"发展论坛海口召开。2018 年 4 月 27 日，中国临空经济示范区发展联盟正式成立。2018 年 7 月 18 日全国临空经济示范区建设工作座谈会暨首届临空经济示范区联席会议在郑州召开，会议审议通过《全国临空经济示范区建设联席会议制度》，签署了《全国临空经济发展郑州倡议》。

国家层面关于区域发展的一系列重大战略部署中也高度重视临空经济的作用。2012 年 7 月 8 日，国务院出台《关于促进民航业发展的若干意见》（国发〔2012〕24 号），明确提出要"大力推动航空经济发展……选择部分地区开展航空经济示范区试点，加快形成珠三角、长三角、京津冀临空产业集聚区"；2015 年 7 月国家发展改革委和中国民航局联合出台了《关于临空经济示范区建设发展的指导意见》（发改地区〔2015〕1473 号），提出要"把临空经济示范区建设成为现代产业基地、区域物流中心、科技创新引擎和开放合作平台，为促进区域经济社会发展和经济发展方式转变提供有力支撑"；2017 年 2 月 23 日考察北京新机场建设时提出"新机场是首都的重大标志性工程，是国家发展一个新的动力源"重要论断，2017 年 6 月 14 日会见卢森堡首相时提出"支持建设郑州—卢森堡'空中丝绸之路'"。在国家一系列重大空间规划中，如粤港澳、"一带一路"、京津冀、长江经济带以及多个国家级城市群规划、"十三五"规划中，都有发展临空经济、建设临空经济区的专门论述（见表 2 - 8），这些都充分表明，中国临空经济已经进入与国家经济社会发展方向和要求高度契合的新阶段。

表 2 - 8　　　　　　　临空经济在中国区域规划中相关表述

	规划名称	临空经济相关表述
国家级空间战略规划	《粤港澳大湾区发展规划纲要》	建设世界级机场群……推进广州、深圳临空经济区发展
	《国务院关于依托黄金水道推动长江经济带发展的指导意见》	拓展航空运输网络，依托空港资源，发展临空经济
	《推动共建丝绸之路经济带和 21 世纪海上丝绸之路的愿景与行动》	强化上海、广州等国际枢纽机场功能，加快提升航空基础设施水平，支持郑州、西安等内陆城市建设航空港
	《京津冀协同发展规划纲要》	打造国际一流的航空枢纽，加快北京新机场建设，开展北京新机场临空经济合作区改革试点

续表

	规划名称	临空经济相关表述
国家级城市群规划	《长江中游城市群发展规划》（发改地区〔2015〕738号）	加快武汉、长沙、南昌等临空经济区建设
	《哈长城市群发展规划》（发改地区〔2016〕499号）	规划建设哈尔滨临空经济示范区
	《中原城市群发展规划》（发改地区〔2016〕2817号）	提升航空港对外开放门户功能，支持具备条件的机场因地制宜发展临空经济
	《长江三角洲城市群发展规划》（发改规划〔2016〕1176号）	推进以枢纽机场为核心的临空经济区发展
	《关中平原城市群发展规划》（发改规划〔2018〕220号）	推动西安陆港、空港联动发展……建设临空经济示范区
国家级"十三五"规划	《中华人民共和国国民经济和社会发展第十三个五年规划纲要》	加快郑州航空港经济综合实验区建设，支持发展内陆开放型经济
	《促进中部地区崛起"十三五"规划》	有序发展临空经济，支持郑州航空港经济综合实验区打造多式联运国际物流中心和以航空经济为引领的现代产业基地，规划建设武汉、长沙、合肥、南昌等临空经济区
	《西部大开发"十三五"规划》	在符合条件的地区新培育若干……临空（港）经济区
	《民用航空发展"十三五"规划》	鼓励引导临空经济区发展……加快形成珠三角、长三角、京津冀临空产业集聚区和示范区

资料来源：笔者综合整理。

　　中国已设立的临空经济区所处区域发展阶段各异，赋予的战略功能也存在一定区别。随着临空经济区数量的逐渐增多，特别需要关注的一个问题是，临空经济区与周边区域是怎样的关系，即临空经济区是区域发展的"政策洼地"还是"改革创新高地"。如果主要是"政策洼地"，则会造成与周边区域的过度竞争，甚至产生"虹吸效应"；如果主要是"改革创新高地"，则会对周边区域产生辐射带动力，成为区域发展增长极。换言之，我们需回答临空经济区在中国区域协调发展中究竟起到了什么样的作用这一科学问题。这意味着必须立足于新时代中国改革开放的大局，从全局层面系统研究临空经济区对中国整体区域协调发展的影响。

（三）中国国家级临空经济区发展实践

《关于临空经济示范区建设发展的指导意见》（发改地区〔2015〕1473 号）出台以后，引起各地临空经济示范区的申建热潮。截至2019 年 3 月，国家已批复国家临空经济示范区 14 个（见表 2 - 9），从其战略定位看，大部分被赋予改革开放先行区、区域发展增长极等重要使命。

在国家级临空经济区中，东部占 8 个，中部占 2 个，西部占 4 个，东北 0 个，其中：郑州航空港经济综合实验区是设立时间最早、面积最大、唯一先于《关于临空经济示范区建设发展的指导意见》出台而设立的国家级临空经济区；上海虹桥临空经济示范区面积最小，仅为 13.85 平方千米；除郑州航空港经济综合试验区以外，其余所有国家级临空经济区面积均不超过 150 平方千米；郑州航空港经济综合实验区、北京大兴国际机场临空经济示范区是经国务院批准同意，其余 12 个国家级临空经济区均是由国家发展改革委和民航局联合批复；北京大兴国际机场临空经济示范区、青岛胶东临空经济示范区均是机场兴建与示范区建设同步进行；北京是唯一一个拥有两个国家级临空经济区的城市，浙江是唯一一个拥有两个国家级临空经济区的省份；宁波临空经济示范区是全国距离主城区最近的都市型国家级临空经济区；西安临空经济示范区是唯一被赋予"军民融合"任务的国家级临空经济区。

国家级临空经济区建设实践对中国区域协调发展产生了积极的推动作用。

首先，国家级临空经济区产生的辐射带动作用有助于破解区域分化问题。因国家级临空经济区经济集聚规模较大，并与全球市场快捷联通，故能发挥更大的本地市场效应，扩大市场规模，进而促进自身及周边区域分工水平的提高，推动经济要素的再集聚，在原有发展基础上实现产业与技术结构的升级、发展方式的转变，通过这种转型引

表2-9

中国国家级临空经济示范区概况

名称	中心机场	设立时间	面积（平方千米）	相关批文	战略定位	主要发展指标
郑州航空港经济综合实验区	新郑机场	2013年3月	415	国函[2013]45号，发改地区[2013]481号	国际航空物流中心，以航空经济为引领的现代产业基地，内陆地区对外开放重要门户，现代航空都市和中原经济区核心增长极	2025年货邮吞吐量300万吨，与航空关联的高端制造业主营业务收入超1万亿元，进出口总额2000亿美元
北京大兴国际机场临空经济示范区	大兴机场	2016年10月	150	—	国际交往中心功能承载区，国家航空科技创新引领区，京津冀协同发展示范区	2025年旅客吞吐量7200万人次，货邮吞吐量200万吨
重庆临空经济示范区	江北机场	2016年10月	147.48	发改地区2209号	内陆开放空中门户，低碳人文国际临空都市区，临空高端制造业集聚区，临空国际贸易中心，创新驱动引领区	2020年临空制造业和临空服务业增加值占GDP比重超50%，旅客吞吐量5000万人次，货邮吞吐量100万吨
青岛胶东临空经济示范区	胶东机场	2016年10月	149	发改地区2208号	区域性航空枢纽，高端临空产业基地，对外开放引领区，现代化生态智慧空港城	2020年人口达20万；2025年旅客吞吐量3500万人次，货邮吞吐量50万吨，人口30万
上海虹桥临空经济示范区	虹桥机场	2016年12月	13.89	沪府办发[2017]68号	国际航空枢纽，全球航空服务业集聚基地，高端临空服务业企业总部基地，全国公务机运营基地和低碳绿色发展区	2020年重点航空服务业企业增加值年均增速8%，重点临空服务业企业主营业务收入年均增速10%

续表

名称	中心机场	设立时间	面积（平方千米）	相关批文	战略定位	主要发展指标
广州临空经济示范区	白云机场	2016年12月	135.5	发改地区〔2016〕2810号	国际航空枢纽、生态智慧现代空港、临空高端产业集聚区和空港体制创新试验区	2020年旅客吞吐量8000万人次、货邮吞吐量250万吨；2025年旅客吞吐量9000万人次、货邮吞吐量300万吨
成都临空经济示范区	双流机场	2017年3月	100.4	发改地区〔2017〕416号	临空经济创新高地、临空高端产业集聚区、内陆开放先行区和新型生态智慧空港城	2020年GDP达600亿元；2025年GDP达800亿元
长沙临空经济示范区	黄花机场	2017年5月	140	发改地区〔2017〕0873号	长江经济带综合交通枢纽、创新发展内陆开放型经济高地、高端临空产业集聚发展区、绿色生态智慧航空城	2020年旅客吞吐量3300万人次、货邮量38万吨、GDP达1000亿元；2025年旅客吞吐量4900万人次、货邮吞吐量56万吨、GDP达1600亿元
贵阳临空经济示范区	龙洞堡机场	2017年5月	148	黔党发〔2015〕14号）、黔发改地区〔2018〕1059号	西部内陆地区对外开放重要门户、西南航空客货运枢纽、特色高端临空产业基地、智慧型生态化临空示范区	2020年旅客吞吐量2250万人次、GDP达500亿元；2030年旅客吞吐量3800万人次、货邮吞吐量33万吨、GDP达1600亿元

续表

名称	中心机场	设立时间	面积（平方千米）	相关批文	战略定位	主要发展指标
杭州临空经济示范区	萧山机场	2017年5月	142.7	发改地区[2017]876号	面向全球的跨境电商标杆、亚太国际航空枢纽、全国临空产业高地、生态智慧航空都市	2020年旅客吞吐量5000万人次，货邮吞吐量90万吨，GDP达400亿元；2025年旅客吞吐量7000万人次，货邮吞吐量130万吨，GDP达650亿元
宁波临空经济示范区	栎社机场	2018年4月	82.5	发改地区[2018]636号	"一带一路"建设重要门户区、重要的临空经济集聚区、区域航空枢纽和长三角航空物流集散中心	2020年旅客吞吐量1200万人次，2025年货邮吞吐量50万吨
西安临空经济示范区	咸阳机场	2018年5月	144.1	发改地区[2018]635号	国际航空枢纽、临空特色产业集聚区、内陆改革开放新高地、生态宜居空港城市	尚未公布
南京临空经济示范区	禄口机场	2019年2月	81.8	发改地区[2019]376号	全国重要的临空产业集聚区、国内临空创新型经济领先区、港产城一体化发展示范区	尚未公布
首都机场临空经济示范区	首都机场	2019年2月	115.7	发改地区[2019]375号	国家临空经济转型升级示范区、国际交往中心功能核心区和首都生态宜居国际化先导区	尚未公布

注："—"表示未查询到相关批文。

资料来源：笔者综合整理。

领，实现缩小区域间发展差距的目标。国家级临空经济区一般位于所在区域的发达城市，其本身也是区域培育多个增长极的有机整体，从而能够对周边区域产生更强的空间溢出效应，对抑制区域分化也会产生积极影响。从空间分布看，国家级临空经济区均位于中国主要城市群或经济区上，这对于打通中国整体区域发展的重要节点、促进整体区域协调发展有重要意义。

其次，国家级临空经济区能产生更强的政策协同效应促进区域一体化。国家级临空经济区体量更大，其空间范围一般横跨多个行政区域，有的甚至跨省（市），如郑州航空港经济综合实验区涉及郑州市中牟县、新郑市和开封市尉氏县，北京大兴国际机场临空经济示范区涉及北京市 50 平方千米、河北 100 平方千米。这意味着国家级临空经济区拥有更强的能力在更大空间范围内优化配置资源，进而推动区域间分工合作，形成区域协调发展的新合力、新动力。北京大兴机场临空经济区就被明确赋予了"京津冀协同发展示范区"的战略定位，2014 年 7 月，北京市与河北省签署了《共建北京新机场临空经济合作区协议》。同时，因国家级临空经济区的行政级别一般较高，如郑州、贵阳临空经济区管委会机构规格均为正厅级、北京大兴临空经济区规划由国家发改委直接牵头制定等，故能够有效协调区域内不同的发展政策，规避政策冲突的问题。从国家级新区的战略定位和发展目标看，涉及经济、政治、社会、文化、生态等各个方面，具有极强的综合性，而当前中国区域协调发展是一项系统的复杂性工程，国家级临空经济区功能的综合性对促进相关问题的解决具有重要作用。

最后，国家级临空经济区能发挥制度创新叠加效应，为促进区域协调发展提供新的政策工具。设立国家级临空经济示范区的重要目的是发挥其"改革创新、先行先试"的作用，形成可推广、可复制的先进经验。故国家级临空经济区均具有不同形式的先行先试权及进行制度创新的体制优势。同时，国家级临空经济区内部往往集聚有大量的制度创新资源，常与各类开发区、高新区、新区及海关特殊监管区重叠（如西安临空经济区位于西咸新区内，且涉及陕西自贸区 13.8 平方千米；郑州、成都、贵阳等临空经济区内均包含综合保税区等），每一种特殊经济区均具有相应的功能和政策优势，因此国家级临空经济区可通过整合各种制度创新资源发挥叠加优势，为促进中国区域协调发展提供多样性的改革工具。

在理论上，设立临空经济区、发挥其在点轴开发系统中的关键节点作用，对带动本地区发展、促进区域协调均具有重要作用；在实践上，临空经济区也确实推动了本地经济的快速增长。但是，还存在着诸多问题，突出反映在临空经济区促进区域协调发展的动力不足等方面。当前，临空经济区初期发展仍然以工业企业招商、房地产开发等为主，通过制造"政策洼地"、大规模投资、提升基础设施水平，实现短时期内经济增长、人口快速集聚的目的，然后再逐渐完善与之相配套的服务业等产业。这种开发模式优点是见效快，能够在较短时间内强化临空经济区的集聚能力，缺点是会挤占周边区域的发展资源，甚至会产生"虹吸效应"，即传统投资拉动的开发模式导致临空经济区同周边区域发展存在着较为严重的利益冲突问题，有可能对区域协调发产生极为不利的影响。除此之外，临空经济区促进区域协调发展作用的发挥受到诸多因素的制约，如临空经济区自身的集聚水平、制度创新动力、成果推广机制等。只有当临空经济区集聚水平发展到一定程度以后，扩散效应才能发挥主导作用。而对当下中国临空经济区而言，大部分仍然处于初期发展阶段，集聚作用仍处于主导地位，即扩散作用尚不明显。另外，虽然国家或地方对临空经济区赋予了极大的改革创新自主权，但如何充分调动其制度创新积极性，并将实践中所总结出来的有益经验、制度创新成果进行有效推广，这些均需要进行深入探索。

第三章 临空经济促进区域协调发展的效应解析

在展开对临空经济促进区域协调发展的各种效应及作用机制具体论述之前，有必要先对本书所涉及的主要概念进行明确阐释。本章将深入分析临空经济与区域协调发展的相关概念、内涵要求，并构建临空经济促进区域协调发展的效应体系和整体分析框架，以期为后续研究做好必要铺垫。

第一节 临空经济的演生与内涵特征

一 临空经济的演生

（一）临空经济是交通运输变革的必然结果

人类发展史表明，经济社会发展与交通运输方式变革密切相关。"改善交通运输工具也属于发展一般生产力的范畴"①，每一次交通工具、交通运输方式的变革都会带来经济社会形态的重大改变（见表 3 - 1）。特别是"城市的发展总是依托当时最先进的交通方式"（Garreau J.，1992），"城市的轮廓和命运都取决于交通运输方式"（John D. Kasarda，1999）。根据世界银行发布的《年终回顾：图解2016》中，2016 年城市聚集了全球一半以上的人口，对世界 GDP 的

---

① ［德］马克思：《马克思恩格斯全集》（第 30 卷），人民出版社 1995 年版，第 520页。

贡献率超过了80%，预计到2030年，全球三分之二以上的人口将生活在城市，可以说"我们的星球进入了城市时代"①。而交通是城市的塑造者，"没有正常的运输就不能养活城市和大工业中心"②，海港、内河航运、铁路、高速公路都曾刺激带动了一大批城市的产生与发展。

表3-1　　　　　　　卡萨达"第五冲击波"理论

	时间	运输方式	主要运输工具	主要产业类型	产业组织形态
1	17世纪	海运	船舶	商业贸易	临海型
2	18世纪	河运	船舶	纺织	临河型
3	19世纪	铁路	火车	钢铁、煤矿	临铁路型
4	20世纪	公路	汽车	化工、机械、电气	临公路型
5	21世纪	航空	飞机	信息、生物等高科技产业	临空型

资料来源：笔者综合整理。

18世纪前，海洋运输发展带来了大型海港类商业中心城市的兴起，港口经济成为主流，"海洋文明"造就了一批因海而盛的"海洋帝国"，塑造了全新的世界经济体系，构成城市化的初始阶段。1492年哥伦布航海发现新大陆，实现欧洲与美洲的首次联通，开启了持续几百年的海外探险与殖民时代，西班牙、葡萄牙、荷兰、英国等大西洋沿岸国家通过远洋运输进行跨洲商品贸易，催生出巨大的商品交易市场并拉动国内工场手工业的大发展，相继成为当时世界强国。西班牙巴塞罗那、英国伦敦等港口城市吸引了大规模的生产要素集聚，逐渐成为产业发达的世界大都市。在美国东部大西洋沿岸，波士顿、纽约、费城、查尔斯顿等港口城市不断壮大，成为美国殖民地时期推动其经济快速增长的四大经济中心，当时美国最大的城市波士顿市其支撑性产业即为航海运输业，所以波士顿至今流传着"条条道路通大海"的名言（王旭，2005）。据统计，美国建城200年以上历史的城市，除了钢铁城市匹兹堡以外，大部分均分布在美国东部大西洋沿岸

---

① 上海世博会高峰论坛：《上海宣言》，《人民日报》2010年11月1日第5版。
② ［俄］列宁：《列宁全集》（第34卷），人民出版社1985年版，第344页。

或是能够通航的河流旁边（梁琦，2005）。正如麦金利·康维（Mc-kinley Conway，1993）所言："今天世界上很多著名的城市都要将它们的存在归功于海洋运输，从荷兰的阿姆斯特丹、英国的伦敦，到美国的纽约和费城，这些伟大的城市都是'因海而生，因海而兴'，可以把它们称为'船上之城'"。

18 世纪河运助推欧洲、美国工业革命，使内河经济取代港口经济，内河沿线城市快速发展，推动众多地方进入区域城市化阶段。18 世纪英国工业革命把人类带入工业时代，对各种原材料、能源的需求迅速增加，而主要河流沿岸的原材料和能源产地可以利用内河运输，便捷地同其他区域进行物质交换，从而促进了这些区域迅速发展壮大。英国城市伯明翰曾长期享有"世界工厂""工业革命的摇篮"声誉，其发达的内河运输在其繁荣兴旺过程中发挥了重要作用；美国内河运输条件的改善同汽船发展相互补充，有效提升了运输效率，促进河运贸易的蓬勃发展，也使美国城市从原先沿海岸线分布转向朝内陆河流沿线发展，内陆俄亥俄河、密西西比河沿岸的匹兹堡、辛辛那提、圣路易斯、新奥尔良等城市依托河运迅速发展壮大（王学东，2014）。河运对中国城市发展也起到了重要作用，湖北武汉市依托发达的水路网络成为内陆和长江中下游区域商贸中转枢纽，一度成为中国第二大城市及第一大重工业城市；除此之外，"没有长江就没有上海港，就没有当年的大上海和如今的长三角中心，同样没有珠江没有黄埔港，就没有两千年历史的五羊城和如今的珠三角"（梁琦，2005）。

19 世纪铁路运输使不沿河、不沿海的内陆城市成为商品生产、交易、配送中心，以机器大工业生产为基础的工业城市渐居主导地位，铁路"经济大动脉"作用凸显，推动城市化进入鼎盛时期。1825 年英国铺设了世界上第一条现代意义的铁路，到了 19 世纪下半叶铁路运输发展不断加快，西欧、美国等工业发展较为发达的国家先行构建起较完善的铁路运输网，马克思把铁路运输誉为"实业之冠"[①]，对经济社会及城市发展带来了巨大冲击。德国鲁尔工业区凭

---

① ［德］马克思：《马克思恩格斯全集》（第 34 卷），人民出版社 1972 年版，第 347 页。

借发达的铁路运输网络发展成为全球著名工业城市。美国东北部许多城市间都有铁路联通,有些城市间铁路线多达三四条;美国西部铺建了五条横穿大陆、纵贯东西海岸的铁路线,其总里程超七万英里;在美国铁路沿线兴起了众多铁路城镇,亚特兰大、达拉斯、丹佛等城市均是建在主要铁路沿线,地处美国中部的芝加哥是多条铁路交会点,成为美国著名的铁路枢纽城市和重工业中心城市。在中国,郑州、石家庄等城市均是因铁路发展起来,被称为"火车拉来的城市"。

20 世纪是公路运输的时代,汽车成为要素流动主要的运输工具,四通八达的公路网特别是高速公路成为城市发展的重要驱动力,带来了"高速公路经济带"在世界各地的涌现,城市化不断向郊区扩散(王旭,2000)。1932 年德国主要出于军事目的铺建了世界第一条高速公路,为其发动"闪电战"提供了重要支撑;第二次世界大战以后,稠密的高速公路网络极大地促进了社会经济发展,汽车以其速度快、灵活性强等优势成为客、货运输的主要工具,人口流动性显著提高,城市区域范围逐渐膨胀,在城市郊区形成众多居民点,城市郊区化成为显著现象。

进入 21 世纪,国际经济正在形成"以航空、数字化、全球化和以时间价值为基础的全新竞争体系"(曹允春,2009),航空运输成为继海运、河运、铁路、高速公路运输之后驱动城市经济发展的"第五冲击波","如今,是航空运输的时代"(约翰·卡萨达、格雷格·林赛,2013)。航空运输能有效拉动城市产业发展、扩大就业、增加政府税收,据统计,2014 年全球航空运输业提供了 6270 万个工作岗位,创造了 2.7 万亿美元的 GDP,相当于整个瑞典或瑞士的经济规模;如果把航空运输对贸易、旅游等产业的支撑作用价值计算进去的话,航空运输对全世界 GDP 的贡献率为 8%;航空运输每运送 100 万名旅客可为当地直接创造 1000 个工作岗位(ATAG,2016)。所以,国际机场协会把机场称为"国家和地区经济增长的发动机",习近平把机场称为"国家发展一个新的动力源"。在航空运输业驱动下,机场逐渐从传统的单一运输人员、货物的场所演变成全球贸易活动以及要素流动的重要节点,吸引具有临空指向性的产业和资源要素不断向机场周边区域大规模聚集,使其成为一个经济活动高度集中的多功能区域，于是形成了临空经济这种新型经济形态，并进而形成了临空经济区和航空大都市。

（二）临空经济是国民经济发展达到较高水平的产物

临空经济既是航空运输业快速发展的结果，同时也是国民经济发展达到较高水平的产物。

较高的国民经济水平是临空经济产生的必要条件。一定规模、较高层次的产业、资金、技术、劳动力等的集聚是临空经济不可或缺的要素。如果一个区域国民经济水平较低、人口较少、技术落后、产业层次较低、财政收入有限，则区域缺乏建设机场等基础设施的条件和动力，更谈不上产生临空经济；即使建有机场，较低的区域国民经济水平、产业层次和居民支付能力也无法为临空经济的产生提供必需的客货流、产业等支撑，难以支撑机场的良性运行，限制机场规模扩大、航线开辟、航空运量提升，临空经济这种新经济形态也不会产生，或产生后难以发展壮大。只有当国民经济及居民消费能力持续增长、新兴区域不断出现、区域间经济文化交流愈加频繁、人口与产业等规模不断扩大、形成极为广阔的经济腹地时，区域才具备建设机场或扩大机场等基础设施规模的必要和条件，并为区域临空经济产生与发展提供充足的产业、人才、技术、信息、资金等要素支撑。所以，"一个社会只有进入工业化加速的时期，这个地区的老百姓生活至少摆脱贫困、进入小康的时候才可以谈到临空经济发展的社会经济文化条件"（刘伟，2006），只有当空港所在区域人均 GDP 达到 3000 美元以上时才能保证临空经济稳定健康发展（孙波，2006），否则可能只存在航空现象而不能说是临空经济。

较高的国民经济水平是临空经济持续发展的有效保障。国民经济不断发展能提高居民收入水平、增强居民消费支付能力，也加快了经济生活节奏，提升了人们对时间的偏好，时间价值迅速上升。而时间是不能被生产只能靠节约提高利用效率的，因而当时间价值的提升幅度大于因缩短时间所带来的货币成本增加幅度时，人们自然倾向于选择更快捷的交通运输工具来缩短运输时间从而降低时间成本。同时，当社会经济水平发展到较高水平时，居民收入和消费层次大幅提高，对产品质量、种类的要求越来越高，也愿意为高质量产品支付较高价格，从而推动跨境电子商务以及国际贸易的大幅增加，促使机场价值地位提升并吸引临空偏好性产业在机场周边大规模集聚。这些产业的大规模集聚需要有更大的交易空间，要求机场各种基础设施与全国性甚至是全球性的市场交易活动相适应，从而推动机场等基础设施不断完善并产生更大的产业集聚效应，形成循环因果链，不断推进临空经济的良性发展。

由上可知，临空经济是当经济发展达到较高水平时由航空运输业所催生的一种新型经济形态，这种新型经济形态以大型机场为依托，并与机场的运输能力和经济发展水平正相关。基于此，本书将临空经济定义为：临空经济是当经济发展达到较高水平时随着航空运输业的快速发展吸引临空指向性产业和人、财、物、信息、技术等各种生产要素在机场周边大规模集聚而形成的一种新型经济形态。临空经济区是临空经济的空间载体，是"依托航空枢纽和现代综合交通运输体系，提供高时效、高质量、高附加值产品和服务，集聚发展航空运输业、高端制造业和现代服务业而形成的特殊经济区域，是民航业与区域经济相互融合、相互促进、相互提升的重要载体"[1]。

二 临空经济的内涵特征

(一) 临空经济的内涵

国内学者对以机场为核心的周边空间经济发展的研究开始于20世纪90年代，现有研究文献多使用"临空经济"一词[2]。提出的其他类似概念还有"航空经济、空港经济、航空港经济、机场经济"等（文瑞，2015）。这些概念存在较多交叉重合之处，难以明确区分，在多数情况下可以与临空经济概念通用（张蕾、陈雯，2012），主要在使用范围、内涵与外延等方面存在细微差异，主要表现为：航

---

[1] 国家发展和改革委员会、中国民用航空局：《关于临空经济示范区建设发展的指导意见》，国家发改委网站：http://www.ndrc.gov.cn/gzdt/201507/t20150703_710711.html。

[2] 正如前文所言，国内对临空经济的理论研究滞后于实践。中国第一个临空经济区为1992年依托成都双流机场成立的"西南航空港经济开发区"，而中国第一篇对临空经济进行界定的文献为张雄教授的《临空经济的思考》一文，发表于1997年12月19日《人民日报》上。

空经济、机场经济等概念属于产业经济学范畴，侧重于航空物流、航空客货运输、航空制造与维修、航空保障与服务、机场商业等直接因机场而引发的经济活动（陈秋良，2004；耿明斋、张大卫，2017）；而临空经济是涉及产业、区域、新经济形态等的综合性概念，不仅包括了航空经济的内容，也包括了由航空经济所引发的经济活动，这些经济活动本身可能并不具有"航空性"，但却是由航空运输等活动吸引集聚到机场周边，从而具有了"临空性"，所以，临空经济是航空经济等概念内涵的丰富和深化（谭淑霞等，2012）。整体而言，"临空经济"更能准确反映机场及周边区域各类经济要素在空间、功能上的集聚特征，更能准确地反映机场、航空运输、航空产业等对区域的影响及与区域经济融合发展的状态，更能准确地反映在交通运输变革、各类要素对时间敏感性增强、技术革命形成全球化垂直分工体系等综合作用下全球经济社会活动的变化发展趋势。

相应地，临空经济的空间载体常使用"临空经济区"这一概念，主要侧重于强调临空经济空间载体是"经济区域"而非"行政区域"，其功能上"经济功能"为主、"城市功能"为辅。除此之外，同类的概念还有"空港都市区、空港城市、机场城市、航空城、航空大都市"等（吕斌、彭立维，2007；刘波，2015；李晓东，2015），这些概念主要是针对大型航空枢纽周边区域空间开发、从管理与城市功能角度而提出的，强调的是其所具有的基本城市功能。虽然临空经济是航空城等的支撑因素，但人口、环境、文化等因素也都是其应有元素，与临空经济区概念的侧重点有一定差异，且覆盖的空间尺度偏大、不易区分，在具体指导实践中容易造成大而不当的概念应用，是临空经济区发展的高级形态。相比之下，临空经济区更强调经济功能，更能凸显机场周边区域所形成的多种经济活动集聚特性，故在中国目前临空经济蓬勃发展而又普遍尚未发育成熟的情况下，使用"临空经济区"这一概念更加务实。在国家相关政策文件也多选择使用"临空经济""临空经济区"，如《国务院关于促进民航业发展的若干意见》（国发〔2012〕24号）提出"支持符合条件的临空经济区……"；《促进中部地区崛起"十三五"规划》（发改地区〔2016〕2664号）提出"有序发展临空经济……规划建设……临空经济区"；《西部大开发"十三五"规划》（发改西部〔2017〕89号）提出"在符合条件的地区新培育若干……临空（港）经济区"。所以，本书研究统一使用临空经济和临空经济区，也确保了与国家政策文件及现实实践中概念使用的一致性。结合前节所提出的临空经济定义，准确理解临空经济内涵需把握以下几点：

1. 临空经济是高度依赖航空运输的经济形态

以机场为核心、高度依赖航空运输，这是临空经济与其他经济形态最大的区别。以分工和交易为基础的现代化生产活动常是在不同区域间进行，生产、交换、分配、消费等各项活动必须依赖交通运输才能够顺利实现。因不同的经济活动所依赖的交通方式各异，故形成了依赖船舶、港口及水路的临港经济，依赖火车、火车站及铁路的临站经济，依赖飞机、机场与航空运输的临空经济。也就是说，临空经济这种新经济形态所内含的各类要素和经济活动的空间移动，主要是通过航空运输来完成的。

临空经济的产生、发展都是以机场为核心并高度依赖于航空运输，机场规模大小、航空运输量多少、航线网络丰富程度等直接决定了机场、航空运输对企业、技术、贸易、劳动力等要素的吸引力，进而决定了对区域的影响力及临空经济的发展状态，没有机场、航空运输作用的经济形态不能被称为临空经济。当然，并非只要有机场就一定能产生临空经济，航空客、货运输流量只有达到一定的水平才能够催生出临空经济，所以航线发达、航空运输活动频繁的枢纽机场，特别是大型枢纽机场更容易催生出临空经济，也能更好地支撑临空经济良性发展。

2. 临空经济具有较高的科技含量

第一，新科技革命促进了全球新兴产业的发展，新兴产业一般具有产品体积小、重量轻、科技含量高、生命周期短、单位产品承担运费能力高等特点，特别适宜和依赖于航空运输，为临空经济发展提供了物质基础。

第二，在新科技革命的推动下，一批如苹果、联想等的跨国公司凭借其核心技术优势，将其大量的标准化生产制造活动分散外包给全球各地的一般制造商，自身则专注于研发设计以及销售等关键环节，从而在世界范围内构建起广泛的垂直分工体系，为临空经济发展奠定了产业基础。

第三，新科技革命的发展，特别是信息技术和信息化设备的普及使用，使即时生产、即时流通、即时投放市场成为现代企业重要的竞争手段。在此情况下，新科技革命推动产业、企业加速向大型航空枢纽集聚，以满足消费者即时性需要、提高企业市场竞争力，为临空经济发展提供了重要动力支撑。

第四，高端制造技术以及航空运输技术的发展推动大体型飞机不断出现，为快速实现世界范围内远距离点对点运输提供可能，也使临空经济的产生由可能变为现实。

第五，新科技革命推动区域市场开放、经济全球化进入新阶段。在新科技革命推动下，各国间经济贸易往来愈加频繁、区域融合不断推进、通关协作机制持续创新；同时国家间贸易壁垒不断被打破、现代国际贸易体系逐渐形成，为临空经济良性发展提供有效的贸易制度保障。

3. 临空经济具有明显的空间区划分布特征

首先，临空经济区具有一定的空间规划范围。机场、航空运输等对周边区域扩散辐射能力、对各类要素的吸引能力都是有限的，机场规模、空间位置、功能定位、设施情况、吞吐能力、航线网络、要素禀赋等一系列条件都会制约临空经济发展，所以临空经济区具有一定的空间范围，临空经济活动主要分布在以机场为核心、主要交通干道为框架、机场周边区域为承载地的特定地理空间内，即临空经济是特指在机场周边特定空间范围内聚集的经济。当然，临空经济区空间范围大小尚未有统一标准，剑桥系统研究所 Glen E. Wetsbrod（1993）通过对日本、欧洲等地区成熟临空经济区的调查研究，将其空间范围限定在以机场为中心向外围延伸约 6 千米内，或是以机场为中心 15—30 分钟车程范围内；张蕾（2016）研究发现长三角区域主要航空港周边已形成的临空经济区其空间半径为 2.3—7.2 千米。中国已批复的 14 个国家级临空经济示范区也都有明确的空间界定，如郑州航空港经济综合实验区面积为 415 平方千米，青岛胶东临空经济示范区面积为 149 平方千米。

其次，临空经济区产业空间布局呈圈层状结构。一般来说，因临空经济区内各产业对机场、航空运输的依赖程度不同，机场周边区域空间布局常表现为同心圆式的圈层结构。图 3 - 1 显示了一种在理想状态下临空经济的空间结构。

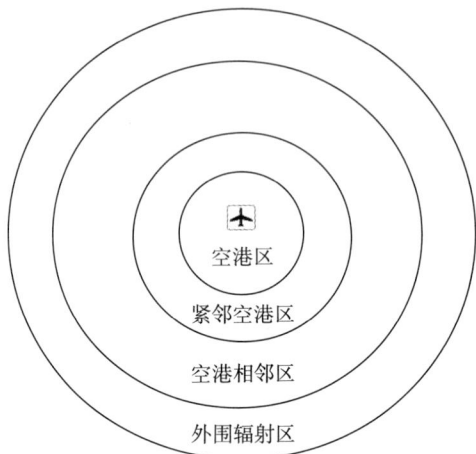

图 3 - 1 临空经济圈层结构示意

资料来源：练振中：《临空经济论》，博士学位论文，中共中央党校，2011 年。

其中，机场周围 1 千米内为空港区，主要分布机场、航站楼等基础设施以及直接服务于机场运营的行业；机场周边 1—5 千米内为紧邻空港区，主要分布空港工业园区、保税物流区、商业活动区等；机场周边 5—10 千米内为空港相邻区，是紧邻空港区产业的拓展，主要分布公司总部、广告会展、高端制造等产业；机场周边 10 千米以外为外围辐射区，受临空经济的影响逐渐弱化，主要分布临空关联产业，呈现多元化形态。当然，临空经济空间结构模式受多种因素影响会出现不同程度的变形，有其他不同的划分标准，但整体而言，以机场为中心呈圈层性布局是其主要空间形态。

最后，临空经济区之间需统筹空间布局。临空经济发展需要大规模产业、企业、资金、人才等要素支撑，所以统筹协调临空经济区空间布局极为重要。如果临空经济区之间空间距离较近、辐射区域重叠严重，则有可能造成产业、资金、客货源等要素过于分散，从而难以满足临空经济良性发展的需要，对临空产业链构建、临空产业集群形成带来负面影响。同时有可能导致低水平重复建设、资源浪费严重等问题，降低整体经济运行效率。

4. 临空经济具有显著的外部性

临空经济外部性主要体现在基础设施建设、要素流动、产业体系构建等多个方面。

首先，机场等交通基础设施具有公共物品属性，在经济上具有明显的外部性；同时，航空运输业也并非单纯以追求营利为目的，在推动国民经济发展、促进各民族团结、强大国防等方面发挥着不可替代的作用，一定程度上具有公共服务的特性。此外，临空经济区往往是一个区域人流、物流、信息流、资金流等要素集聚与扩散的场所，承担着区域内生产组织、客货运输、中转换乘以及其他辅助性的服务功能，对区域交通运输网络高效运行、国民经济良性发展都有着重要作用。

其次，发展临空经济能够促进生产要素的自由流动，有利于区域间经贸往来以及企业间生产、技术、文化、人员等多方面的交流与合作。同时，也有利于把资金、人才、技术、管理等要素扩散到腹地区域，甚至通过完善的航空运输网络辐射到全国，为其他区域经济社会发展提供要素支撑，产生明显的外部性。

最后，临空产业往往是高实效、高附加值、高成长性的资金密集型与技术密集型产业，具备极强的产业带动能力。构建临空产业体系能够引领区域生产嵌入全球产业链高端，推动产业结构升级。同时，临空产业出于对时效性的需求通常聚集在机场周边，高新技术企业之间、高端管理与技术人才之间面对面交流、竞争、学习的机会更多，有利于技术、知识、管理等的传播与扩散和创新思维的产生。

5. 临空经济具有快速时效性

经济活动对时间的敏感性不同，对各种交通运输方式的依赖程度、在空间上的布局形态也会呈现明显差异。一般而言，对时效性要求较低、大批量、远距离、运输成本支付能力较弱的经济活动对水路运输、铁路运输的依赖性最大，其产业往往布局在海港、火车站附近；对时效性要求较高、小批量、短距离、运输成本支付能力较强的经济活动对公路运输依赖性最大，产业倾向于布局在高速公路道口附近；而对时效性要求极高、小批量、远距离、运输成本支付能力极强的经济活动对航空运输的依赖性最大，更倾向于向机场周边集聚。各类临空指向性企业之所以选择布局在机场周边，其目的主要就是满足自身时效性要求，充分利用航空运输的全球易达性，使其各类经济活动能够迅速开展、产品及时送达全球市场，所以，临空经济具有显著的快速时效性。

6. 临空经济具有产业集群特征

产业集群代表了一种新的空间组织形式，是指生产同类产品或生产不同产品但具有分工合作关系的不同企业，基于各种网络关系而在特定区域内集中分布的空间集聚体。21 世纪以来，现代物流业、高科技产业、现代服务业、高端制造业等产业迅速发展，全球经济一体化、产业分工与专业化日益深化，导致产业链各环节不断分离并广泛分布在全球不同区域，对远距离运输的要求逐渐强化。在这种情况下，高度依赖于航空运输的各种企业、产业都具有不断向机场周边区域聚集的倾向，从而自然会形成产业在机场周边空间集中分布现象，并通过各种网络关系紧密相连，逐渐具备产业集群的特征。

（二）临空经济的偏好特征

相较于以城市轨道交通为核心的"临轨经济"、以高铁站点为核心的"临站经济"、以海港或河港为核心的"临港经济"等其他经济形态，临空经济的主要特点表现在以下偏好上：一是产业偏好。虽然飞机和机场是临空经济产生的基础，但并非有了飞机和机场就一定产生临空经济。世界上第一架飞机和机场诞生于 1903 年，而临空经济区直到 1960 年才产生，其根本原因在于是否有足够的临空产业做支撑。没有足够的临空偏好性的产业、企业、产品、消费在机场周边聚集，就不可能产生临空经济，而临空偏好性产业聚集的规模越大，临空经济区的极化效应、溢出效应就越强。二是产品偏好。适宜航空运输和临空产业发展的产品主要是"短、小、轻、薄、贵"的高新技术产品、绿色产品，只有这些产品才能与航空运输所要求的"体积小、重量轻、价值高、时效性强"的货物特点相契合。三是技术偏好。即偏好于科技含量高、附加值高、生产效率高的技术密集型高端产业和产品。四是时间偏好。即偏好于时效性强的产业和产品。五是空间偏好。不同的产业和企业对机场的依赖度不同，基于对机场的依赖度、综合运输成本和运营地租成本的敏感性高低，临空经济区会逐步以机场为核心形成"圈层状"的产业空间布局结构，临空偏好性越强的产业和企业，越是聚集在临空经济区的核心区；而临空经济区之间，客观上要求必须有合理的空间布局。六是开放性偏好。机场是一个区域与外界联通的重要通道和对外开放的窗口，同时航空运输一般适应的也都是远距离的位移变动，因此，"开放性是临空经济最明显的基因"（曹允春，2017）。

第二节　新时代中国区域协调发展战略

一　中国区域协调发展战略的提出

中国区域发展战略的制定和实施是一个长期曲折的探索过程，新中国成立以来大致可以分为五个阶段，并最终形成了新时代区域协调发展战略。

（一）向西推进的平衡发展阶段（1949—1978 年）

区域发展严重失衡是旧中国留给新中国的一份沉重遗产，20 世纪前半期全国 70% 以上的工业和近代交通设施都集中在东部沿海少数几个城市，而国土面积和人口分别占全中国的 56% 、25% ，西部其工业产值仅占 9.6% 。所以，新中国成立后至改革开放前，中国总体上实行的是向内陆倾斜的区域发展政策，在资源分配、投资布局、政策投入等方面采取了"撒胡椒面"式的地区平均主义做法，并在"一五"计划（1953—1957 年）以及"三线建设"时期出现了两次大规模的向西推进。例如，"一五"时期，沿海和内地基本建设投资总额比为 0.79∶1 ，全国 694 个限额以上工业建设项目中有 472 个布局在内地；"三线建设"时期在"以战备为中心"的思想指导下，国家投资重点向不靠海、不沿边的三线地区转移，"三五"计划（1966—1970 年）、"四五"计划（1971—1975 年）期间内地建设投资总额分别为 631 亿元、959 亿元，分别占全国投资总额的 64.7%、54.4%，其中向西南 11 个三线省区分别投资 482 亿元、691 亿元，占全国投资总额的 52.7% 和 41.1%（魏后凯，2011）。

区域经济平衡发展政策的实施具有极为复杂的背景，是国防战备与经济建设的结合，也是对战后中国生产力分布进行的一次大规模战略性调整，深刻改变了内地工业化进程和区域发展格局。1953—1978年内地工业产值增长 19.08 倍，而同期全国增长 15 倍、沿海地区增长 12.9 倍，内地工业总产值占全国的比重由 1952 年的 30.6% 提高到 1978 年的 39.1%。但是，这一政策也带来了极为严重的后果，尤其是"三线建设"时期把大量资源投入较为落后的内地，造成经济效益急剧下降，也严重制约了沿海地区经济发展。例如，全国资金产出率由"一五"计划时期的 0.338 降为"三线建设"时期的 0.217；"四五"计划时期沿海 11 省、市工业增长率反而比全国水平低了0.72%（孙翠兰，2009）。

（二）向东倾斜的不平衡发展阶段（1979—1990 年）

改革开放后至 20 世纪 90 年代初，中国区域发展政策重心逐渐向条件较好的东南沿海区域倾斜，并依据邓小平提出的"两个大局"思想，通过设立经济特区、沿海开放城市等措施推动沿海地区率先发展。例如，"五五"计划（1976—1980 年）时期沿海与内地基本建设投资比为 0.84∶1，而到"六五"计划（1981—1985 年）、"七五"计划（1986—1990 年）时期，这一比例增加到了 1.29∶1 和 1.27∶1（魏后凯，2011）；国家在东部沿海相继设立了 5 个经济特区、14 个沿海港口城市、5 个沿海经济开放区、正式批准开发开放上海浦东新区，实行特殊的优惠政策。

以经济效率为重心的向东部倾斜的非均衡发展政策极大地解放了东部沿海区域的生产力，促进了国民经济整体的快速增长及综合实力的提升。但是也带来了诸多问题，突出反映在内地与沿海差距急剧扩大等方面。1980 年，东、中、西三大地区 GDP 占全国 GDP 的比重分别为 51.13%、30.20%、18.67%，到 1990 年这一比重分别为52.64%、28.36%、18.99%，东部地区占全国 GDP 比重与中、西部地区占全国 GDP 比重的差距分别由 1980 年的 20.93%、32.46% 扩大到了 24.28%、33.65%，东部地区人均 GDP 增长率除 1989 年、1990年低于中、西部外，其余年份均大于中、西部（刘乃全等，2005）。

（三）关注中西部协调发展理念确立阶段（1991—1998 年）

20 世纪 90 年代，国家逐渐确立了促进区域协调发展的指导方针，对外开放政策由沿海不断向中西部推进，相继开放了长江沿岸城市、内陆边境口岸城市、省会城市，提出要促进中西部地区乡镇企业的发展，并逐渐将缩小地区差距、促进区域协调发展提到中央重要议事日程。例如，"八五"计划纲要（1991 年）提出要"正确处理发挥地区优势与全国统筹规划、沿海与内地、经济发达地区与较不发达地区之间的关系，促进地区经济朝着合理分工、各展其长、优势互补、协调发展的方向前进"；党的十四届五中全会（1995 年）明确经济社会发展必须"坚持区域协调发展，逐步缩小地区差距"的方针，"从'九五'开始，要更加重视支持内地的发展，实施有利于缓解差距扩大趋势的政策，并逐步加大工作力度，积极朝着缩小差距的方向努力"；党的十五大报告（1997 年）强调"从多方面努力，逐步缩小地区发展差距"，"促进地区经济合理布局和协调发展"。

虽然 20 世纪 90 年代区域协调发展的理念逐渐得到确立，但是区域间的差距仍在继续拉大。整个 90 年代东部沿海地区 GDP 占全国GDP 的比重都保持在 50% 以上并呈现上升趋势，从 1990 年的52.64% 逐渐增长到 1995 年的 55.54%，1998 年中国东、中、西三大地区 GDP 占全国 GDP 的比重分别为 55.82%、26.48%、17.69%（刘乃全等，2005）。

（四）区域协调发展理念全面贯彻实施阶段（1999—2016 年）

以党的十五届四中全会（1999 年）正式提出西部大开发战略为标志，中国区域协调发展理念进入全面贯彻执行阶段，一系列重大战略相继部署实施，基本形成"四大板块 + 三大战略"区域布局，范围基本覆盖全国国土和各类区域。例如，相继实施西部大开发、东北等老工业基地振兴、中部崛起、东部率先发展等区域发展总体战略；重点推进"一带一路"、京津冀协同发展、长江经济带三大战略；扶持"革命老区""民族地区""边疆地区""贫困地区"等特殊类型地区发展；新设立各类经济区、特殊功能区和试验区，探索创新区域协调发展模式①。

相关战略的实施使区域发展空间布局逐步得到优化，区域间良性互动和协调性不断增强，为国民经济持续健康发展做出重大贡献。但是，区域协调发展仍然面临较多问题，诸如老少边穷地区相对落后、区域无序开发问题突出、促进区域协调发展体制机制不完善等问题仍未得到根本性解决，"区域差距仍然比较大，特别是地区间的人均GDP、人均财政收入、人均拥有财富的水平等重要指标的差距，并没有明显缩小，有些方面可能还在扩大"②。以财政收入为例，2005—2012年东部财政收入占全国的比重由60.2%下降到53.5%，中部、西部、东北从15.2%、16.6%、8.1%上升到16.9%、20.9%、8.7%，但随后东部财政收入与其他三大板块的差距又开始拉大，至2015年东、中、西、东北四大板块财政收入比为56∶17.8∶20.7∶5.4③。

（五）区域协调发展进入新时代（2017年至今）

2017年习近平在党的十九大上指出，中国特色社会主义已进入新时代，社会主要矛盾已转化为人民日益增长的美好生活需要和不平衡不充分之间的矛盾，要实施区域协调发展战略。区域协调发展战略内容更丰富，目标更多样化，除了要继续推进实施"四大板块＋三大战略"以外还提出要推动老少边穷地区发展、城市群发展、资源型地区转型发展、建设海洋强国、推动新的增长极增长带加快成长等诸多内容，不但要缩小地区差距、推进公共服务均等化、建立区域协调发展新机制，还要统筹解决区域性整体贫困、产业结构优化升级、治理"城市病"、优化区域开放布局等问题。区域协调发展战略的提出是基于中国社会主要矛盾已发生深刻变化、区域发展不平衡问题仍未根本扭转而作出的重大战略部署，这一转变是对以往长期坚持区域协调发展理念的丰富完善和全面提升（高国力，2017），是为满足人民日

---

① 例如，这一时期在国家层面新批复设立了17个新区、2个经济特区、10个临空经济示范区、11个自由贸易区、12个综合配套改革试验区、5个金融综合改革试验区、6个重点开发开放试验区、17个自主创新示范区等。

② 资料来源于2014年6月10日国家发改委副秘书长范恒山在国务院新闻发布会上的讲话。

③ 资料来源于历年《中国区域经济发展年鉴》。

益增长的美好生活需要所作出的必要战略调整，更加突出了区域协调发展的战略地位和战略意图，也标志着中国区域发展布局进入新时代。

二　新时代中国区域协调发展的内涵与目标要求

（一）新时代中国区域协调发展的内涵

关于区域协调发展的研究最早可追溯到 1991 年，当年国务院成立了国民经济和社会发展总体研究协调小组并对中国区域经济差距扩大问题开展了专题研究[①]，该小组 1994 年公开出版了《中国区域协调发展战略》一书，提出了区域协调发展这一崭新的政策主张（陈秀山、杨艳，2010）；1993 年著名区域经济学家刘再兴发表了《90年代中国生产力布局与区域的协调发展》一文，提出通过"协调区域关系，改善生产力布局"解决"区域差距过分拉大，区域产业结构趋同"等问题，成为中国较早研究区域协调发展的学者；1996 年在八届全国人大四次会议通过的《国民经济和社会发展第九个五年计划纲要》中首次明确提出了"坚持区域协调发展，逐步缩小地区差距"的方针，区域协调发展逐渐成为区域经济学的研究热点问题。

国内众多学者从不同角度对区域协调发展的概念、内涵进行了深入探讨。陈栋生（2005）把区域协调发展理解为一种科学发展观念并将其与可持续发展进行了比较，认为相对于强调时间维度代际公平的可持续发展，区域协调发展更侧重于关注空间维度上的区际公平，主要解决地区间的关系问题，其协调性主要从地区经济发展水平、人均收入和公共产品享用水平、区域间分工协作程度来判断；陈秀山和刘红（2006）把区域协调发展理解为一种动态发展战略，并将其与均衡发展、非均衡发展战略进行了比较，认为区域协调发展是一种"既需保持区域经济整体的高效增长，又能促进各区域的经济发展，使地区间的发展差距稳定在合理适度的范围内并逐渐收敛，达到各区域协调互动、共同发展的一种区域发展战略"；覃成林（2011）等把区域协调发展理解为经济差距不断缩小的过程，同时也是区域间经济

[①]　该小组成立后共确立了 13 个总体研究课题，中国区域协调发展是课题之一。

联系逐渐紧密、相互依赖度逐渐深化、关联互动和正向促进日益加深的过程。也有学者将区域协调发展泛化并提出区域协调发展不应仅关注经济方面而应该包含更多的内容，吴殿廷（2006）等认为，区域协调应包含人与环境资源关系协调、人与人关系、不同区域间关系等方面的协调；魏后凯和高春亮（2011）认为，区域协调发展是一种全面的、可持续的协调发展并且需要新型的协调机制，应基于不同时代特征和发展需要赋予更多内涵，不仅要缩小区域经济差距，还要实现社会文化的协调、当前利益与长远利益的协调、经济发展与生态环境的协调。从以上学者的观点可以看出，虽然对区域协调发展的概念、内涵的阐释存在一定的差异，但是在核心内容上具有明显的契合性，如都强调缩小区域间经济差距、实现共同发展等。

依据理论和实践领域对区域协调发展的主流认识，本书将区域协调发展定义为：在区域开放条件下，区域间正向促进显著增强、互动联系不断深化、经济差距逐渐缩小、区域经济保持可持续增长的发展过程。准确理解这一概念需把握以下内涵：

首先，强调区域开放这一前提。唯有区域间不断扩大开放才能为实现区域协调发展提供必要的条件。如若区域间相互封闭、市场分割严重，必将形成经济"孤岛现象"，区域自身发展尚且困难重重，更谈不上区域间的协调发展。需要注意的是，新时代背景下中国地方保护主义仍然普遍存在，不少区域仅期望别的区域对自己开放市场，而自身却选择重门紧锁，例如在市场流通上限制他地商品流入、本地资源流出，在项目招标上恶性竞争，在产业发展上盲目引进造成结构雷同等。事实上地方保护会对全国统一市场的构建形成严重阻滞，破坏区域营商环境、违背经济发展规律、限制企业的竞争力与创造力，不但无法保护地方利益反而会使被"保护"的企业失去发展动力。所以，需要不断改善营商环境，打破地区封锁和行政区划的制约，推动构建统一开放的市场实现区域开放，这是实现区域协调发展的必由之路，也是蕴含于区域协调发展概念中的重要理念。

其次，强调区际间的经济关系。对区域协调发展的理解还存在其他两种不同的意见，一是关系内容的差异，将区域协调发展从经济层面扩展到了社会、政治、文化、生态环境等多个层面；二是关系主体的差异，将区域协调发展界定为区域内部的经济、社会、政治、文化、生态环境等系统间的协调。本书认为这两种意见虽然都具有一定的合理性，但是都不符合主流观点，区域协调发展主要强调的是区际间的经济关系。追本溯源，区域协调发展从一开始提出，其核心内容就是缩小区域间的经济差距，在相关文件中有明确且一贯性的表述，如"九五"计划明确提出"坚持区域协调发展，逐步缩小地区差距"的方针；"十五"计划提出"实施西部大开发战略，加快中西部地区发展，合理调整地区经济布局，促进地区经济协调发展"；"十一五"计划提出"逐步形成主体功能定位清晰，东中西良性互动，公共服务和人民生活水平差距趋向缩小的区域协调发展格局"；2017 年在党的十九大报告中"实施区域协调发展战略"也是放在了"贯彻新发展理念，建设现代经济体系"一章中，且重点仍是定位在区际关系上。所以整体而言，国家相关文件中区域协调发展主要是指区际间的经济关系，解决区际间经济差距过大问题，有较为明确的边界。当然，区域经济内部各子系统是否协调虽然属于区域可持续发展的范畴，其发展情况也会对区域间的协调产生重要影响。例如，临空经济若想有力推动区域协调发展，需要实现临空经济自身与所依附区域经济的协调发展。

最后，强调区域协调发展的综合实现路径。区域间互动联系不断深化、正向促进显著增强、区域间差距逐渐缩小、区域经济保持可持续增长是实现区域协调发展的综合路径，四者间是相互作用层层递进的逻辑关系。一是区域之间拥有紧密的经济联系才能基于各区域的比较优势进行合理的分工协作，推动各类生产要素的流通实现资源的优化配置。二是区域间联系深化才能形成相互间的依赖关系，产生协调发展的内在需求，促进关联互动作用的进一步深化，当然关联互动作用有可能产生负向影响，区域协调发展要实现的是正向的促进作用。三是区域协调发展"归根结底是区域利益关系的协调"，所以要不断缩小区域经济差距，唯有如此才能更好地协调区域间的利益关系，进一步推动联系的深化、正向促进作用的发挥。四是区域协调发展要能推动每个区域经济的持续性增长，而非通过抑制其他一些区域甚至牺牲其他区域合理的经济增长为代价。需要注意的是，区域协调发展是在各路径相互作用下推动区际经济关系向更高层次演进的一个过程，也是区域经济发展达到一定阶段后的一种必然趋势，只有顺势而为，从不同路径推动区域协调发展，才能实现整个国民经济的持续健康发展。

（二）新时代中国区域协调发展的目标要求

因对区域协调发展概念和内涵理解的差异导致对区域协调发展目标与判断标准的认识也存在显著区别。例如，魏后凯和高春亮（2011）认为，新时期区域协调发展应采取多元化的取向并提出了五大目标要求，分别为"各区域比较优势充分发挥形成科学的产业结构、人与自然和谐发展、人均收入趋同、居民均等享受公共服务、保持区域间人口、经济、资源、环境的协调发展"；陈栋生（2005）认为，应从地区经济发展水平、人均收入和公共产品享用水平、区域间分工协作程度来进行判断；薄文广和安虎森（2016）认为，狭义区域协调发展主要用区域间经济发展差距来判断，而广义区域协调发展还包括了基本公共服务的均等化等标准；陈秀山和杨艳（2010）提出，应基于区域比较优势发挥、区域居民收入差异、公共服务均等化程度、市场一体化水平、资源利用效率五个方面判断区域协调发展水平。基于已有文献对区域协调发展目标要求与判断标准的界定，结合本书对区域协调发展概念和内涵的分析，本书提出以下区域协调发展的评价维度与目标：

第一，区域经济持续增长，人与自然和谐发展。区域协调发展应能推动区域间相互实现正向溢出，使每一个区域经济共同的、持续性的增长。区域协调发展是一种主动性的发展模式选择，需要每一个区域积极共同参与，就参与动机而言，愿意主动与其他区域"协调"的主要目的是期望通过"协调"来推动本区域经济更好更快发展。如若一个区域没有或难以从与其他区域的"协调"中获利甚至有损害利益的情况发生，则自然丧失了参与"协调"的动力，区域协调发展也就失去了参与主体从而难以为继。所以，区域协调发展必须能够推动每个区域经济的共同持续性增长，这既是区域协调发展的目的，也是实现区域协调发展的基本要求。需要注意的是，共同的、持续性增长并不是追求相同的经济增长率，而是意味着要推动区域间正向促进关系的实现以及区域整体效率的提升，要在共同增长的基础上推动落后地区更快增长。此外，虽然本书明确提出区域协调发展侧重于强调区际之间的经济关系，但是，也必须充分考虑到人与自然的和谐发展问题，即促进区域经济持续增长必须要基于区域的资源环境承载能力，如果区域经济的持续性增长是以对自然资源的过度破坏与掠夺为代价，那么势必最后会对区域间的经济关系带来严重的负面影响。

第二，区域间经济差距逐渐缩小，人民生活水平大体相当。区域协调发展应能推动区域经济差距不断缩小，实现"人民生活水平大体相当"①。虽然区域差距可以表现在经济、社会、制度等多个方面，但其中区域经济差距最为重要并决定了其他方面的差距，所以本书所提出的区域差距更侧重于经济领域，而区域协调发展的基本目标和标准之一就是要能缩小区域间的经济差距，实现人民生活水平大体相当。防止区域经济差距持续扩大、逐步缩小区域间经济差距是中国提出区域协调发展的最初目的，从理论上说，区域经济差距过大有可能带来区域间经济发展能力的严重落差，从而导致经济发展"断层"、市场供求脱节、区域间分工协作受限等问题，对整个区域经济的良性运行带来严重危害；从区域公平发展上说，缩小区域经济差距是实现所有区域共享发展成果的合理诉求，中国特色社会主义事业已进入新时代，社会主要矛盾已转化为人民日益增长的美好生活需要和不平衡不充分发展的矛盾，所以缩小区域经济差距、推动各区域共同发展、共享发展成果，是新时代化解社会主要矛盾、维护社会稳定、实现区域协调发展的基本要求和判断标准。需要注意的是，缩小区域经济差距并不是要实现绝对的均等，在任何国家区域差异都是客观存在的，保持一定程度的差异性发展往往更有利于实现资源的有效利用，缩小区域经济差距更倾向于把区域经济差距控制在合理的范围内，即区域协调发展既是落后区域追赶先进区域的趋同过程，也是在社会可容忍的范围内区域间经济发展差距长期存在、人民所享受的福利水平差距逐步缩小的过程。

第三，区域间互动联系增强，区域协调机制不断创新。区域协调

---

① 资料来源于 2017 年中央经济工作会议。

发展应能不断强化区域间经济联系，推动相互依赖、相互促进关系的深化，建立更加有效的区域协调发展新机制，提升市场一体化水平。作为一个严密的逻辑过程，相互依赖、相互促进、提升市场一体化水平是实现协调发展的必要条件，而唯有区域间存在紧密的经济联系才可推动相互依赖、相关促进关系的形成和市场一体化水平的提升。很显然，如若区域间没有经济联系或是联系较为松散，就难以产生协调发展的诉求；而区域间市场一体化水平越高、联系越紧密、依赖度越高、促进作用越强，在经济发展中就越容易出现"一损俱损，一荣俱荣"的情况，对协调发展的诉求也就越急迫。需要注意的是，区域间互动联系增强需要以市场机制为基础，需要不断强化市场在资源配置中的决定性作用，打破区域封锁和行政区划的分割，不断创新区域协调发展机制，提升区域间经贸联系和经济圈培育，在充分发挥区域比较优势的基础上，形成合理的区际产业分工格局，提升区域市场一体化水平并逐步构建、完善全国统一的大市场（陈斐和陈秀山，2007）。

第四，基本公共服务均等化，基础设施通达度比较均衡。区域协调发展应能推动实现"基本公共服务均等化，基础设施通达度比较均衡"①，这也是两个支撑性指标（冯奎，2018）。基本公共服务直接影响到居民基本生活的保障与改善以及人力资本的形成与提高，但是，在中国一些欠发达区域，基础教育、医疗卫生、就业体系、社会保障等众多基本公共服务供给严重短缺，与发达区域差距不断拉大，同人民日益增加的美好生活需要的矛盾愈加突出，逐渐成为关系社会公平正义的焦点问题，严重制约了区域社会经济的良性发展。所以，推动区域协调发展在努力缩小区域间经济差距的同时，也需要关注基本公共服务均等化问题，努力实现不同区域居民享受到大致均等的基本公共服务，"塑造……基本公共服务均等……的区域协调发展新格局"②。此外，基础设施尤其是交通基础设施是联系各区域、各部门间生产、分配、交换、消费等经济活动的纽带，是决定区域城镇化水平、全要素生产率、区域间贸易成本与效率以及全国统一市场形成的

---

① 资料来源于 2017 年中央经济工作会议。
② 资料来源于《中华人民共和国国民经济和社会发展第十三个五年规划纲要》。

重要因素，也是实现区域经济持续性增长和社会良性运行的基础。但由于中国不同区域间基础设施水平存在显著差异，尤其是广阔的西部区域及"老、少、边、穷"等特殊区域基础设施通达度严重偏低，直接影响到欠发达区域与全国同步发展甚至是更快发展目标的实现。所以，新时代推动区域协调发展要注意补齐欠发达区域基础设施的"短板"，强化区域间基础设施的互联互通，实现基础设施通达度比较均衡，为形成区域协调发展新格局提供完善的基础设施保障。

第三节　临空经济促进区域协调发展的效应体系

前两节厘清了临空经济的偏好、特征以及区域协调发展的内涵及目标要求，为构建"临空经济效应—区域协调发展"的分析框架提供了理论支点。那么，临空经济在区域协调发展中能发挥什么样的效应？有怎样的作用机制？能否通过规范性的数理模型对其效应作用机制加以验证？本节在前两节分析的基础上，将聚焦于探讨临空经济的效应体系，先行搭建临空经济促进区域协调发展的市场效应、空间溢出效应、重构效应三大效应整体理论分析框架，在后续章节中再对临空经济效应的作用机制、实证检验做系统分析。

实际上，中国为促进区域协调发展已采取过一系列的措施，制定实施了众多区域发展规划，如制定实施"四大板块 + 三大战略"区域规划、批复 9 个国家级城市群规划等；同时特别注重通过在全国布局各类经济区、特殊功能区和试验区，来探索创新区域协调发展模式，截至 2018 年年底，中国共设立了 19 个国家级新区、7 个经济特区、12 个自由贸易区、12 个综合配套改革试验区、5 个金融综合改革试验区、6 个重点开发开放试验区、17 个自主创新示范区、219 个国家级经济技术开发区、168 个国家级高新区、14 个海洋经济示范区等。这些措施对促进区域协调发展都起到了一定的积极作用，特别是各类经济区、特殊功能区、实验区等，有力地促进了区域增长极的形成，成为探索区域协调发展新模式的有效突破口。临空经济作为一种新的经济形态，其所具有的空间特性、开放特性、高科技含量特性、外部性、快速时效性、高成长性和带动性等特征，能够在促进区域协调发展中发挥独特的功能。发展临空经济、建设临空经济区不但能像其他类型经济区、实验区一样促进区域经济增长，发挥极化效应、经济增长效应；而且能以其特有的属性发挥市场效应、空间溢出效应、重构效应，从更多方面促进新时代中国区域协调发展战略多元化目标的实现。

一 临空经济促进区域协调发展的主要效应类型

从对临空经济内涵特征及区域协调发展的内涵、目标要求的分析中可以发现，临空经济大致能够通过基础设施、营商环境、市场规模、制度环境、对外开放、要素流动、资本集聚、科学技术共享与扩散、区域通达度、区域间分工合作、产业与技术升级、空间布局、竞争协同关系等多种要素影响区域协调发展。那么，临空经济通过这些影响因素能产生什么样的效应呢？

整体而言，笔者认为以上影响因素可进一步归类为市场、空间、结构、其他因素等方面（见图3-2），相应地，临空经济主要会通过市场效应、空间溢出效应、重构效应以及其他效应，促进区域协调发展。

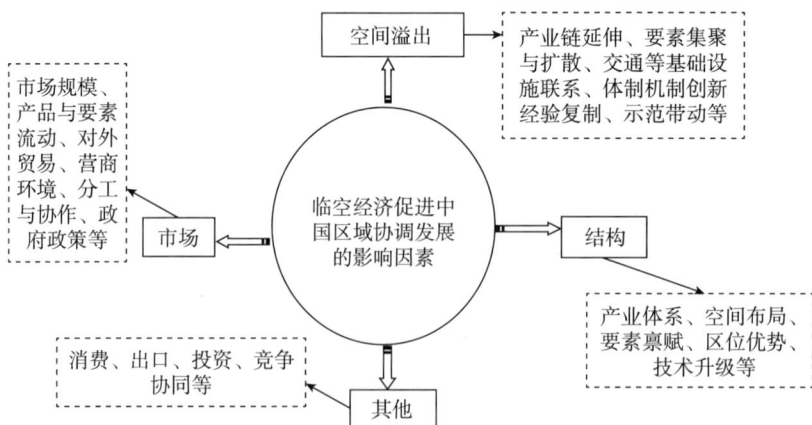

图3-2 临空经济促进区域协调发展的影响因素归类

资料来源：笔者绘制。

（一）市场效应

临空经济会通过影响区域市场规模、产品与要素流动、对外贸易、营商环境、区域分工与协作、区域政府政策等因素，改变区域对内、对外市场环境，发挥市场效应，影响区域协调发展。

市场是推动区域协调发展的决定性力量（李克强，2014）。区域协调发展涉及的所有经济活动都发生在一定的市场环境中，直接受到区域内外市场环境的影响，如市场规模大小、市场需求变化、市场分工与竞争程度、市场购买力情况、产品与要素市场流动性等方面。这些市场环境决定着政府、企业、劳动力等市场主体的行为选择，所以，"要破除限制生产要素自由流动的各种体制障碍，打破地区封锁和垄断，促进生产要素跨区域有序自由流动，形成有利于推动区域协调发展的市场环境"①。

临空经济是典型的外向型经济，能把区域市场同全球市场有效联系在一起，扩大区域市场规模、推动区际贸易开展，并能凭借其航空运输为主导的综合交通体系促进区域间产品与要素流动、区域分工合作及专业化深化，推进区域市场一体化进程。而且临空经济区作为区域对外改革开放窗口，具有改革开放、先行先试的政策优势，能有效推动区域营造与国际接轨的一流营商环境，从而促进区域协调发展。此外，统一开放竞争有序的市场体系是推动区域协调发展的必要条件，并受到地方政府财政能力、产业扶持政策、激励措施、各项规范制度制定与执行情况等直接影响。而发展临空经济、建设临空经济区能够倒逼区域政府强化市场体系建设，优化市场环境。临空经济区涉及众多高端要素、资源、产业、企业和其他设施的空间集聚，这些高端要素对市场环境有极高的要求；尤其是临空经济区内频繁进行的高度专业化技术创新和研发活动，更需要一个稳定良好且富有激励性的市场环境，共同驱动地方政府制定实施更科学的政策措施，强化市场体系建设。

（二）空间溢出效应

临空经济会通过影响区域要素集聚与扩散、交通等基础设施通达

---

① 2016 年 1 月 16 日时任国务院发展研究中心副主任王一鸣在"国研智库论坛·新年论坛 2016"上的讲话。

度、产业链延伸、体制机制创新示范带动等因素，作用于临空经济区及其他区域，发挥空间溢出效应，影响区域协调发展。

空间溢出是促进区域协调发展的内生动力机制，各类要素在空间上的集聚与扩散能为区域协调发展提供强大驱动力（姜文仙，2011）。临空经济吸引要素空间集聚表现为各类要素在机场周边空间规模上的扩大和时间上的持续积累，这种要素积累既可满足整个区域发展的要素需求，也能提升区域成本优势，创造出规模经济效应和空间溢出效应势能，而要素的持续性扩散则能直接对其他更广阔区域产生空间溢出，拉动其他区域快速发展，缩小区域间差距。同时，临空经济所偏好的主要是技术密集型、智力密集型的高端产业和产品，具有极高的成长性和扩散性，在完善的交通体系和航空运输网络支撑下，通过区域间人员、贸易往来及生产上分工协作，带动新知识与技术在区域间的扩散传播，推动技术空间溢出、促进区域间劳动生产率共同提升，为区域协调发展提供动力支撑。

发展临空经济既能推动临空经济区内部各类基础设施建设，也能推动临空经济区与依附城市间、区域与区域间的航空、高速铁路、高速公路、城市轨道交通等基础设施建设，促进区域构建完善的立体交通系统，从而降低居民、企业的生产、生活成本，提升各类经济活动的运行效率与质量，驱动各类资源配置向最优均衡点移动，并支撑空间溢出效应的持续性发挥。发展临空经济能有效促进区域对外开放，使区域对外交流愈加频繁、与其他区域间贸易成本不断下降，区域间地理空间、经济空间联系更加紧密，本区域区位优势不断强化，在一定情况下甚至能够改变原有产业在各区域的空间状态，影响区域经济活动与产业的空间布局，发挥空间溢出效应并最终影响区域协调发展。

除此之外，临空经济还能以其独特的产业体系不断向其他区域空间延伸，引领其产业嵌入全球产业链高端；临空经济区在体制机制创新、营商环境构建、产业培育与优化等方面的发展经验，能对其他区域产生明显示范带动作用，从多条路径推动空间溢出效应发挥，促进区域协调发展。

（三）重构效应

临空经济会通过影响区域产业体系、空间布局、要素禀赋、区位优势、技术升级等因素，从多个方面改变区域基础设施结构、要素禀赋结构、产品结构、产业与技术结构、空间结构等，发挥重构效应，影响区域协调发展。

区域结构性改革尤其是区域供给侧结构性改革是促进区域协调发展的主线，实施区域协调发展战略必须要从多个方面推动区域结构性改革（孙久文等，2017）。临空经济能从区域基础设施、产业、产品、技术、空间等多个方面优化区域结构，促进区域协调发展。

首先，交通等基础设施是区域协调发展的基础性行业，能对要素流动起到降低摩擦作用，润滑整个区域经济运行，对区域协调发展有重要影响。"基础设施水平的高低往往决定了一个地区贸易成本的大小，各地区内以及地区间贸易成本的不同又决定了产业的空间分布，进而影响各地福利水平与社会总效率"①，故实现各区域基础设施通达程度比较均衡是新时代实施区域协调发展战略的重要目标与路径。临空经济是一种高度依赖航空运输的新经济形态，具有明显的时间偏好、开放性偏好，发展临空经济，能够推动区域构建联通内外的航空运输网络和现代化综合交通体系，改善区域基础设施结构、要素禀赋结构，提升区域区位优势、竞争力水平和基础设施通达度，进而改善区域产业结构，促进区域协调发展。

其次，临空经济具有明显的高端产业、产品、技术偏好，通过构建临空产业体系、吸引高科技企业集聚、强化高附加值产品生产与供给，能改变区域产业、产品、技术等结构，从而有效引领区域生产嵌入全球价值链高端，推动区域传统动能的改造升级、新动能的形成，使区域发展方式向高质量方向转变。

最后，区位、资源要素以及产业结构差异是造成区域发展不协调、不充分的重要原因（陈耀、陈钰，2012），空间结构优化可使具有以上差异的各区域间通过合理的分工协作而承担不同功能，从而有效克服单个区域在资源、空间等方面的不足。发展临空经济、建设临空经济区，能够推动区域创新空间体系的形成，优化区域各经济活动的空间组织结构、土地利用结构、人口与就业空间分布结构、社会与

---

① 2017 年 12 月 20 日习近平主席在中央经济工作会议上的讲话。

生活空间结构等，使各区域间逐渐形成一个功能上相互依赖、相互补充的空间体系，在更大空间范围内实现单个区域难以实现的规模经济和集聚效应，推动资源配置优化和区域间互动联系强化，促进区域协调发展。

（四）其他效应

临空经济促进区域协调发展还有其他一系列效应，包括吸引投资、促进消费、拉动出口等直接增加区域 GDP 的经济增长效应；培育形成增长极后对其他区域的示范效应、支配效应；推动网络性基础设施建设所引起的网络效应等。这些效应虽然在促进中国区域协调发展中产生了重要所用，但是属于一般性因素对区域协调发展的影响，没有体现出临空经济这种高度依赖航空运输、以高端产业与产品为主体、以技术密集型为特色的新经济形态的鲜明特色，同时很大程度上都内含于上述三大主要效应中，故在此不再做详细论述。

二 临空经济促进区域协调发展总体分析框架

研究临空经济促进区域协调发展的效应不能单纯分析临空经济某一个因素对区域经济增长的影响，而应该结合新时代区域协调发展的新要求，充分考虑临空经济的市场效应、空间溢出效应、重构效应，并对其作用机制进行系统分析和验证。所以，在上文明确临空经济促进区域协调发展的主要效应类型后，以下内容将就各种效应的作用机制等问题进行系统探讨，并构建规范性的数理模型加以验证。在此之前先行构建总体分析框架，以便清楚地展现后续研究内容的整体思路。

为重点凸显临空经济独特的效应类型及其作用机制，采用总—分—总的行文方式，对每一种效应分别进行系统研究（见图 3-3），即在本节提炼出临空经济三大效应并构建总体分析框架后，后续三章将分别分析临空经济的市场效应（第四章）、空间溢出效应（第五章）、重构效应（第六章）①，然后提出相应的对策建议（第七章）。同时为

---

① 当然，临空经济促进中国区域协调发展的三大效应之间并不是完全割裂的，而是存在着相互影响、相互强化的关系，但本书重点研究的是每种效应独特的作用机理，故针对三大效应之间的关系，本书并不做过多阐述。

证明临空经济促进区域协调发展的每种效应都是一个完整的逻辑自洽系统，采用"理论分析—机制分析—数理模型实证分析"的方式对每种效应机制进行论证，即在每种效应的分析中，均先分析每种效应的理论依据及整体影响机理，然后对每种效应进一步解构并对子效应作用机制进行系统分析。最后，运用中国 35 个主要临空经济区及其所依附的空港城市 2004—2015 年 12 年的数据，通过构建针对性的数理模型分别加以检验。

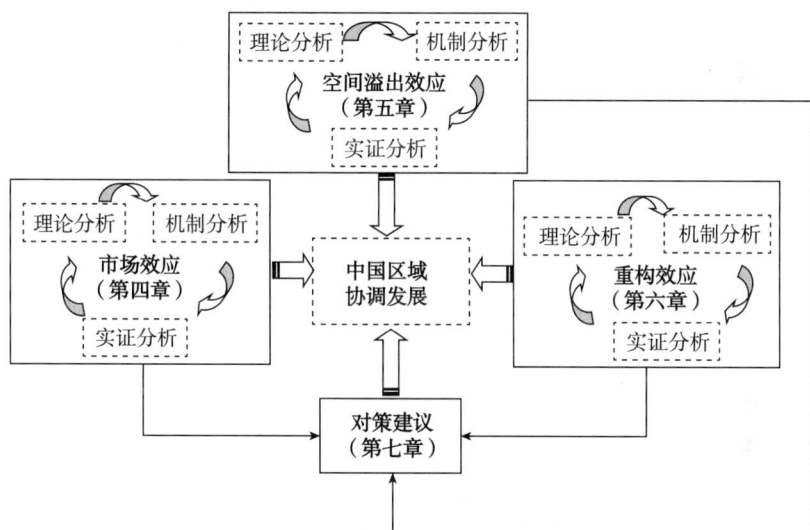

图 3-3　临空经济促进区域协调发展效应总体分析框架

资料来源：笔者绘制。

第四章 临空经济促进区域协调 发展的市场效应

从世界各国经济发展的经验来看，形成规模更大、一体化更强的市场可以带来更快速的要素流动、更充分的市场竞争、更有效率的资源配置，所以，扩大市场规模、实现市场一体化是产生规模经济、提升区域间互动联系、促进区域经济增长和协调发展的重要路径（徐现祥、李郇，2005）。推动市场规模扩大和一体化的手段有很多种，发展临空经济是其中重要选项。而目前国内学者对临空经济在中国区域协调发展中的市场扩大效应、市场一体化效应还缺少一定的理论与实证研究，本章将就这一问题展开系统探讨。

第一节 临空经济市场效应理论分析

一 临空经济市场效应的内涵

临空经济市场效应是指发展临空经济会改变区域市场规模，影响区域产品、生产要素等市场环境及一体化进程，使区域市场主体、市场分工、市场体制等产生一系列变化，从而影响区域协调发展。临空经济市场效应发挥同产业、企业、人口、资金等要素的集聚与扩散密切相关。

空间经济学理论认为，对经济活动空间布局以及均衡稳定性起决定作用的主要是聚集力与分散力，其中，聚集力由本地市场效应、生活成本效应产生，分散力由市场拥挤效应产生。"本地市场效应"又可称为"市场接近效应",是指在其他条件相同的情况下,企业对生产区位的选择更倾向于拥有较大市场规模的区域,以便其产品迅速投放到市场并节约运输成本等费用。"生活成本效应"也叫作"价格指数效应",是指企业的生产区位选择会对居民生活成本产生重要影响,区域企业数量越多、产品供给的种类和数量也就越多、需要从外部引进的产品和支付的贸易成本也就越少、产品价格也就相对越便宜、居民生活成本也就越低。而且,本地市场效应因市场规模扩大吸引企业集聚,然后反作用于市场规模从而会进一步导致企业集聚。生活成本效应吸引企业集聚导致区域相对价格指数下降,也会进一步吸引企业集聚。从以上分析可以看出,这两种效应在本质上与贸易成本密切相关,同时这两种效应又可自我强化,具有循环累积因果的特征。"市场拥挤效应"也叫作"本地竞争效应",是指企业进行生产区位选择时倾向于竞争较小的区域,而企业聚集会引起竞争加剧从而制约企业获利能力、产生分散力,推动企业分散生产,这种分散力大小与竞争程度成正比。聚集力、分散力都同贸易成本成正比、同贸易自由度成反比,但是随着贸易成本的下降、贸易自由度的上升,相对于聚集力,分散力下降速度会更快,所以当贸易成本下降到一定程度、贸易自由度提升超过某一临界值时,会引起产业迅速集聚,促进经济增长。总之,"在空间经济学中,企业区位选择与市场规模的大小以及区内区位贸易自由度的大小有关,企业将选择市场规模较大的区域;其他条件相同的情况下,企业将选择区内贸易自由度较大的区域"(安虎森、蒋涛,2006)。

基于空间经济学理论可知,临空经济市场效应发挥正是能通过扩大区域市场规模、促进区域市场一体化进程、提升区域贸易自由度,影响产业、企业、人口等要素的区位选择并推动其集聚与扩散,从而影响区域协调发展。临空经济通过航空运输网络和综合交通系统能将众多区域的经济活动连成一个整体,推动区域市场对外开放及国际市场开拓,有效扩大各个区域市场规模并催生新的聚集力,吸引生产要素向通航区域特别是各机场周边流动,而且这种聚集是加速进行的、持续性的,可构建形成一个经济高度集中的特色区域,成为带动更大区域经济发展的新增长极;同时,提升区域贸易自由度与推动区域市场一体化进程是同一问题的两个方面，临空经济强化了区域间、区域内的经济联系，有利于消除生产要素流动的体制障碍、矫正市场价格信号、降低区域经济活动成本，促进市场微观主体激励机制完善和政府职能转变，提升贸易自由度，推动区域市场向一体化方向前进，实现区域协调发展。

如图4-1所示，假设区域A、区域B在最初未通航情况下保持独自的发展轨迹并处于相对平衡状态，而开始通航并不断提升其通航水平所产生的扰动会逐渐打破区域的初始均衡状态。首先，即使区域A的初衷仅是为了扩大自己的市场，但由于通航的双向性，客观上区域A也成为区域B的市场，使所有通航地区都能在更广大空间范围内进行生产要素的优化配置和产品交换，这不但能扩大市场规模，也会因产品种类、数量的增多而降低居民生活成本。而企业在进行生产区位选择时倾向于市场规模较大的区域、居民倾向于选择生活成本较低的区域，所以各通航区域尤其是机场周边地区相较于其他未通航地区（如中间区域）更能吸引企业、居民集聚，即临空经济引起了"本地市场效应""生活成本效应"。但是，如果企业、居民过度集中，也有可能导致"市场拥挤效应"而抑制集聚产生扩散力。其次，"本地市场效应的大小随着贸易自由度的提高而增大"，（Baldwin R. E.，2000）而要想提高贸易自由度就需要不断降低贸易成本、消除贸易壁垒。通航不但可以降低区域居民、企业的运输成本特别是运输时间成本，而且通过发挥临空经济区"改革创新，先行先试"的对外贸易窗口作用还可有效降低贸易壁垒，从而显著提升各通航区域间贸易自由度，促进其聚集能力加速进行，即引起"本地市场放大效应"。最后，通航区域通过以上效应所吸引的高端生产要素、产业在规模报酬递增作用下，又可进一步通过产业间的前、后、侧向关联不断循环累积，实现空间集中的自我强化，即聚集是持续性的，"正是由于这些关联的存在，生产的空间集中一旦形成就很容易延续下去。如果两个地区除了最初的经济规模有微小差别外，其他方面完全相同，那么这种差别也会在这些关联的作用下随着时间的推移而不断增大"（藤田昌久等，2016）。

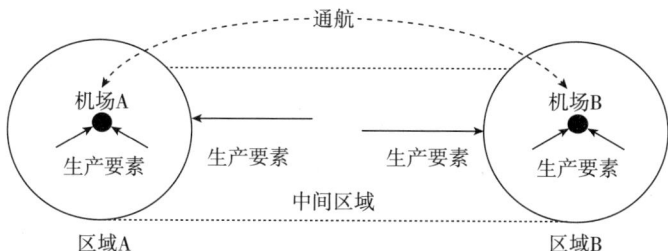

图 4 - 1　临空经济市场效应示意

资料来源：笔者绘制。

综上所述，发展临空经济会提升区域运输枢纽功能，推动构建完善的综合交通系统和高端产业体系，既能将区域间、区域内部各子区域间市场进行有效连接，提升不同市场间的连接度和贸易自由度，使其向市场一体化方向发展；又能有效扩大区域市场规模，推动区域市场嵌入全球市场体系，并在本地市场效应、本地市场放大效应、生活成本效应的作用下，吸引各类生产要素和产业向临空经济区及其周边区域集聚，改变区域空间经济结构，推动区域经济快速增长，实现区域协调发展。

二　临空经济的市场效应机理

根据对临空经济市场效应内涵的分析，临空经济会通过扩大市场规模、推进市场一体化等影响区域协调发展，如图 4 - 2 所示。

临空经济能够有效扩大区域市场规模，从而影响区域协调发展。临空经济通过发达的交通系统把分散在不同空间的区域市场连成网络，有效扩大了区域市场规模，在此作用下临空经济区对各种要素吸引力不断增强，与周边区域的互动联系不断强化，逐渐成为区域增长极，使整个区域经济空间由原先的"单核心"向"双核心"转变。同时，临空经济推动区域增长极的形成过程也是其与其他区域不断互动的过程，尤其是随着临空经济区的发展成熟，对其他区域辐射能力将显著增强，临空经济所吸引的高端产业、高端生产要素会推动整个区域产业升级，引领区域产业生产嵌入全球产业链高端，并通过区域间交通运输网络、人员与贸易往来、产业合作、技术交流等途径持续

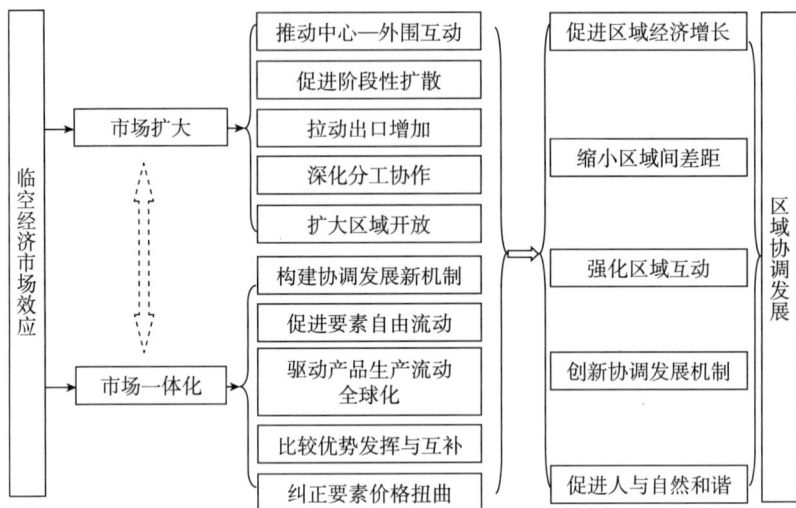

图 4 - 2   临空经济的市场效应机理

资料来源：笔者绘制。

向其他区域扩散，在更广阔空间内优化资源配置，缩小区域间经济差距。而且，由于扩散效应强弱取决于增长极的能量积累状况，故临空经济扩大区域市场规模越明显，就越能吸引各类产业和要素集聚，临空经济区能量积累就越大，对其他区域的扩散效应就越强，也就越能促进区域协调发展。此外，临空经济扩大区域市场规模还可以直接带动区域出口增长，深化区域分工合作，提升区域生产效率，推动区域形成更加开放的新局面，提升区域发展质量。

临空经济能够有效推动区域市场一体化进程，从而影响区域协调发展。"市场距离造成的资本束缚在商品资本形式上的时间延长，直接造成货币回流的延迟，因而也延迟了资本由货币资本到生产资本的转化"①，临空经济通过发达的航空运输网络和现代交通体系将不同区域市场有效联系在一起，显著缩短了区际间、区域内不同子区域间的市场距离，推动各类要素、产品的跨市场自由流动和全球市场融入，提升了各类资源的配置效率。临空经济有助于消除区域间的贸易

---

① ［德］马克思：《资本论》（第 2 卷），人民出版社 1975 年版，第 282 页。

壁垒并为探索区域协调发展新机制提供有效的平台，同时，为各区域基于比较优势生产提供保障，强化了区域间的互动联系和交流合作，促进区域人与自然和谐共处。

临空经济市场扩大效应、市场一体化效应之间并不是完全割裂开来，两者之间也存在着相互影响、相互强化的关系，共同促进区域协调发展，对此本书并不对两者的关系做过多的阐述。下文将针对临空经济市场效应各种子效应在促进区域协调发展中独特的作用机制进行系统分析，并进行实证检验。

第二节　临空经济的市场扩大效应

临空经济的市场扩大效应（Market Expanding Effects）是指发展临空经济能扩大区域市场规模，引起区域在要素集聚与扩散、进出口、分工与开放等方面发生深刻变化，从而对区域协调发展产生一系列影响。临空经济市场扩大效应对区域协调发展的作用机制主要体现在以下几个方面。

一　推动区域"中心—外围"良性互动

依据空间经济学理论，临空经济带来的区域市场规模扩大，能吸引生产要素不断向机场周围集聚，形成一个经济高度集中的特色区域，即形成"中心—外围"结构。但是这种空间集聚并非是无限制的，本地拥挤效应会抑制集聚，且随着集聚的持续，本地拥挤效应会不断增强，当拥挤效应超过集聚效应后会推动生产要素流向其他区域，即产生扩散效应，从而在更广大的空间范围内进行生产要素的优化配置，促进其他区域经济增长并缩小区域间经济差距。其作用过程主要经过3个阶段，如图4-3所示。

首先，形成"中心"，即产生集聚效应，促进经济增长。临空经济能将不同区域、不同国家的市场通过航空运输联系在一起，有效扩大了市场规模从而产生强大的集聚力，吸引临空偏好产业和各类生产要素向机场周边集聚形成增长极，促进机场周边区域经济快速增长。

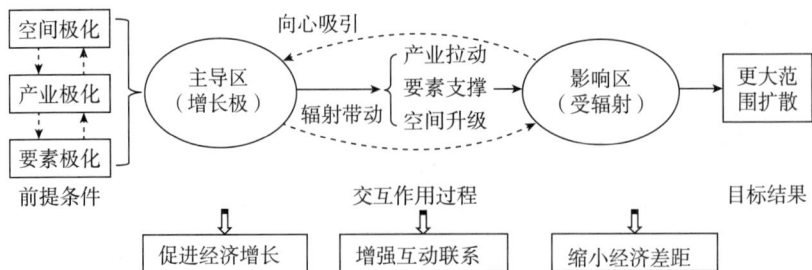

图 4 - 3　临空经济推动区域"中心—外围"互动示意

资料来源：笔者绘制。

　　其次，扩散"外围"，即产生扩散效应，缩小区域差距。辐射扩散是集聚的逆向过程，当集聚所产生的集聚效应使增长极达到一定规模后，反过来增长极也会通过产业拉动、要素支撑、空间升级的方式辐射扩散到其他区域，推动要素和经济活动的输出。尤其是由于临空经济的发展需要综合交通体系支撑，发展临空经济会倒逼整个区域改善交通等基础设施条件，在这种情况下会使扩散效应以乘数的方式加速进行，带动整个区域经济持续增长并有效缩小区域内不同子区域间经济差距。

　　最后，"中心—外围"良性互动，实现区域协调发展。通过反复的"集聚—扩散"动态发展，增长极综合发展实力得到不断提升，对其他区域的辐射能力显著增强，实现整个区域协调发展，并通过各种经济联系（航空流、信息流、贸易流、资金流）对更广阔空间产生更大范围的市场扩散效应。

二　促进区域经济阶段性扩散

　　临空经济扩大区域市场规模的能力决定了临空经济在区域协调发展中作用力的大小。临空经济集聚—扩散效应的强弱并非一成不变，而是随着区域市场规模大小呈现阶段性变化。一般而言，临空经济促进区域市场规模扩大越明显、区域增长极的能量积累就越大、区域间的经济势能差也就越大，临空经济就越能推动产业及要素向其他区域扩散、促进区域协调发展。

　　临空经济扩大市场规模的能力直接受到临空经济发展阶段的制约。作为一个完整的生命周期过程，临空经济所处的发展阶段决定了区域航空等交通网络发育度、临空产业关联度、要素流动自由度等，决定了临空经济扩大区域市场规模水平的大小，进而决定了对产业、要素的吸引力以及对其他区域的扩散力。所以，考察临空经济市场扩大效应在区域协调发展中的强弱，有必要结合临空经济生命周期过程，厘清临空经济市场扩大效应阶段性特点。本书依据机场年客运吞吐量情况将临空经济从时间上划分为初创、成长、成熟三个阶段，并设定机场年客运吞吐量在 1000 万人次以下为临空经济初创阶段，机场年客运吞吐量在 1000 万人次至 5000 万人次之间为临空经济成长阶段，机场年客运吞吐量在 5000 万之人次以上为临空经济成熟阶段。同时出于研究的需要，从空间上划分为机场、临空经济区、外围辐射区三大空间范围（李国政，2013），建立时空模型来考察每个阶段临空经济市场扩大效应对区域协调发展的影响，如图 4 - 4 所示。

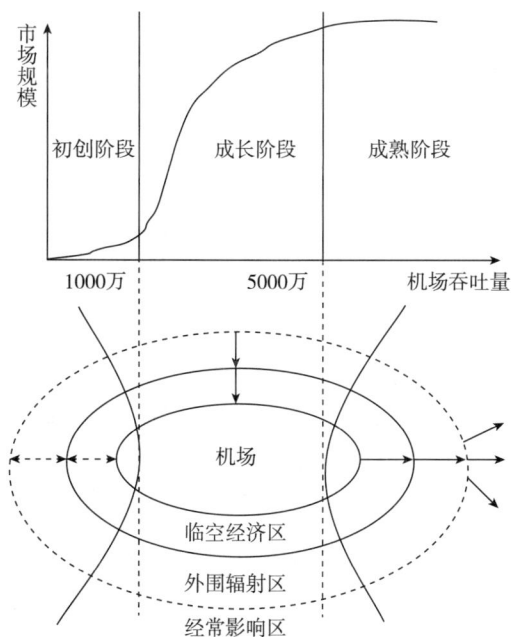

图 4 - 4　临空经济促进区域经济阶段性扩散示意

资料来源：笔者绘制。

首先，临空经济初创阶段，市场扩大效应并不显著，对产业及要素的集聚—扩散力均较弱，难以对区域协调发展产生较大影响。在此阶段，市场规模较小，机场航线数量、客运及货运吞吐量都较为有限，一般而言机场客运吞吐量维持在 1000 万人次以下，机场仅是所在区域的一项附属基础设施，主要承担区域航空客、货运输等交通功能，机场、临空经济区对外围辐射区的经济活动辐射扩散强度较弱且与集聚力大致相当（用◄┅►表示），对区域经济发展难以发挥较大促进作用。

临空经济成长阶段，市场扩大效应不断显现，对产业及要素的集聚—扩散力、区域协调发展的影响程度逐渐增强，形成区域发展新动力源。在此阶段，区域市场规模迅速扩大，机场航线数量、客运及货运吞吐量明显增加。一般而言，机场客运吞吐量达到 1000 万—5000万人次，机场经济功能不断显现，区域政府逐渐强化对临空经济在区域协调发展中的重视程度，经常伴有较强政府政策介入。虽然此阶段临空经济对区域经济集聚—扩散力均有所增强，但是相对于集聚力而言扩散力偏弱，居于次要地位，各种资源不断向机场周边聚集（用──►表示），临空经济区快速发展并逐渐成为区域经济增长极，形成经济势能差，对区域协调发展的影响逐渐显现。

临空经济成熟阶段，市场扩大效应极为显著，对区域经济的辐射扩散力占据主导地位，促进外围辐射区域经济增长、缩小区域间经济差距，在区域协调发展中发挥更大作用。在此阶段，临空经济推动区域实现与其他区域及全球市场有效连通，市场规模增长速度趋于平稳，机场航线数量、客运及货运吞吐量趋于饱和。一般而言，机场客运吞吐量达到 5000 万人次以上，临空经济区城市功能逐渐凸显，区域政府侧重于强化对临空经济存量资源的整合，临空经济区用地成本明显增加，航空指向性企业向临空经济区的集聚速度减慢，航空指向性偏弱的产业不断被挤出（杨友孝、程程，2008），临空经济区内产业链不断向外延伸，与辐射区域产业间关联性增强，对外围辐射区域的市场扩散效应不断强化（用──►表示），在区域协调发展中发挥更大作用。

综上所述，临空经济所处发展阶段决定了临空经济扩大区域市场规模的能力，进而决定了对产业、要素等的聚集—扩散力，使临空经济在区域协调发展中的市场扩大效应呈现阶段性变化特征。临空经济的成长过程，是一个不断扩大区域市场规模、增强对产业与要素集聚—扩散力的过程，也是市场扩大效应逐渐强化的过程，临空经济市场扩大效应持续性、充分性地发挥，能带动整个区域经济增长并弥合区域间差距，推动临空经济区与周围其他区域融合成为关系紧密的利益共同体，驱动生产要素和产品的高效流动并向更为广阔的空间扩散，促进区域协调发展。

三　拉动区域进出口增加

临空经济是典型的外向型经济，发展临空经济能为区域营造大量外部性需求，并为满足这些需求提供必要支撑。一般来说，临空经济发展比较好的区域所面临的外部市场需求往往也就更大，在参与更大空间范围内的竞争合作中其比较优势也就更为明显。所以，临空经济扩大区域市场规模能显著推动区域外向型经济发展，强化区域与其他区域的贸易往来和分工协作，拉动区域经济增长。例如，2012年北京首都国际机场国际货运量虽然仅占北京市全部海关监管货物总量的1/3，但是货值却占总货值的90%以上，每10万吨国际货运量就能拉动北京全市高新技术产品进出口总额增加49亿美元[①]；再如，图4-5显示了2011—2017年郑州航空港经济综合实验区外贸进出口总值及其在郑州市、河南省外贸进出口总值中的占比情况，整体而言均呈现上升趋势，近三年来郑州航空港经济综合实验区外贸进出口总值占郑州市、河南省的比例均维持在85%、65%左右。2017年河南省外贸进出口总值777.4亿美元，居全国第十、中西部第一；郑州市外贸进出口总额为596.3亿美元，居中部六省省会城市第一、全国省会城市第四，而其中郑州航空港经济综合实验区外贸进出口总值分别占河南省、郑州市的66%、85.9%，可以说郑州航空港经济综合实验区已成为郑州市甚至是河南省对外开放的窗口，有力地带动了区域进出口

---

① 钱春弦：《首都机场股份公司总经理史博利：给这只"金鸡"算笔账》，中国日报网：http：//www. chinadaily. com. cn/hqcj/xfly/2014-09-03/content_ 12319221. html。

发展。

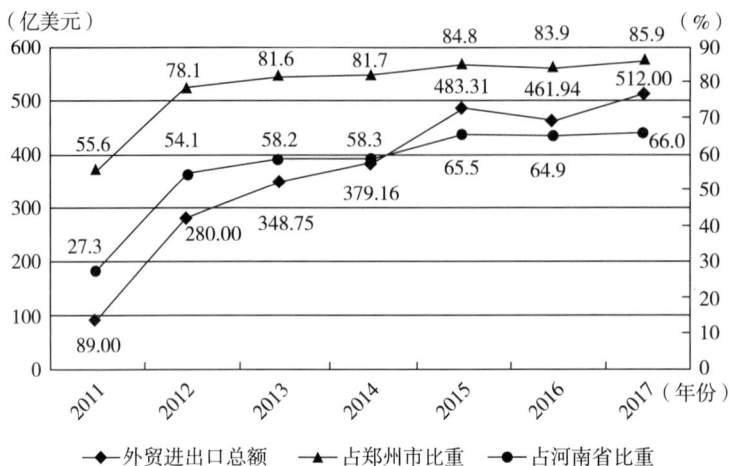

图4-5 郑州航空港经济综合实验区外贸进出口总值变化趋势

资料来源：笔者根据 2012—2018《郑州市统计年鉴》《河南省统计年鉴》《郑州航空港经济综合实验区年度工作总结》等综合整理绘制。

四 促进区域生产率提升

区域市场规模决定了区域分工程度，进而决定区域技术进步与创新，影响区域经济增长。关于市场规模、分工与区域经济增长间关系的思想可追溯到 1776 年亚当·斯密的《国民财富的性质和原因的研究》（以下简称《国富论》）一书。亚当·斯密认为，市场规模决定交换能力、制约分工程度，"分工起因于交换能力，分工的程度，因此总要受交换能力大小的限制，换言之，要受市场广狭的限制"①。而分工又决定了技术进步与创新，即劳动生产率，"劳动生产力上最大的增进，以及运用劳动时所表现的更大的熟练、技巧和判断力，似乎都是分工的结果"②。在这种情况下，市场规模越大、区域分工就

① ［英］亚当·斯密：《国民财富的性质和原因的研究》，郭大力、王亚南译，商务印书馆 1972 年版，第 16 页。
② 同上书，第 5 页。

越细、专业化程度就越高，区域技术进步与创新也就越快、区域劳动生产率就越高、新产品以及社会财富增长也就越多。所以，临空经济扩大区域市场规模，能够通过深化区域分工、提升区域生产率，促进区域经济增长。（见图4－6）

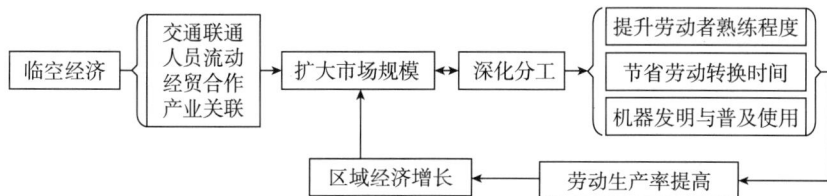

图4－6 临空经济提升区域生产率传导

资料来源：笔者绘制。

由图4－6可以看出，"临空经济—扩大区域市场规模—深化区域分工—提升区域劳动生产率—促进区域经济增长"是一个自我强化的循环系统，先后会经历以下过程：①扩大市场规模。发展临空经济能通过便捷的交通运输方式、完善的航空运输网络、广泛的产业联系以及区域间人员流动、经贸合作等方式，引领区域融入全球市场，扩大区域市场规模。②深化区域分工。根据"斯密—杨格"定理（Smith - Young Theorem），"分工取决于市场规模，而市场规模又取决于分工，经济进步的可能性就存在于上述条件之中"（Young A . A . , 1928），即分工与市场规模间存在着相互推动的内生演化机制。所以，临空经济扩大区域市场规模，会推动区域分工不断深化，分工深化反过来又会推动区域市场规模扩大，进而促进分工进一步深化。③提升区域劳动生产率。分工深化会增强区域劳动者劳动熟练程度和专业化水平、节省劳动转化时间、推动机器发明和普及使用，促进区域科技水平和创新的不断出现，提升区域劳动生产率。④促进区域经济发展。经济发展、社会财富增长的源泉是劳动生产力的提高[①]，临空经济促进区

---

① 正如亚当·斯密在《国富论》中所言，"社会财富来自劳动，社会财富的增长，不但是取决于参加生产的劳动量，而更重要的是取决于更大的劳动生产率"。

域劳动生产率提升、各类资源更高效利用，提升区域经济潜力，推动区域经济发展。而区域经济的不断增长、社会财富的不断增加，反过来又进一步扩大市场规模，形成良性循环，不断推动区域经济持续性增长并向更高层次迈进。特别是临空经济越促进区域市场规模扩大，就越能深化区域分工，区域技术进步和创新就越快，区域经济也就越能保持又快又好发展，即临空经济市场扩大效应就越强。

五　构建区域全面开放新格局

改革开放以来中国不断推进以市场化为导向的经济体制改革，其目的就是要充分发挥市场在资源配置中的决定性作用，解放发展生产力，扩大市场规模，促进经济增长。而在具体执行中主要采用的是区域渐进式的改革推进模式，即"从点到线再到面，从沿海到内陆"。因此，东部沿海区域率先成为中国经济体制改革先行区，发展潜力迅速释放、市场规模不断扩大并吸引了大量资源，区域经济得到快速发展。而中西部区域由于经济体制改革迟缓、对外开放水平偏低、市场规模偏小，与东部沿海区域经济差距逐渐拉大，可以说，中国区域经济差距很大程度上源于区域间对外开放水平和市场规模的差距，并也表现在对外开放水平和市场规模的差距上。党的十九大报告提出，"要推动形成全面开放新格局"，显然这需要一个有力的抓手，而临空经济能推动中国各区域联通并融入全球市场，有效扩大市场规模，促进各区域更大力度的市场开放，形成区域全面开放新格局。

临空经济能有效地将中国各区域特别是中西部区域市场与"一带一路"国家市场联系在一起。"一带一路"倡议对于改善中国外部发展环境、扩大区域市场规模有重大意义，特别是能使中国广大的中西部区域逐渐从开放末梢转变为开放前沿。但是"一带一路"建设也面临着一系列不确定因素，沿线国家经济、社会、宗教等差异显著，尤其是一些国家因领土争端、宗教矛盾等问题所导致的摩擦甚至是战争极容易影响到整个"一带一路"的通畅，使其出现"中梗阻"问题。而发展临空经济能够有效发挥航空运输点对点、线到面的双重优势，规避陆、海线路模式下因中间一点阻隔而导致全线不畅的缺陷，将中国各区域特别是广大的中西部区域市场通过航空运输和"一带一路"国家市场联系在一起，推动区域对外开放新格局的形成和协调发展。诚如在中巴铁路尚未开通、陆路运输受制约的情况下，新疆喀什大力发展临空经济，开通了直飞伊斯兰堡以及杜尚别、比什凯克等周边国家首都的航线，把喀什同中亚、南亚等国家市场紧密联系在一起，促进了喀什外向型经济的发展和国际大通道建设，也使喀什在中国与中亚、南亚经济合作中的承接地和聚合点作用不断强化。

　　空港型自贸港建设能为中国各区域特别是中西部区域融入世界市场提供可能。党的十九大报告提出，要"赋予自由贸易试验区更大改革自主权，探索建设自由贸易港"，而自由贸易港"是设在一国（地区）境内关外、货物资金人员进出自由、绝大多数商品免征关税的特定区域，是目前全球开放水平最高的特殊经济功能区"（汪洋，2017），所以可以说，谁拥有自由贸易港谁就拥有了发展最高层次的开放型经济和深度融入世界市场的主动权。作为区域对外开放门户的临空经济区及其所依托的航空枢纽、现代综合交通体系，能够为自贸港建设提供多样化的口岸、广阔的经济腹地、高素质人才、完善的国际化服务系统、外向型的产业体系以及优质的营商环境等要素支撑，已成为建设自贸港、探索区域开放新模式的理想试验场。目前，世界上已有众多区域依托空港设立自贸港，如爱尔兰香农机场、迪拜世界中心机场、新加坡樟宜机场、韩国仁川机场等，上海也提出要"依托……浦东国际机场探索建设自由贸易港"①。此外，空港型自贸港对于地处内陆的中西部区域而言既是无奈之选也是最佳之选，中西部区域无法依托海港构建自贸港，唯有依托空港以及临空经济区建设空港型自贸港，才能有效促进其后发优势的发挥，并改变以往"先从沿海再到内陆"的传统开放时序格局，推动区域打造和形成发展层次更高、营商环境更好、辐射带动效果更强的内陆开放新高地，实现与全球市场的快捷、深度融入，形成全面开放新格局，促进区域协调发展。目前，四川、河南等地均已提出要建设内陆空港型自由贸易港，可以预见，随着中国对外开放不断深入和自贸港建设经验不断丰富，

---

　　① 2018 年 1 月 23 日上海市市长应勇在上海市第十五届人民代表大会第一次会议上作的政府工作报告。

内陆空港型自贸港在扩大区域市场规模、促进区域协调发展中的作用将更加凸显。

第三节　临空经济的市场一体化效应

临空经济的市场一体化效应（Market Integration Effects）是指临空经济的发展会推动具有一定经济联系的两个或两个以上区域为了共同的目的，不断消除区域间的阻滞因素，推动各类产品以及生产要素的自由流动，以实现资源优化配置。市场一体化是与市场分割相对立的概念，学界普遍认为，区域市场一体化差异会影响区域专业化、区域产业集聚水平，是造成区域间差距的重要原因（吴三忙、李善同，2010）。一般而言，区域市场一体化水平越高，要素流动性就越强，区域产业空间集聚与专业分工水平也就越高，区域经济发展就越好，也就越能促进区域协调发展（范剑勇，2004）。极端情况是若区域市场完全分割，则区域间要素流动停滞、区域产业空间集聚与专业分工无法形成，区域经济也就无法发展。中国区域间市场一体化水平存在显著差异，在现实经济生活中，因交通不便等自然因素、地方政府行政管制等人为因素所造成的生产要素流动阻滞是导致市场分割、区域发展不协调的重要原因（李文洁，2011）。发展临空经济，推动市场一体化、构建形成统一开放市场的过程其实质就是要不断冲破、消除市场分割的过程，会直接影响区域内及区域间各类经济主体的行为并促其进行一系列战略性调整，最终反映到区域协调发展上。整体而言，临空经济会通过以下机制作用于区域协调发展。

一　推动区域协调发展新机制构建

临空经济区为探索区域协调发展新机制提供平台。临空经济区多是区域对外开放、全面深化改革的先行区，具备系统性开展区域一体化协同发展试验的独特优势，尤其是临空经济区跨区域一体化共建，能够有效促进区域体制机制改革，为探索区域间利益分享与平衡机制、跨区域综合管理机制、生产要素流动机制、市场协作机制、统筹城乡发展等提供探索试验平台并发挥示范带动作用，促进区域协调发展。

临空经济促进区域产业一体化融合。发展临空经济可吸引航空指向性产业向临空经济区和交通走廊沿线分布形成密集的产业功能区，这既可促进不同区域的错位互补发展，实现区域产业体系的一体化融合，又可以通过区域产业的一体化发展弱化区域内部不同城市或子区域间的竞争关系，推动不同市场间的聚合与创新，并构建形成更大的统一市场，推动形成区位间产业一体化发展新机制。

临空经济区一体化发展为区域协调发展提供示范。临空经济区一体化发展，是一种具有旺盛生命力的区域发展模式，通过统筹推进临空经济区内经济社会的各项改革，实现"港—产—城—域"一体化发展，能够为整个区域全面深化改革、实现区域一体化协调发展提供试验范本，而且其所具有的极强空间辐射能力，能够推动所依附区域深化改革，并对其他更广阔的区域产生显著示范与借鉴作用（曹允春等，2016）。

现实中，临空经济在推进区域市场一体化、探索区域协调发展新机制中的作用正不断显现。作为国家区域发展三大战略之一，京津冀区域一体化协同发展一直以来备受关注，而北京新机场及临空经济示范区战略选址在北京大兴区及河北廊坊市、固安县等部分区域，为探索京津冀区域协同发展新机制、促进京津冀一体化协同提供了良好的平台，成为"首都南部及其邻近区域空间再结构亦即实现京津冀区域一体化均衡发展的一个历史契机"（赵文，2011）。按照国务院批复的《北京新机场临空经济区规划（2016—2020 年）》，新机场临空经济示范区面积约 150 平方千米，总投资约 2000 亿元，其战略定位之一即为"京津冀协同发展示范区"，将由北京市与河北省合作共建，两地将探索共建、共享、共管的管理体制以及共同的开发平台，重点开展跨区域合作体制机制创新，共同推动航空、高铁、公路等区域交通一体化网络体系的构建，促进京津冀区域内要素的自由流动以及临空产业集群的形成，这对于调动各方积极性、打破行政区划束缚、在更大范围和更高层次推动京津冀区域的深度融合与市场一体化具有重要意义，能有效促进京津冀区域协同发展。

二 促进生产要素自由流动

生产要素是社会生产经营活动所必需的各类资源和要素的统称，是保证国民经济良性运行以及各类经济主体生产经营活动正常开展的必备条件，也是区域经济增长的物质基础和区域资源禀赋优势的决定性因素，包括劳动力、土地、资金、信息、技术等多个方面。而生产要素的自由流动与市场一体化，则是区域协调发展的关键（郭树清，2015；王一鸣，2016；杜传忠，2017）。发展临空经济，既能通过构建完善的交通体系为生产要素自由流动提供通道，又能压缩区域间时空距离节约生产要素流动成本，还可以促进生产技术的转移与扩散，提升要素流动效率，从而产生明显的生产要素市场一体化效应。（见图4－7）

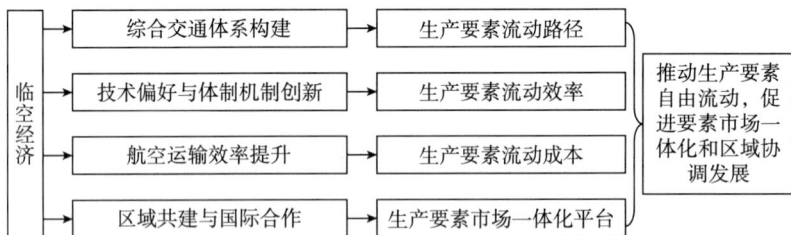

图4－7 临空经济要素市场一体化效应机制

资料来源：笔者绘制。

第一，临空经济推动区域间生产要素自由流动。实现区域协调发展的关键是推动要素自由流动，所以，国家"十三五"规划明确指出，"要塑造要素有序自由流动……的区域协调发展新格局"。发展临空经济，构建以航空运输为主导的立体交通运输体系，能为各类生产要素在更大范围内自由流动提供便捷的通道，支撑高端人才远距离、跨区域流动，推动技术的传播扩散。尤其是在生产要素的国际流动中，临空经济的作用更为关键。2016年全球航空旅客运输量为37亿人次，其中一半以上的国际旅客是通过航空运输完成的[①]。图4－8

---

① 资料来源于中国国际贸易促进委员会网站：http://www.ccpit.org/Contents/Channel_4115/2017/0104/741648/content_741648.htm。

显示了 2006—2018 年中国民航业发展主要统计指标的变化情况，整体而言，中国民航运输总周转量、旅客运输量、货邮运输量均呈不断上升趋势，2018 年分别达到了 1206.53 亿吨公里、6.12 亿人次、738.51 万吨，比 2017 年分别增长了 11.4%、10.9%、4.6%，可以说临空经济在推动人员、资金、生产资料等要素在全球范围内快速流动中正发挥越来越重要的作用。

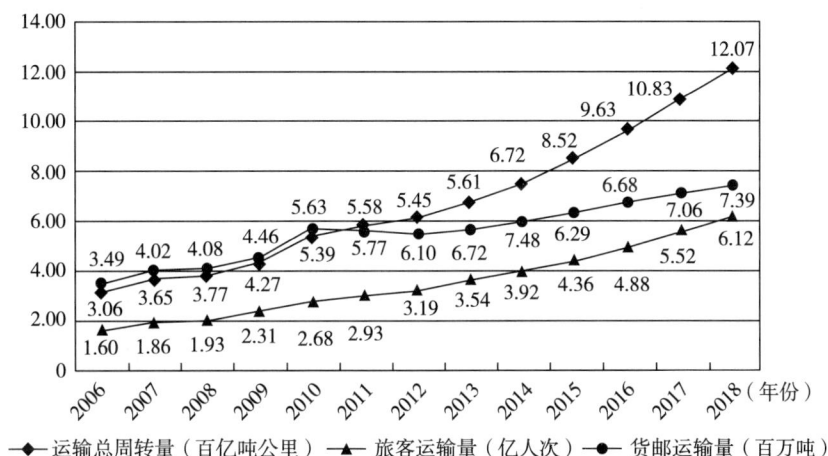

图 4 - 8　中国民航业主要统计指标发展趋势

资料来源：笔者根据中国民用航空局发布的《民航行业发展统计公报》（2006—2018）绘制。

第二，临空经济促进区域生产要素流动效率提升。当前全球技术进步不断加速，一个区域在科学技术上一旦落后便会降低生产要素的使用效率、流动效率，从而对区域竞争力提升、比较优势发挥、区域协调发展造成严重阻碍。而临空经济典型的技术偏好和开放型特征能够驱动临空经济区管理部门、临空偏好型产业不断引进、模仿、学习其他地区先进的管理经验和生产方式，提升本区域科技水平并促进技术转移扩散，提升各类生产要素的使用效率、流动效率。同时，要素市场一体化需要"下决心破除限制资本、技术、产权、人才、劳动力等生产要素自由流动和优化配置的各种体制机制障碍，推动各种要素按照市场规律在区域内自由流动和优化配置"①，临空经济区往往是区域对外开放的窗口，能够利用"改革创新、先行先试"的政策优势不断推进各项工作机制创新，消除各种阻滞因素的限制，从而促进各类生产要素流动效率的提升。诚如根据国务院批复的《郑州航空港经济综合实验区发展规划（2013—2025 年)》的要求，郑州航空港经济综合实验区在进出口通关服务、结售汇、民航管理、海关监管等方面先行先试，创新性地推行"出口退税资金池""选择性征税""国际贸易单一窗口"等运作机制和"不征不退""出口退税"的跨境出口监管模式，将通关时间从原先 1—2 天缩短至半天再至 40 分钟左右②，有效提升了生产要素的流动效率。

第三，临空经济降低区域生产要素流动成本。发展临空经济能够有效降低生产要素流动货币成本、时间成本、制度成本，推动生产要素自由流动和市场一体化进程，促进区域协调发展。临空经济主要偏好技术密集型产业，其核心产业航空运输业高度依赖计算机网络技术、现代通信技术，在技术加速创新的冲击下，航空运输系统的运作效率大幅提高，有效降低了生产要素流动的货币成本；中国已进入以效率、质量为特征的新经济时代，时间成本在生产要素流动中影响程度不断加深，如何压缩生产要素流通时间已成为企业最关注的课题之一，也是培育区域经济发展竞争力、促进区域经济增长的重要手段，通过发展临空经济，构建形成多式联运体系，能够有效缩短生产要素流动时间，降低生产要素流动的时间成本；临空经济区往往是区域各项制度改革试验区，能有效推动区域商事制度、市场监管制度、通关制度等各项制度改革并为其提供试验空间，降低生产要素流动的制度成本。

第四，临空经济区为区域生产要素市场一体化搭建平台。临空经济区能为区域内部要素市场一体化搭建平台，并驱动区域合作、实现协调发展。临空经济区空间范围往往跨越多个行政区，承担着区域改革开放试验田的角色。通过区域合作共建临空经济区，各相关利益主

① 2014 年 2 月 26 日习近平在北京主持召开京津冀协同发展专题座谈会时的讲话。

② 资料来源于郑州市商务局网站：http://swj.zhengzhou.gov.cn/swdt/607244.jhtml。

体不断深化内部协同、推动协作网络体系构建，逐渐形成更为紧密的利益共同体，从而促进区域要素市场一体化，并推动临空经济区从"行政区经济"向"经济区经济"迈进。诚如郑州航空港经济综合实验区空间范围涉及郑州市的新郑市、中牟县以及开封市的尉氏县，河南省对此创新性地实行了"两级三层"管理体制；《京津冀协同发展规划纲要》则明确提出要"加快北京新机场建设，开展北京新机场临空经济合作区改革试点"，都有效推动了区域间的合作交流、要素市场一体化与协调发展。

临空经济区也能为更大区域要素流动与一体化搭建平台。临空经济所偏好的人员流、资金流、信息流等具有天然开放性和国际性特征，为区域生产要素在更广阔地域流动、实现要素市场一体化奠定了基础，推动区域在更大地理空间范围内参与分工协作、积累区域发展优势。尤其是对于不沿海、不沿边的广大内陆地区，发展临空经济是吸引生产要素集聚、推动要素全球流动、深化对外开放的重要手段，是实现其从内陆城市转变为对外开放前沿实现跨越式发展的全新模式。诚如郑州航空港经济综合实验区获国家批复设立后国际航线与客、货运吞吐量大幅度增长，2017 年郑州机场平均每天飞机起飞 500 余架次，旅客吞吐量 2430 万人次，其中国际客运量 116 万人次，国际航线 26 条，客运通航国际地区 20 个，郑州与世界的距离不断被拉近；尤其是郑州—卢森堡航线的开辟推动两地间货运量从 2014 年零吨增长到 2017 年 15 万吨以上，卢货航在郑州机场的定期航班由最初每周 2 班增加到 2017 年每周 16 班（龚金星、朱佩娴，2018），为信息、技术、资本、项目、人员等要素在活跃的东亚经济圈与发达的欧洲经济圈间的流动提供了广阔的平台，也为生产要素在全球范围内优化配置以及河南省对外开放与协调发展提供了有力的突破口。

三 驱动区域产品生产与流动全球化

产品市场是最传统的市场层面，并在工业经济时代一直处于绝对主导地位。产品市场一体化意味着产品空间流动更加自由、产品质量不断趋同、产品价值链条愈加紧密完善，从而驱动区域基于比较优势进行专业化生产，优化区域分工，促进区域经济增长、收入水平提升、分配差距改善。而临空经济的特性决定了通过发展临空经济可有效改善区域产品供给、生产、流通体系（见图 4 - 9），推动区域产品市场一体化进程并促进区域协调发展。

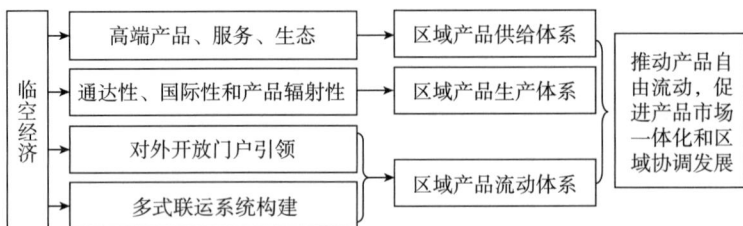

图 4 - 9　临空经济产品市场一体化效应机制

资料来源：笔者绘制。

第一，临空经济优化区域产品供给。中国产品市场供给体系整体上呈现出中低端产品供给过剩、高端产品供给不足、大众高端需求难以满足的形态，仅 2015 年中国大陆居民"海淘"总额就达到了 1.5 万亿元[①]。所以，要"从生产领域加强优质供给，减少无效供给，扩大有效供给，提高供给结构适应性和灵活性，提高全要素生产率，使供给体系更好适应需求结构变化"[②]。向社会提供高质量、高附加值、高标准的产品和服务正成为当今中国各个领域推进供给侧改革的努力方向，对于区域协调发展而言，也只有紧跟社会发展趋势、优化区域产品供给体系、推动产品市场一体化进程、向社会提供高端产品和服务以满足人民日益增长的美好生活需要，才能获得普遍的社会认同，推动区域经济良性发展。临空经济主要偏好的是"短、小、轻、薄、贵"的高科技附加值产品，2016 年全球航空货运吞吐量占全球贸易总量不足 1% 左右但贸易额占全球贸易总货值的 35%[③]，且航空运输

---

①　资料来源于 2016 年 2 月 23 日商务部部长高虎城在国新办新闻发布会上的讲话。

②　2016 年 1 月 26 日习近平在中央财经领导小组第十二次会议上的讲话。

③　资料来源于国际民航组织（ICAO）网站：https：//www.icao.int/Newsroom/Pages/ZH/traffic - growth - and - airline - profitability - were - highlights - of - air - transport - in - 2016. aspx。

是典型的高端现代服务业，故区域发展临空经济符合了现代消费需求发展趋势，而且临空经济明显的技术偏好不但能有效提升全要素生产率，还可重塑区域产品链、价值链，引导整个区域低端产品供给所占用的各类要素资源流向高科技含量、低资源消耗和环境污染的产品供给上去。

第二，临空经济推动区域产品生产一体化，引领区域嵌入全球生产体系。产品生产一体化也即生产全球化，意味着某一产品的价值链由不同国家、不同区域、不同企业协作完成。在这种情况下，产品生产边界被不断打破，区域内部生产行为延伸至全球，区域间关系更多反映在基于协作分工、各自从事同一产品不同价值链的生产创造上。产品生产一体化是经济全球化典型特征，推动区域协调发展必须要在全球视野下基于区域比较优势将区域生产嵌入全球价值链。区域通过发展临空经济，会显著提升该区域通达性及开放性、国际性，推动各类产品加速流动与频繁交汇，增强区域对跨国公司的吸引力。而且临空经济对高端产品、产业、技术的偏好会对整个区域产品生产带来强大的辐射、带动作用，引领区域产品生产成为全球生产体系中的重要一环，增强区域经济竞争力和发展潜力。

近年来，临空经济在推动区域产品生产一体化、引领区域嵌入全球生产体系中的作用正不断强化，对区域协调发展产生的影响日益加深，中国众多区域也已经通过航空运输带动区域相关产业快速发展，成功嵌入全球价值链。例如，郑州临空经济的快速发展推动郑州构建形成了覆盖全球的航空网络，显著提升了郑州市交通枢纽地位和国际形象，并成功吸引富士康（Foxconn）等大型跨国公司入驻郑州航空港经济综合实验区，2016年该区生产苹果手机1.26亿部，占全球苹果手机产量的80%，成为苹果手机全球最大的生产基地[①]；2017年美国苹果公司（Apple Inc.）在全球共有769家供应商，其中中国大陆350家、日本127家、中国台湾42家，美国本土仅有75家，大部分苹果手机是在中国组装后再快速投放到世界各地，而其中各种配件以及成品的运输主要是通过航空运输实现，可以说航空运输使苹果手机

---

① 杨凌：《港区去年生产手机2.58亿部》，《河南日报》2017年2月24日第3版。

"加州设计中国制造"成为现实，并有效保证了产品投放速度。

第三，临空经济促进产品全球流动。临空经济能以其开放性引领区域高端产品全球流动。临空经济区一般是区域对外联系的门户，也是一个区域快速进行远距离经济活动的集散地，发展临空经济可促进区域产品的全球流动和优化配置，有效提升区域经济贸易活跃度和全球化融合程度。特别是对于既不靠海也不沿边的内陆地区，通过发展临空经济仍然可以实现产品买卖全球的目标（杨国强、周翔，2017）。诚如郑州航空港经济综合实验区作为河南省对外开放的平台和窗口，相继建成电子、肉类、活牛、鲜果、食用水产品等多个口岸，推动河南省成为功能性口岸数量最多、功能最全的内陆省份，近年来郑州航空港经济综合实验区对整个郑州产品的全球流通和开放带动作用不断增强，其完善的开放体系为产品的"买卖全球"、跨境电商的飞速发展架起了贸易通道，2016 年郑州航空港经济综合实验区跨境电商进出口 209 万票，货值 2.68 亿元，同比增长 164%[①]。

临空经济缩短产品流动时间，节约产品流动成本。一个区域产品处在流通领域时间的长短对区域价值创造能力、区域企业经营能力有重要影响。"资本流动的时间，一般来说，会限制资本的生产时间，从而也会限制它的价值增殖过程。限制的程度与流通时间持续的长短成比例"[②]。中国社会经济发展已经进入了"速度经济"时代，其典型特征就是"迅者生存"。不管是对企业还是对区域来说，在最短时间内以最低成本创造出最大价值是成功的最新模式。尤其是随着全球生产技术传播扩散速度的加快，产品生命周期大幅缩减、短时间内产品被复制仿造的风险不断提升，而且"商品流通时间的延长使销售市场上价格变动的风险增加了，因为能够发生价格变动的时期延长了"[③]，所以，时间逐渐成为决定企业产品生产经营效益的关键要素，产品流通时间过长、投放市场时间延后有可能对企业经营造成严重损失，且有众多的产品如时鲜产品、药品等天然对流通时间极度敏感。

---

① 成燕：《航空港区去年跨境电商　申报进出口逾 200 万票》，《郑州日报》2017 年 1 月 16 日第 5 版。

② ［德］马克思：《资本论》（第 2 卷），人民出版社 1975 年版，第 142 页。

③ 同上书，第 280 页。

所以，提升区域价值创造能力就必须能有效缩短产品流通时间，即要能以最快速度将产品运送到其他区域。区域通过发展临空经济，构建形成以航空枢纽为核心的多式联运体系，能不断优化全球供应链、为各类产品的快速集聚与扩散提供实现的平台和网络渠道；能有效缩短产品流通时间，为产品的全球市场速达提供保障。整体而言，发展临空经济有利于缩短商品流动时间、节约商品流动成本、推动区域商品国际市场流通和市场一体化进程，提升区域对各类资源吸引和支配能力、降低区域企业经营风险、增强区域价值创造能力，从而促进区域经济增长，推动区域协调发展。

临空经济推动航空运输网络的完善，从而有效地将世界各地紧密联系在一起，目前全球共有8791条航线、17739个航班，连通了201个国家和地区、1702个机场[1]，为产品的全球快速流动提供了有力支撑。2017年1—8月全球主要贸易通路航空货运量整体而言增加了150万吨，比2016年同期提高约11.3%，超过了前四年主要贸易通道空运增长量之和，而且几乎所有主要贸易通路航空货运量都有所增加，尤其是与中国的主要贸易通路，如中国至欧洲、北美及亚洲内部等贸易通路表现尤为突出，并预计对世界空运出口增长的贡献率将超过三分之一，有力地推动了中国区域产品生产与流通嵌入全球体系。

四　强化区域间比较优势发挥与互补

推动区域经济增长、促进区域协调发展必须要根据各区域要素禀赋所决定的比较优势选择技术、生产产品、发展产业、明确区域功能，这就必然要求区域市场间能互通有无，推动要素自由流动，使区域间构建形成融合互补、协作分工、互惠互利的发展新格局。而发展临空经济，能促进生产要素、产品在区域间自由流动和区域市场一体化进程，能从交通一体、贸易往来、产业价值链分工等多个方面催生并强化区域间市场经济联系，既有利于降低产品、生产要素在区域间互通有无成本，又有利于区域间消除贸易壁垒、强化区域间联系，形

---

① 资料来源于"飞友网络科技有限公司"航线网络图数据（http：//map.variflight.com），查询日期为2018年2月10日。

成区域市场一体化发展新格局，从而为不同区域基于各自比较优势进行生产提供有力支撑，也为实现区域协调发展提供强大动力。

临空经济推动产品、生产要素在区域间互通有无、调剂余缺。临空经济能够促进产品和生产要素在资本富裕、劳动力短缺的发达区域和资本短缺、劳动力富余的欠发达区域之间自由流动，这既可以弥补欠发达区域资本不足，扩大欠发达区域产业规模，满足更多的就业需求，提高欠发达区域劳动者收入、促进欠发达区域的经济增长；又会增加发达区域的劳动力供给，降低发达区域劳动力工资水平和生产成本，促进人口红利发挥，而且外出劳动人员会将部分收入流回欠发达区域，缩小与发达区域收入水平的差距。即通过发展临空经济，能优化区域间资源配置，提升区域市场一体化水平，推动各区域基于比较优势进行生产，进而促进集团各成员区域产出的增加，提升区域整体产出和福利水平、缩小区域经济差距。

临空经济能促进形成区域市场一体化发展新格局。临空经济推动区域市场一体化水平提升，在产品和生产要素加速流动作用下，会显著增强区域间互动联系，使各个区域可以把更多资源投入具有比较优势的产品生产上，推动区域构建具有比较优势的产业结构，形成更加合理的产业分工体系。而且市场一体化水平提升意味着贸易壁垒不断消除，会降低企业生产经营成本，使企业在原有投入上获得更高回报，企业将能支配更多资源用于研发与创新，既有利于提升企业生产效率、促进企业开发更多样化产品和服务、培育新产品市场，又有利于降低产品价格、刺激产品需求、扩大市场规模、刺激企业增加投资，提升企业比较优势。综上所述，临空经济提升区域市场一体化水平，会促进区域构建形成具有比较优势的现代产业体系，增强区域企业基于比较优势的核心竞争力，形成区域市场一体化发展新格局，推动区域经济持续健康发展。

五 纠正要素价格扭曲形成良性竞争

在完善的制度框架下，临空经济能有效推动区域间资源对接、一体化发展，促进区域间形成良性互动的格局、实现人与自然和谐相处。目前，中国区域间互动还存在许多问题，突出表现在区域间恶性竞争上，这直接损害了人与自然和谐相处的基础。如各区域为了争取外商投资，竞相压低价格向区域外资本提供较为低廉的土地和资源；为了追求 GDP 增长，默许甚至鼓励资源消耗高、环境破坏大、生产方式落后的行业继续发展；有的区域甚至以邻为壑，无视邻近区域利益，以牺牲邻近区域生态环境为代价来换取本区域经济增长。发展临空经济能推动区域市场间互通有无、良性竞争，使市场在资源配置中充分发挥其决定性作用，纠正各种被扭曲的要素价格并引导其合理流动，从而提升各种资源利用效率，推动区域经济集约化增长，实现人与自然和谐相处和可持续发展。

第四节　临空经济市场效应实证分析

以上对临空经济促进中国区域协调发展的市场效应做了理论分析，并分别系统研究了临空经济市场扩大效应、市场一体化效应两种子效应对区域协调发展的作用机制。本节将基于空间经济学"引力模型"来验证临空经济的市场效应，以实现"理论分析—机理探讨—实证检验"的有效统一。

一　市场引力模型的构建

引力模型（Gravity Model）的思想来源于牛顿的"万有引力定律"，该定律认为，两个物体间的吸引力与它们各自的质量成正比、与距离的平方成反比。1962 年 Tinbergeny、1963 年 Poyhone 将这一定律引入经济领域并进行了拓展延伸，提出两个经济体之间的双边贸易流量同它们各自的经济总量成正比、同它们间的距离成反比。此后众多经济学家从不同角度对引力模型进行修正完善，把人口、人均收入、财政等众多因素加入模型，使引力模型成为分析双边贸易、一体化程度等问题的重要工具。

引力模型在研究临空经济市场效应中具有明显适用性。区域间引力实质上反映了区域之间人流、物流、信息流的联系程度和市场融合情况（蒋奕廷、蒲波，2017），也就是说，区域间引力越大、相互间联系程度也就越强、市场规模与一体化水平也就越高。根据这一思想，研究临空经济是否加深了区域间经济联系程度、扩大了市场规模、提升了市场一体化水平，就可以通过考察临空经济是否提升了区域间市场引力来验证。而且引力模型所蕴含的经济思想与空间经济学相关假设、结论基本契合，并已在空间经济学中得到较广泛运用，是空间经济学中分析区域一体化以及协调发展问题的重要工具（孙晶、许崇正，2011；孙久文、罗标强，2016）。所以，在上文利用空间经济学对临空经济市场效应进行理论分析的基础上，再运用引力模型进行实证验证，有效实现研究的理论假设、分析过程与工具的统一。

引力模型一般表达式为：

$$F_{ij} = \frac{G_i \times G_j}{D_{ij}^2} = \frac{\sqrt{P_i Q_i} \times \sqrt{P_j Q_j}}{D_{ij}^2} \tag{4-1}$$

式（4-1）中，F_{ij}表示区域i与区域j之间的引力，G_i与G_j、P_i与P_j、Q_i与Q_j分别表示的是区域i与区域j的经济质量、人口总数、地区生产总值（GRP），D_{ij}表示的是区域i与区域j之间的空间距离。该表达式假定区域间产业结构、要素吸引力、交通运输方式等因素是相同的，区域间的引力同人口以及GRP正相关、同区域间空间距离负相关。这一构建方法在数据的整理、测算等方面较为简单易行，在一定程度上也反映了区域市场间引力与人口、GRP以及空间距离的关系，但是仅有这少数几个要素难以反映区域间市场引力的全貌，尤其是当今经济社会复杂程度不断加深，需要对这一模型进行一定的改进。所以，本书在式（4-1）的基础上做了以下改进：

经济质量上，借鉴刘荣增（2017）、田红兰（2017）等学者的做法引入克鲁格曼指数进行改进。克鲁格曼指数主要用来测度两个区域间的产业结构差异，其表达式为：

$$K_{ij} = \sum_{k=1}^{n} | R_{ik} - R_{jk} | \tag{4-2}$$

式（4-2）中，K_{ij}表示克鲁格曼指数；R_{ik}、R_{jk}分别表示区域i、j的k产业增加值分别占各区域GDP中的比重，n为产业数量。一般而言，克鲁格曼指数越小、区域间产业结构的同质性就越严重、互补性就越差、市场引力也就越小。

市场距离上，一般是直接采用区域间地理空间距离来表征市场距离，但是随着交通运输网络的完善及现代交通运输工具的普遍使用，这种表征方式常会引起结论与现实严重背离的情况（赵正，2017；李松霞、张军民，2016）；有些学者采用区域间的综合时间距离来表征市场距离①，使模型与现实的拟合度有了一定程度的改进（吴常艳等，2017）。笔者认为区域间的距离不但应包含时间距离，还应包含货币距离，故采用不同运输方式在区域间往来实际所需要的时间来表征时间距离，采用不同运输方式在区域间往来的票价来表征区域间的货币距离，从而用时间距离、货币距离综合反映区域间的经济距离（孙晶、许崇正，2011）。具体表现形式为：

$$ED_{ij} = \sqrt{T_{ij} \times C_{ij}} \qquad (4-3)$$

式（4-3）中，ED_{ij}表示区域 i 与区域 j 之间的经济距离；T_{ij}表示区域 i 与区域 j 之间的 "时间距离"；C_{ij}表示区域 i 与区域 j 之间的 "货币距离"。

综合以上，经过改进本书将市场引力模型设定为：

$$F_{ij} = K_{ij} \times \frac{\sqrt{P_i Q_i} \times \sqrt{P_j Q_j}}{ED_{ij}^2} \qquad (4-4)$$

二 样本选择与数据处理

（一）样本选择

截至 2015 年年底，中国境内共有民用航空机场 210 个，定期航班通航城市 204 个②，各地方规划建设的临空经济区有 70 余个，通航城市、临空经济区数量均较多。基于代表性、可操作性原则，本书以机场所在的地级及以上空港城市为区域样本，共选取空港城市 35 个，主要是：中国 22 个省的省会城市、4 个直辖市、4 个自治区首府城市（西藏自治区因数据缺失严重，故未计入样本）；根据国家发展和改革委员会发布的《关于临空经济示范区建设发展的指导意见》中对

---

① 综合时间距离的测度主要是基于区域间不同的运输方式及对应的标准时速，先测度区域间最短路径下采用不同运输方式的时间距离，然后再对不同运输方式赋权从而计算出区域间的综合时间距离。

② 资料来源于中国民用航空局发布的《2015 年民航行业发展统计公报》（不含中国香港、中国澳门和中国台湾地区）。

临空经济示范区的设定标准，2015 年机场客流量达到 1 千万人次以上或货邮吞吐量在 10 万吨以上①的 5 个非省会机场所在地级城市②也被选为样本；样本城市机场 2015 年旅客吞吐量、货邮吞吐量分别占全国所有空港城市机场的 86.3% 和 94.8%，且其分布在全国各个省、区、市（除西藏自治区），所以样本具有极强的整体代表性。

（二）数据来源与处理

本书主要收集 35 个临空经济区及空港城市 2015 年的截面数据③。经济质量相关数据全部来源于《中国城市统计年鉴（2016）》，经济距离中其运输时间、票价均为客运，其中：区域间航空运输时间、票价数据来源于"中国民用航空局国内航班查询信息"数据库，因各航空公司在相同区域间的航行时间也存在一定的差异，故选择所有航空公司直飞航班中最短的运输时间来表示，机票价格用政府指导价下经济舱最高限价表示；铁路运输时间、票价数据来源于"12306 中国铁路客户服务中心"数据库，运输时间为所有班列中最短的运输时间；公路运输票价数据来源于"12308 全国公路客运互联网出行服务平台"数据库④，公路运输时间来源于修正后的"百度地图"数据库，以其自动筛选的两区域间最短时间来表示。

三 市场引力的测度与评析

（一）市场引力的测度

通过航空运输把不同区域市场有效相连是临空经济发挥市场效应促进区域协调发展的前提，所以，必须要构建发达的航空运输网络。近年来中国航空运输网络日益完善，截至 2015 年年底，中国共有定期航班航线 3326 条，按不重复距离计算的航线里程达到了 531.7 万

---

① 另外，只有当机场客货吞吐量达到一定水平后，临空经济才能对区域经济造成较为明显的影响，故对临空经济区的样本选择兼顾了这一特征。

② 这 5 个城市分别是：大连、青岛、深圳、厦门、三亚。

③ 在进行本章研究时大部分经济数据仍然仅能更新到 2015 年，所以，为了保证数据的一致性，本书中所有实证部分数据均截至 2015 年。

④ 两地往返汽车票价往往不一致，用其中价格最低的票价表示；有些区域间只有单程车次，例如，尚未开通杭州至北京的车次，却开通有北京至杭州的车次，选择单程车次票价表示。

公里①。因北京作为中国首都已实现与全国众多城市的航空、铁路、公路等交通联通，故选取北京为参照点，分别研究基于不同运输方式下其他样本城市与北京的经济距离与市场引力，验证临空经济是否提升了其他样本城市与北京间的市场引力及一体化水平。

图4-10、图4-11显示了各样本城市与北京市之间航空运输客、货运输量的变化情况。整体而言，客、货运输量均呈增长态势，航空运输有效扩大将各样本城市市场同北京市场联系在一起，并为各城市

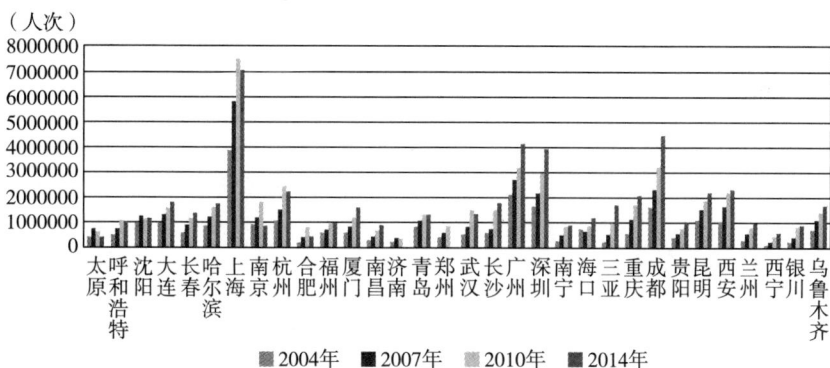

图4-10　样本城市与北京市之间航空运输客运量变化趋势

资料来源：笔者根据《从统计看民航》（2005，2008，2011，2015）绘制。

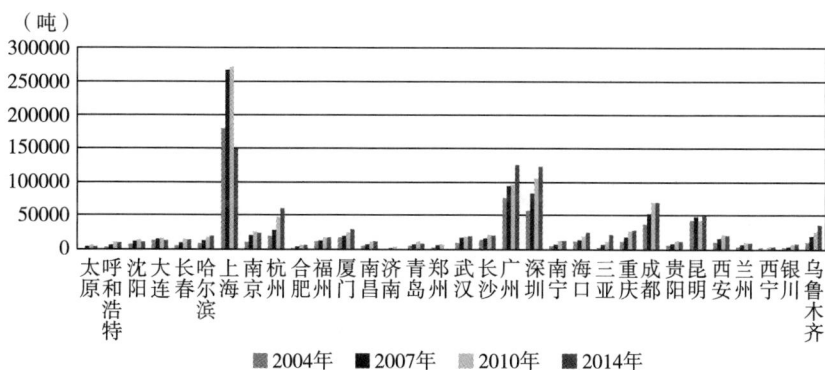

图4-11　样本城市与北京市之间航空运输货运量变化趋势

资料来源：笔者根据《从统计看民航》（2005，2008，2011，2015）绘制。

① 数据来源于中国民用航空局发布的《2015年民航行业发展统计公报》（不含中国香港、中国澳门和中国台湾地区）。

与北京间的要素流动以及市场一体化提供了有力支撑。例如，2004年北京与深圳间航空客、货运量分别为 162.8 万人次、5.7 万吨，2014 年则分别增长到了 390.4 万人次、12.2 万吨，分别翻了 2.4 倍、2.1 倍。

根据式（4-2）来测算北京市与其他样本城市的克鲁格曼指数以及经济距离、市场引力，测度结果如表 4-1 所示。

（二）测度结果评析

1. 临空经济能缩短区域间经济距离，提升区域间市场引力，推动区域市场规模扩大和一体化进程

地理学第一定律认为，"任何事物都相关，只是相近的事物关联更紧密"[①]。这说明空间距离在区域间市场引力中发挥着重要作用，而且在现实中，一般也是区域间距离越近、交通渠道越多、成本越低，则区域间要素往来也就越方便、市场引力也就越大、一体化程度就越高。在表 4-1 中也在一定程度上证实了空间距离的重要作用，例如，经测度在非航空运输方式下，与北京市场引力最大的两个城市分别为天津和石家庄，而与其他样本城市相比这两个城市在空间上也是离北京最近的城市；而与北京市场引力较弱的乌鲁木齐、昆明、西宁、南宁、海口、三亚等城市在空间上也是距离北京较远的城市。但是，这并非绝对，空间距离相近的区域有可能因自然或人为阻隔、交通不便等造成要素流动不畅、市场分割，从而导致市场引力偏弱、市场规模偏小、一体化程度偏低；空间距离较远的区域也有可能因交通方式改进、贸易壁垒消除等带来区域间吸引力、市场规模与一体化水平不断提升。尤其是随着交通运输体系不断完善、现代交通工具广泛使用，传统空间距离的影响正在逐步弱化，由区域间交通时间成本、货币成本所构成的经济距离的作用更为显著。而在经济距离方面，基于不同交通运输方式所测度的经济距离存在显著差异，导致对区域间市场引力及市场一体化的影响也存在显著差异。以兰州为例，在高速铁路、普通铁路、公路三种运输方式下，兰州与北京间的经济距离分

---

① 来源于美国著名地理学家 W. R. Tobler 的观点 "Everything is related to everything else, but near things are more related than distant things"，故也称为 Tobler 第一定律。

表4－1　不同运输方式下本城市与北京市场引力情况①

城市	R₁(%)	R₂(%)	R₃(%)	K	P(万人)	Q(亿元)	航空 ED	航空 F	高速铁路 ED	高速铁路 F	普通铁路 ED	普通铁路 F	公路 ED	公路 F
北京	0.01	0.20	0.80	—			—	—	—	—	—	—	—	—
天津	0.01	0.47	0.52	0.55	1547	16538	—	—	32	618421	29	669298	73	269631
石家庄	0.09	0.45	0.46	0.68	1070	5441	—	—	148	78577	109	106775	226	51311
太原	0.01	0.37	0.61	0.37	432	2735	1252	2248	512	5494	318	8850	1162	2421
呼和浩特	0.04	0.28	0.68	0.24	306	3091	900	1801	—	—	481	3368	918	1767
沈阳	0.05	0.48	0.48	0.64	829	7272	1971	5656	1170	9525	588	18955	1772	6290
大连	0.06	0.43	0.51	0.58	697	7732	1237	7637	1960	4820	2071	4562	1866	5064
长春	0.06	0.50	0.44	0.72	786	5530	2525	4197	2297	4615	1071	9898	2420	4380
哈尔滨	0.12	0.32	0.56	0.47	1065	5751	2360	3518	3863	2150	1510	5499	3319	2502
上海	0	0.32	0.68	0.24	2415	25123	2790	4762	2470	5379	2745	4840	4571	2906
南京	0.02	0.40	0.57	0.45	824	9721	3552	2515	1552	5754	1708	5230	2765	3230
杭州	0.03	0.39	0.58	0.43	902	10050	4950	1841	2818	3233	2742	3323	4280	2129
合肥	0.04	0.53	0.43	0.73	779	5660	3283	3312	1744	6234	1606	6770	3960	2746
福州	0.08	0.44	0.49	0.62	750	5618	4620	1946	5548	1621	5053	1779	—	—
厦门	0.01	0.44	0.56	0.48	386	3466	4981	786	8839	443	4484	873	—	—
南昌	0.04	0.55	0.41	0.77	530	4000	3461	2286	2688	2944	2105	3759	—	—
济南	0.05	0.38	0.57	0.45	713	6100	745	8893	264	25061	418	15870	466	14234
青岛	0.03	0.43	0.53	0.53	910	9300	2220	4899	1465	7422	1678	6484	1786	6089

① 各城市具体指标数据及计算过程已省略；在计算中，产业结构、人口、GRP均用各地全市数据表示；人口为全市常住人口；各种运输方式的票价单位为"元"，运输时间单位为"小时"。

续表

城市	R₁(%)	R₂(%)	R₃(%)	K	P(万人)	Q(亿元)	航空 ED	航空 F	高速铁路 ED	高速铁路 F	普通铁路 ED	普通铁路 F	公路 ED	公路 F
郑州	0.02	0.49	0.49	0.62	957	7312	1991	5827	747	15533	543	21382	971	11950
武汉	0.03	0.46	0.51	0.57	1061	10906	3648	3774	2186	6297	1601	8597	3695	3726
长沙	0.04	0.51	0.45	0.69	743	8510	3330	3692	3678	3343	2653	4635	—	—
广州	0.01	0.32	0.67	0.25	1350	18100	5883	1489	6896	1270	5371	1631	—	—
深圳	0	0.41	0.59	0.43	1138	17503	6406	2112	9917	1364	5714	2368	13800	474
南宁	0.11	0.39	0.50	0.60	699	3410	6816	959	12019	544	6287	1040	—	—
海口	0.05	0.19	0.76	0.09	222	1162	8365	37	—	—	12150	25	—	—
三亚	0.14	0.21	0.66	0.28	75	436	9285	38	—	—	16371	22	—	—
重庆	0.07	0.45	0.48	0.64	3017	15717	4231	7349	9312	3339	4359	7134	8254	3767
成都	0.03	0.44	0.53	0.54	1443	10801	4512	3318	12629	1186	5684	2634	—	—
贵阳	0.04	0.38	0.57	0.45	462	2891	5603	655	8350	440	7169	512	—	—
昆明	0.05	0.40	0.55	0.49	663	3968	8492	658	12297	454	10588	528	—	—
西安	0.04	0.37	0.60	0.40	871	5801	3386	1886	2285	2794	1804	3538	3120	2046
兰州	0.03	0.37	0.60	0.39	369	2096	3016	811	6222	393	3032	807	10760	227
西宁	0.03	0.48	0.49	0.62	231	1132	5034	445	—	—	3856	581	—	—
银川	0.04	0.52	0.44	0.72	216	1494	2266	1271	—	—	1784	1614	—	—
乌鲁木齐	0.01	0.30	0.69	0.22	355	2632	8995	164	—	—	9964	148	—	—

注：①高速铁路运输包括以字母G（高铁）、D（动车）、C（城铁）、T（特快）、K（快速）开头或直达的车次类型；普通铁路运输包括以字母Z（直达）、T（特快）、K（快速）开头的车次类型。②符号"—"表示该城市与北京之间尚未开通此种交通运输方式。③R₁，R₂，R₃分别表示第一、第二、第三产业增加值在GDP中的比重。

资料来源：笔者计算。

别为 6222、3032、10760，与此对应的市场引力分别为 393、807、227；而在航空运输方式下，兰州与北京间的经济距离缩短为 3016，相应的市场引力增长到 811，即航空运输有效缩短了兰州与北京间的经济距离，强化了两地间要素流动，提升了两地间市场引力、市场一体化水平。

2. 临空经济可通过影响区域产业结构、人口、经济规模等，提升区域间市场引力和市场一体化水平

经济距离并非是影响区域间市场引力、一体化水平的决定性因素，产业结构、人口、经济规模等多元化要素能直接作用于区域经济质量，从而对区域间市场引力、一体化水平产生重要影响，并使其结果呈现多元化形态。一般而言，区域间产业结构相似度越低，则产业同质化问题越轻、互补性就越强，市场引力相对也就会越强；人口与经济规模越大，则区域间要素流动需求也就越大，市场引力也就越强。例如，从地理空间距离看，呼和浩特与北京的距离远小于南昌与北京的距离[①]；从经济距离上看这一情况也是如此，在航空、普通铁路运输条件下，呼和浩特与北京的经济距离为 900、481，而南昌与北京的经济距离高达 3461、2105。但是由于呼和浩特与北京的产业结构相似度较高、同质化严重，造成克鲁格曼指数偏低，且人口与经济规模也远小于南昌，从而使呼和浩特与北京的市场引力小于南昌，在航空、普通铁路运输条件下南昌与北京的市场引力分别为 2286、3759，而呼和浩特与北京的市场引力分别仅为 1801、3368。所以，区域通过发展临空经济来改变区域的产业结构、人口数量、经济规模等，能够增强区域经济质量、提升区域间市场引力和市场一体化水平，发挥更大的市场溢出效应，促进区域协调发展。

3. 临空经济市场效应发挥具有距离适应性，偏远及交通不便区域临空经济市场效应更加明显

不同的交通运输方式具有明显的距离适用性，一般而言，区域间若距离较短则要素流动以公路及普通铁路运输为主，区域间距离在

[①] 利用百度地图数据库进行测算，呼和浩特与北京的直线距离约为 420 千米，南昌与北京的直线距离约为 1420 千米。

500—1000 千米范围内要素流动更倾向于选择高速铁路运输，区域间距离若在 1000 千米以上则航空运输适应性最强（王雨飞、倪鹏飞，2016），尤其是对时间较为敏感的要素而言，航空运输是远距离下实现快速位移的最佳方式。在远距离情况下，航空运输所产生的经济距离也远小于高速铁路、公路，甚至小于普通铁路。例如，根据表 4-1，考察不同运输方式所产生的经济距离并绘制出经济距离比较（见图 4-12）。

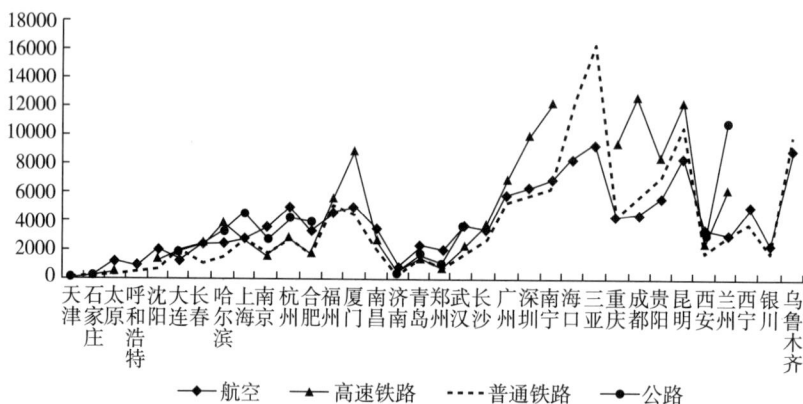

图 4-12　样本城市与北京经济距离比较

资料来源：笔者绘制。

结合图 4-12、表 4-1 可以发现，在四种运输方式下，有 10 个城市航空运输产生的经济距离最短，分别为大连、福州、海口、三亚、重庆、成都、贵阳、昆明、兰州、乌鲁木齐，其中除了大连以外其他 9 个城市与北京的地理空间直线距离均在 1000 千米以上；有 11 个城市航空运输产生的经济距离最长，分别为太原、沈阳、长春、南京、杭州、南昌、济南、青岛、郑州、西宁、银川，其中除了西宁、南昌、杭州 3 个城市外其他 8 个城市与北京的地理空间直线距离均在 1000 千米以内①。

———————

① 西宁与南昌均未开通与北京的公路客运，如果开通公路客运则航空运输下的经济距离有可能并非最高，在这种情况下，四种运输方式中，航空运输下经济距离最高的 11 个城市中将有 10 个城市距北京直线地理空间距离在 1000 千米以内。

尤其是对于一些偏远及交通不便区域，航空运输发挥着不可替代的作用，临空经济市场效应更加明显。如海口、三亚与内陆被琼州海峡阻隔，西宁、乌鲁木齐地处相对封闭的西部，空间区位条件差、交通成本大、基础设施短板明显，要素自由流动与市场联通受到极大的自然阻碍，从而难以有效扩大市场。而相对来说航空运输具有投资小、距离远、速度快的优势，能够将其与外部市场有效相连，扩大其市场规模、促进要素流动，为欠发达区域分享发达区域的经济发展成果、实现区域协调发展提供有力支撑。如表4-1所示，在选取的样本城市中，有14个与北京地理空间距离较远的城市尚未开通与北京间公路客运服务，如其中未开通与北京间公路客运服务的成都、贵阳、昆明、乌鲁木齐、西宁、银川等城市均为中国西部偏远城市；高速铁路也并未实现所有样本城市全覆盖，有呼和浩特、海口、三亚、西宁、银川、乌鲁木齐共6个城市尚未开通与北京的高速铁路运输服务。而以上所有城市均实现了与北京的通航，可以说航空运输为这些区域实现与北京间的要素快速流动、市场规模扩大与高效联通发挥了不可替代的作用。

4. 民航市场化改革是临空经济市场效应有效发挥的重要推动力

市场引力与经济距离负相关，而经济距离与时间成本、货币成本正相关，所以，市场引力与时间成本、货币成本负相关。在这种情况下，最大化临空经济市场效应，就必须努力降低航空运输的时间成本与货币成本。而实际上在当前条件下很难在飞机飞行速度上实现大的突破[1]，即两地航空运输时间成本将在长期内保持稳定，货币成本对临空经济市场效应作用将更加凸显。在中国民航业市场化改革不断推进的情况下，机票价格的灵活性得到显著提高并有效地激发了临空经济市场效应潜力。在表4-1中，航空运输下的经济距离都是根据政府指导价下经济舱最高限价测算的，而在现实中，相对于其他三种运输方式，机票价格更为灵活多变，尤其是2013年11月6日国家取消对航空旅客运输票价下浮幅度的限制后，机票价格变动幅度更大、特价机票更为常见，市场上甚至出现一折以下机票。所以在现实情况下

---

[1]　当前民航客机速度大部分为800—900千米/小时。

航空运输所产生的经济距离较之于表 4 - 1 会更短,即临空经济市场效应会更大。假设在政府限价下将经济舱最高价折扣 50%,结合表 4 - 1 可得到图 4 - 13。

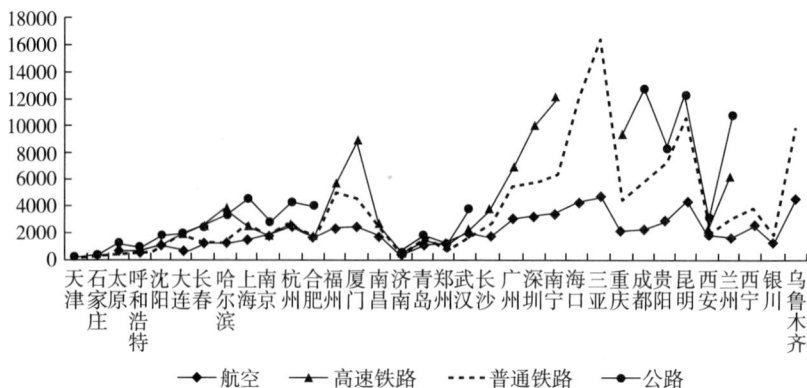

图 4 - 13   样本城市与北京经济距离比较 (机票折扣 50%)

资料来源:笔者绘制。

图 4 - 13 显示了在机票价格折扣 50% 的条件下,即表 4 - 1 中航空项下 ED 列缩小为原数值的 1/2 时四种运输方式经济距离的比较情况。可以发现,随着民航市场化的推进,机票价格下浮会对临空经济市场效应产生重要影响,在与北京通航的 32 个样本城市中,有 24 个城市航空运输下的经济距离都是最短的,即机票价格下浮有效缩短了经济距离,有效扩大了市场规模,促进了区域间要素的流动,提升了区域间的市场引力,使临空经济市场效应得到了更为有效的发挥。

四   市场效应实证分析结论

本节基于前文对临空经济促进中国区域协调发展的市场效应理论研究,构建了区域间市场引力模型,并利用中国 35 个主要临空经济区及空港城市 2015 年的截面数据对临空经济市场效应进行实证分析,研究发现:临空经济通过航空运输网络有效地将各区域联系在一起,扩大了区域市场规模,推动区域间人员、货物流动,强化了区域间互动联系;临空经济可通过缩短区域间经济距离、影响区域产业结构、人口、经济规模等，提升区域间市场引力和市场一体化水平；临空经济市场效应具有一定的距离适应性，尤其是对于市场偏远及交通不便区域，其市场效应发挥更加明显；民航市场化改革是临空经济市场效应有效发挥的重要推动力。

　　综上所述，本实证分析证实了临空经济在促进中国区域协调发展中确实存在市场效应，发展临空经济能通过扩大区域市场规模、提升市场一体化水平促进中国区域协调发展；同时，临空经济市场效应对偏远及交通不便区域的影响更突出，民航市场化改革能有效推动临空经济市场效应的发挥，所以需特别强化对偏远区域发展临空经济的重视，同时加大力度进一步推进民航市场化改革，使临空经济在促进中国区域协调发展中发挥更大的市场效应。

第五章 临空经济促进区域协调 发展的空间溢出效应

区域经济活动的空间关联与空间交互作用是一个普遍的经济现象，习惯上被称为空间溢出效应，是影响区域协调发展的重要因素。而临空经济及其所依托的航空枢纽是中国经济网络化的重要节点，具有显著的空间溢出效应，在区域不协调已成为新时代发展不平衡、不充分的突出问题背景下，充分发挥临空经济空间溢出效应，对推动中国区域协调发展具有重要意义。那么，临空经济空间溢出效应如何影响区域协调发展，又能够在多大程度上改变中国既有的区域经济发展版图呢？本章将基于空间经济理论的基本范式，从理论上阐释临空经济空间溢出效应对中国区域协调发展的作用机理、传导路径，并通过构建空间面板计量模型实证测度临空经济空间溢出效应对区域经济增长的影响，为临空经济引导区域协调发展提供一定的理论支持。

第一节 临空经济空间溢出效应理论分析

一 临空经济空间溢出效应的内涵

溢出效应（Spillover Effect）也可称为外部性，是指一个经济主体在进行某项活动时，不仅会产生活动所预期的效果，而且会对经济主体之外的人或社会产生影响。阿罗（Arrow K. J., 1962）最早从理论上研究了投资的溢出效应，提出新的投资不但会使新投资厂商通过生产经验的累积而提升其生产率，而且其他厂商通过向新投资厂商学习也能提升生产率，即投资具有明显的溢出效应；罗默（Romer P. M.，1991）提出，知识具有显著的溢出效应是其区别于其他商品的典型特征，所有厂商生产出来的知识都可以促进全社会生产率的提升，故内生技术进步是经济增长的源泉；卢卡斯（Lucas R. E.，1988）认为，人力资本具有明显的溢出效应，通过向他人学习以及相互间学习，拥有较高水平人力资本的人会对其周围的人产生有利的影响并提升其周围人的生产效率。

空间溢出效应（Spatial Spillover Effect）是指某项经济活动会通过不同方式对未参加该项经济活动的其他空间上的个体产生影响（胡煜，2017），比如当一个区域经济发展水平提高时有可能会对其邻近区域经济产出、产业结构以及投资等方面产生影响。空间溢出效应的发挥需要一系列条件，其中，航空等交通基础设施是最重要的条件之一，能够显著提升区域区位优势、构建空间溢出效应势能差，为要素集聚与扩散、空间溢出效应持续性发挥提供有力支撑。根据空间经济学理论，经济增长并非是在所有空间内同步均衡发生，而是必然先出现在一些区位优势较为明显的区域，这些区域会吸引其他区域劳动力、资本、信息、技术等各类要素聚集，使其以高于其他区域的增长速度发展，逐渐成为区域增长极并形成较高的经济势能，然后再逐渐向经济势能较低的区域溢出，拉动其他区域的经济增长。而区位优势的形成受到区域资源禀赋、自然条件、制度环境、开放程度等因素的影响，特别是受航空等交通基础设施的制约。一般情况下，一个区域内交通基础设施越完善，区位优势就越明显，也就越容易发展成增长极、形成较高的空间溢出效应势能；区域间的交通基础设施网络越发达，优势区域对其他区域的辐射带动作用就越明显，正向空间溢出效应就越大。需要特别注意的是，空间溢出效应并不仅是指对其他区域产生正面影响，一个区域发展也有可能是以其他区域的损失为代价，即对其他区域产生负向空间溢出效应。

与一般经济形态相比，临空经济具有显著的空间溢出效应。发展临空经济有利于营造良好的营商环境，提升区域对外开放水平，构建高端产业体系，尤其是能够推动区域交通基础设施的完善，形成现代综合交通体系，从而强化区域的区位优势，促进区域间、企业间的要素流动与互动联系，产生空间溢出效应。临空经济空间溢出效应也有正、负性质之分，当临空经济的发展吸引各类要素集聚对其他区域产生"虹吸效应"时，表现的即为负的空间溢出效应；当临空经济的发展促进了各类要素的流动，并有效推动各类资源向其他区域扩散促进其经济发展时，表现的即为正的空间溢出效应。

除了可依据临空经济空间溢出效应的性质差异将其划分为正、负向空间溢出效应外，还可依据空间区位差异，把临空经济空间溢出效应划分为连续型（unbroken area）、离散型（broken area 或 discrete area）空间溢出效应两种类型。临空经济区一般是区域经济发展水平较发达地区，在区域发展中往往起着市场生长点、区域增长极的作用。发展临空经济不但能促进临空经济区自身的经济发展，而且能够推动与临空经济区邻近的周围连续型区域经济发展，产生连续型空间溢出效应（Unbroken Spatial Spillover Effects）。特别是作为交通枢纽和流通中心的大型临空经济区，还会通过航空运输网络等路径对其他与其地理空间不相连的更广阔离散区域产生影响，即产生离散型空间溢出效应（Discrete Spatial Spillover Effects）。如图 5 - 1 所示，发展临空经济不但会作用于以机场为核心的临空经济区，还会对区域 A、B 中与临空经济区地理上紧密相连的外围辐射区产生影响（用━►表示），即产生临空经济连续型空间溢出效应。除此之外，临空经济也会通过人员流动、经济合作、交通运输等方式对与临空经济区地理不相连、距离较远、空间分散的区域 C、区域 D 产生影响（用┈►表示），尤其是能够通过航空运输网络对距离更远的区域产生溢出（用◄┈►表示），即产生临空经济离散型空间溢出效应。

目前，国内一些学者对临空经济空间溢出效应的研究主要集中于临空经济对机场周边连续型区域的影响上，缺少对临空经济离散型空间溢出效应的研究，尤其是缺少立足中国区域协调发展的临空经济离散型空间溢出效应的研究（王全良，2017）。所以，在上述分析的基础上，这里先行构建一个临空经济空间溢出效应的理论分析框架（见图 5 - 2），然后分别对临空经济连续型与离散型空间溢出效应的作用机制进行系统分析，进而进行实证验证。

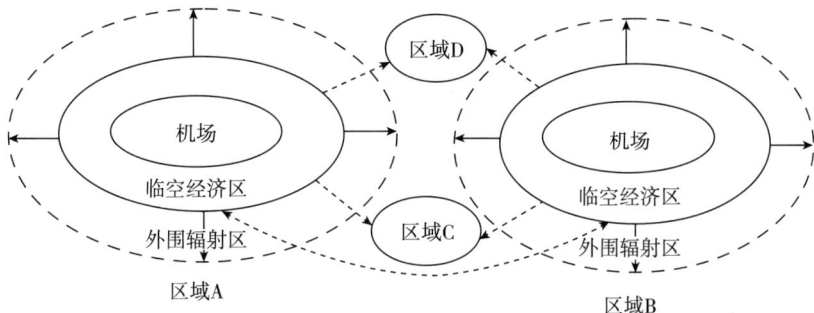

图 5 - 1 基于区位差异的临空经济空间溢出效应示意

资料来源：笔者绘制。

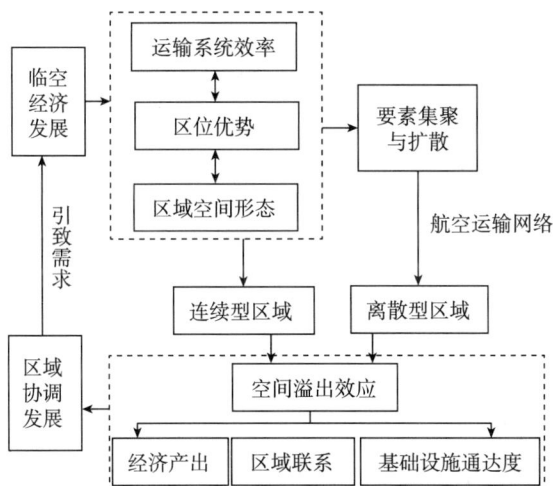

图 5 - 2 临空经济空间溢出效应理论分析框架

资料来源：笔者绘制。

图 5 - 2 反映了临空经济空间溢出效应的理论分析框架。临空经济的发展能够改善运输系统效率、提升区域的区位优势、重构区域空间形态，而这三个方面又是相互依赖、相互作用的。在此作用下，一方面，会对机场所依附的与其地理邻近的连续型区域产生持续性影响，即产生连续型空间溢出效应；另一方面，会不断促进要素的集聚与扩散，并通过完善的航空运输网络对离散型区域产生影响，即产生

离散型空间溢出效应。通过以上影响，临空经济最后会对连续型空间和离散型空间的区域经济增长、区域间互动联系、基础设施通达度等方面都产生重要影响，推动区域协调发展。

首先，发展临空经济会提升运输系统的运行效率以及要素使用效率。临空经济具有明显的网络化特点，发展临空经济会倒逼立体交通网络体系的完善和先进交通运输工具的使用，提升整个运输系统的运营效率，把连续型区域、离散型区域高效联通，降低运营成本；同时运输经济理论以及实践经验表明，很多情况下采用"轴幅中转"的运输组织模式往往比"点对点直达"的模式更能节约成本，通过发展临空经济构建综合交通枢纽，能够为"轴幅中转"的运输组织模式提供必要支撑，从而促进运输系统效率的整体提升，对区域经济发展产生重要影响。其次，提升区域的区位优势，增强区域的经济活动效率。"区位优势有催化作用：当一个新的中心出现时，一般情况下会在这个地区而不是在其他地区形成，而一旦中心形成，它通过自我强化不断扩大规模，起初的区位优势与集聚的自我维持优势相比就显得不那么重要了。"① 临空经济区是综合交通体系的重要节点，具有运输、中转换乘、集聚扩散、经济发展、辐射带动等多元性功能，同时也是高端产业、高科技企业集聚区，对高端人才与其他各类高端要素具有极强的吸引力。通过发展临空经济、构建完善的立体化运输系统、培育形成带动力极强的临空产业体系，能够为区域内外资源整合、区域产业结构升级、企业生产和居民生活提供有力支撑。尤其是随着要素优化配置及综合功能的充分利用，临空经济区不仅能够满足大众对多元化运输方式的需要，还可充分发挥其经济功能为其所依附的城市、周边连续型区域以及离散区域的经济社会发展、企业生产、居民生活提供更多服务，从而显著提升区域经济活动效率，强化区位优势，推动区域协调发展。最后，重构区域空间形态，推动经济活动合理布局。伴随现代先进交通运输工具的广泛应用和运输网络体系的逐渐完善，区域间要素流动的时间越来越短、运输成本也不断降低，

① ［日］藤田昌久、保罗·克鲁格曼等：《空间经济学——城市、区域与国际贸易》，梁琦主译，中国人民大学出版社 2016 年版，第 8 页。

许多地理邻近区域在交通一体化的驱动下跨入了同城化阶段，使区域空间形态发生重大变化。临空经济区一般是交通运输系统相互衔接的中心节点，也是多种客、货运输方式的交会点，能够通过多式联运体系串联起与临空经济区邻近的周边连续型区域，也能通过航空运输网络串联起更广阔的离散型区域，把众多区域的资源要素有效整合，推动居住、商业、企业生产等活动进行科学的空间布局，重构区域空间形态，对连续型、离散型区域的空间形态都产生重大影响，从而推动区域协调发展。

临空经济不仅会从运输系统效率、区位优势、空间形态三个方面作用于连续型、离散型区域，从而对区域协调发展产生影响，而且运输系统效率、区位优势、空间形态三个方面又是相互依赖、相互作用的。首先，伴随运输系统效率的提升，临空经济区及其所依附区域与其他区域的联通性得到明显改善，从而使其区位优势不断强化，而区位优势的强化又可以进一步吸引人流、货流、资金流、信息流等要素集聚，对原有运输系统效率提出更高要求。其次，运输系统效率的提升会降低区域间交通时间成本、货币成本，改变区域空间形态，而区域空间形态的改变也会对运输系统效率提出新要求。例如，北京新机场及其临空经济示范区建设推动了北京南部区域"五纵两横"综合交通主干路网的构建，这一庞大的综合交通运输体系正不断改变该区域空间布局，使其逐渐成为"首都新的城市功能节点"，"北京也将形成南北两大'国门区'的格局"（连玉明，2017）；同时，北京这种空间格局的改变对北京甚至整个京津冀区域的运输系统又提出更高要求，促进其不断进行适应性调整。最后，区位优势的改善会影响到区域空间形态，如美国孟菲斯、韩国仁川等世界众多城市通过发展临空经济，区位优势得到明显改善，并使其成为区域内重要的增长极。当然空间形态的改变也会影响到区位优势并对其提出新要求，如果区位难以适应其要求，则有可能被其他更有区位优势的区域所取代。

综上所述，发展临空经济会改变区域运输系统效率、区位优势、空间形态，而这三个方面又是相互依赖、相互作用的，共同影响居民、企业的区位选择偏好，不但会吸引产业、企业、资金、劳动力等要素向机场周边区域集聚，影响临空经济区及其与之地理上邻近的连续型区域经济发展，即产生连续型空间溢出效应，还会通过航空运输网络等途径对更广阔的离散型区域产生影响，即产生离散型空间溢出效应，并最终影响区域经济产出、区域间互动联系、区域基础设施通达度等，推动区域协调发展。

二 临空经济的空间溢出效应机理

从前文对临空经济空间溢出效应内涵的分析可以看出，临空经济会通过连续型空间溢出效应与离散型空间溢出效应促进区域协调发展。在此基础上，基于空间经济理论构建临空经济的空间溢出效应整体作用机理，如图5-3所示。

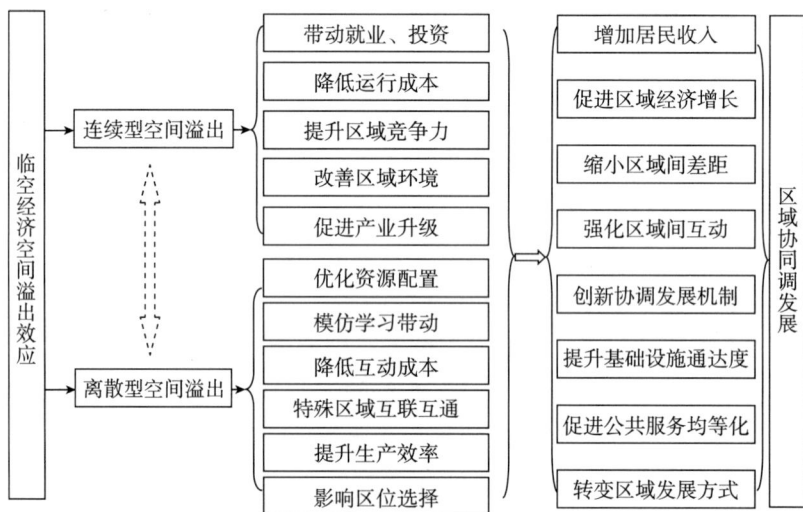

图5-3 临空经济的空间溢出效应机理

资料来源：笔者绘制。

临空经济会通过连续型空间溢出效应，促进区域协同发展。发展临空经济、建设临空经济区需要进行大规模基础设施建设，能直接带动临空经济区周边邻近的连续型区域就业、投资的增加，促进连续型区域居民收入及经济产出的增长，缩小区域间收入差距。同时，随着临空经济所带来的区域综合交通体系的逐渐完善，临空经济区及与其接壤的周边邻近连续型区域区位优势将得到显著提升，区域发展运行成本不断降低，使区域构建形成新的经济增长极，促进区域经济增长。此外，临空经济能够提升区域产业、企业、对外开放、科技创新、基础设施等多方面竞争力，能改善区域发展环境，能以其较强的自我组织能力引领临空经济区及其邻近连续型区域产业融入全球产业链高端，在不同层面推动区域产业转型升级，形成推动区域发展新动能。

临空经济会通过离散型空间溢出效应，促进区域协调发展。发展临空经济能推动离散区域间的要素流动，并把众多离散区域有机联系在一起使其嵌入全球市场，促进各离散区域间的资源优化配置，为各离散区域经济的持续性增长提供必要的物质条件。同时，临空经济具有极高的带动性和成长性，其高质量发展也能为各离散区域提供良好的借鉴，通过相互间模仿学习与竞争实现经济共同增长，缩小区域间差距。此外，临空经济具有明显的空间网络化特征，通过发达的航空运输网络、完善的综合交通体系将众多离散区域紧密联系在一起，有利于降低离散区域间互动成本。尤其是对一些特殊区域来说，发展临空经济是其强化互联互通、提升公共服务水平和基础设施通达度的必要手段。而且发展临空经济能从技术扩散、要素流动、分工深化等多方面提升各离散区域全要素生产率，促进其发展方式由粗放式向集约式转变；能有效提升各离散区域的通达性，从而降低离散区域居民、企业等各类经济主体的生产、生活成本，影响各经济主体的区位选择，吸引各类临空偏好型产业及相关企业、劳动力不断向临空经济区集聚，产生更大的离散型空间溢出效应，促进区域协同发展。

临空经济连续型空间溢出效应、离散型空间溢出效应之间并不是完全割裂的，连续型空间溢出效应越强，就越能促进机场周边区域发展，并能通过航空运输等交通网络、经贸合作、人员流动等方式对更广阔的离散区域产生溢出，增强临空经济离散型空间溢出效应，推动区域协同发展；反之亦然。本书对两者关系不作过多阐释，下文主要针对临空经济空间溢出效应各种子效应在促进区域协同发展中的作用机制进行系统分析，并进行实证检验。

第二节　临空经济的连续型空间溢出效应

临空经济的连续型空间溢出效应（Unbroken Spatial Spillover Effects）是指临空经济发展不但会直接影响到临空经济区内各项经济活动自身发展，而且会从多个方面对与临空经济区地理上相连的连续型区域产生影响，主要是通过增加就业、促进投资、提升区域区位优势和竞争力、优化区域发展环境、升级产业结构等机制促进区域协调发展。

一　拉动区域就业增长

发展临空经济、建设临空经济区显然需要进行大规模的企业厂房、基础设施、机器设备等的投资，这会直接影响临空经济区周边连续型区域交通等基础设施通达度水平和区域经济增长，有效改善本地与其他区域间的经济联系，并为相关企业提供发展机会，创造更多的就业岗位，增加当地居民收入，缩小区域间收入差距。国际经验表明，机场周边邻近区域就业数量与机场客货吞吐量存在明显的正相关关系，机场周边 6 千米范围内就业增速能达到其他区域增长速度的 2—5 倍[1]。根据国际机场协会欧洲部（ACI Europe）的研究报告（见表 5 - 1），2013 年，欧洲机场共计提供了 1234 万个工作岗位，其中直接、间接、引致、催化提供的岗位分别为 170 万、135 万、140 万、789 万个；国际机场协会欧洲部还对不同规模机场对就业的影响进行了测度，发现对客运吞吐量分别在 100 万、100 万—1000 万、1000 万人次以上规模的机场而言，每 1000 个航空旅客分别会产生 1.2 个、0.95 个、0.85 个工作岗位[2]。中国机场每百万航空旅客能够为机场所在区域产生 18.1 亿元的经济效益，带动 5300 余人就业[3]。

---

[1] 王学东：《国际空港城市——在大空间中构建未来》，社会科学文献出版社 2014 年版，第 65 页。

[2] ACI Europe, Inter VISTAS, *Economic Impact of European Airports – A Critical Catalyst to Economic Growth*, https://www.aci-europe.org/component/downloads/downloads/4159.html.

[3] 姚雪青、白天亮：《机场亏损为何还要建》，《人民日报》2013 年 1 月 28 日第 2 版。

表 5 - 1　　　　　　　　2013 年欧洲机场经济社会影响

经济社会影响	就业岗位（个）	收入（亿欧元）	GDP（亿欧元）
直接影响	1696200	685	1016
间接影响	1353100	399	697
引致影响	1401100	384	764
催化影响	7893500	2095	4267
总影响	12343900	3564	6745

此外，快速的航空运输、完善的基础设施、良好的营商环境以及各种便利的服务设施使临空经济区及其邻近区域对产业、企业及人口的吸引力不断增强，伴随企业与人口集聚规模的不断集聚，各类生产、生活服务产业也得到快速发展，临空经济区及其邻近区域的城市功能不断上升，逐渐从原先单纯的经济功能区向综合性功能的航空大都市演进，不但能提供更多的就业岗位、带动更多人就业，其建设征地范围内的农村劳动力也能通过不同途径较易实现向第二、第三产业转移，从而有力地提升了区域的城市化以及城乡居民的收入水平。

二　带动区域投资增加

临空经济具有极高的投资乘数带动作用，可通过产业发展、基础设施建设两条路径引发投资乘数效应。

临空产业是典型的推动型产业，辐射力度大、关联作用强，具有极高的投入产出比。通过发展临空经济在区域内嵌入推动型临空产业，将会通过关联作用拉动上下游产业的投资建设，引起产业发展上的乘数效应。根据国际惯例，机场的投入产出比可达 1:8，即投入一块钱能够产生 8 元的收益[①]。北京首都国际机场每投入 1 亿元，会产生 5.7 亿元的经济效益[②]。根据国际机场协会欧洲部的研究报告，

[①]　资料来源于 2012 年 7 月 20 日时任中国民用航空局局长李家祥在国务院新闻发布会上的讲话，参见中国中央政府网站 http://www.gov.cn/wszb/zhibo525/content_ 2188069. htm。

[②]　曾晓新：《机场：为中国迈向现代化打下坚实基础》，《中国民航报》2014 年 10 月 17 日第 2 版。

2013 年，欧洲机场直接、间接、引致、催化四种类型影响产生的收入分别为 685 亿、399 亿、384 亿、2095 亿欧元；共计创造了 6745 亿欧元的 GDP，占全欧洲 GDP 总量的 4.1%，其中上述四种类型创造的 GDP 分别为 1016 亿、697 亿、764 亿、4267 亿欧元，如表 5 - 1 所示。

发展临空经济、建设临空经济区，需要对机场、公路、城市轨道交通、高速铁路、城际铁路、通信、水电管网等公共基础设施进行大规模投资建设并有效整合，会直接产生基础设施投资乘数效应，拉动机场周边连续型区域经济增长。而基础设施的完善又会吸引大型临空指向型产业入驻，通过广泛的产业关联带动相关产业投资，推动连续型区域税收和社会就业增加，产生数倍于投资规模的乘数效应。诚如郑州航空港经济综合实验区通过发展临空经济使综合交通体系和配套设施不断完善，成功吸引了作为"苹果"代工企业的富士康入驻，在其产业汇聚动能带动下引起广泛的乘数效应，截至 2016 年年末，共有 182 家智能手机制造企业签约入驻实验区，智能手机产量达到 2.58 亿部，且其中"非苹果"智能手机 1.32 亿部，首次超过了苹果手机，郑州航空港经济综合实验区智能手机制造产业实现了从"一个苹果"起步到"百果满园"的飞跃[①]。

中国近些年来经济的快速发展与其大规模的投资建设特别是机场等交通基础设施的投资建设密切相关（张志、周浩，2012）。需要注意的是，尽管机场等交通基础设施具有投资乘数效应大的优势，但是也存在投资规模偏大、直接收益率偏低、建设及投资回收周期较长等问题，从而难以引起私人部门的投资兴趣，所以，地方政府的作用就更为重要（刘生龙、郑世林，2013）。尤其是区域经济相对落后、地方财政较为薄弱的西部地区，地方政府在争取中央财政转移支付支持的同时，应积极探索创新投资模式，稳步推进机场、临空经济区的建设与完善，保障其投资需要，使其在区域经济发展中充分发挥投资乘数效应，推动区域协同发展。

---

① 张倩：《"郑州造"智能手机遍布全球》，《郑州日报》2017 年 9 月 24 日第 1 版。

三　提升区域区位优势

区域经济增长极理论认为，在一个区域中，只有少数区位条件较好的地区和优势产业才能够带动整个区域经济的发展。这些地区和产业就是该区域的经济增长极。增长极的乘数效应、支配效应、极化和扩散效应，在一定程度上可以促进周边区域和产业发展，从而推动整个区域经济的协同发展（戴伯勋、沈宏达，2001）。临空产业具有极高的成长能力和带动能力，临空经济区一般是区域内交通和通信设施较为完善、发展速度较快、要素流动较为容易的地区，所以，发展临空经济，促进临空产业集聚、临空经济区成长，更容易培育形成区域发展增长极，带动整个区域经济发展。

作为现代新型经济业态，临空经济能形成区域增长极的基本途径是能推动所在区域构建航空枢纽并产生催化作用，提升区域的区位优势。"一个枢纽在城市区位中所起的主要作用就是催化作用。枢纽可以源源不断地为城市带来利益，但是它最重要的贡献就是在经济增长使新城市的出现成为必然的关键时刻，使城市所在区位相对于其他地方处于优势地位。"[①] 发展临空经济，构建区域航空枢纽并带动现代综合交通体系建设，会提高区域便捷度、降低运输成本、扩大区域市场规模、促进要素流动，不断吸引时间偏好的高端产业、技术和产品落户于机场周围，在横、纵向经济联系下产生催化作用，推动机场周边区域经济的持续性增长。例如，仅从机场以及临空经济区本身的投资建设来说，就需要众多相关配套产业支撑，如机场航站楼、跑道、停机坪、仓库等第二产业，航运、装卸仓储等为其提供服务的第三产业等。这些配套产业会进一步刺激投资以及生活消费品需求的增加，并在更大范围内促进金融、贸易、保险、信息、管理等服务行业的发展，推动区域产业结构的不断完善。

临空经济提升了区域的区位优势，对区域外各类要素产生较大吸引力，而这些要素的集聚又会对临空经济发展提出更高需求，推动临

---

① ［日］藤田昌久、保罗·克鲁格曼等：《空间经济学——城市、区域与国际贸易》，梁琦主译，中国人民大学出版社 2016 年版，第 179 页。

空经济区进一步完善交通运输体系、优化营商环境、消除市场壁垒，而且还可能赋予临空经济区更多的功能，使其成为区域内重要的商贸中心、国际交流中心等，进一步强化区域优势和对各类要素的吸引力，并不断将更广阔的区域纳入辐射网络中来，实现资源的优化配置，促进区域协同发展。诚如重庆提出要将其临空经济示范区打造成"重庆市规模最大、中西部最具影响力的临空国际现代商贸中心"，杭州提出要将其临空经济示范区打造成为"区域性临空会展中心"。

所以与其他区域相比，临空经济区具有更高的集聚能力、更强的成长性，能推动航空枢纽和现代综合交通体系构建，降低区域公共服务（教育、交通、通信等）及经济运行成本，促进区域产业结构优化和规模经济的实现，吸引各类经济活动在临空经济区及其周边邻近区域高度集中，成为带动整个区域经济发展的增长极。而且随着临空经济区规模扩大，会不断向外溢出增加对周边邻近区域的土地需求，拉动周边土地价值增长，使临空经济区及其周边邻近区域成为整个区域的价值高地。

四　多路径提高区域竞争力

临空经济能够从产业与企业发展、对外开放、科技创新、基础设施等多个方面提升区域的竞争力水平。

首先，临空经济所偏好的产业往往具有高度专业化、规模化的特点，具备极高的产业带动能力。发展临空经济、促进临空产业发展，能有效吸引各类高端要素、相关产业大规模集聚并产生规模经济效应，辐射带动整个区域产业发展，提升区域产业竞争力；临空经济能扩大企业产品市场规模、降低企业物流成本、提升企业运营效率，为区域企业在全球市场配置资源、嵌入全球价值链提供战略支撑，提升区域企业竞争力。

其次，临空经济具有显著的开放性偏好特征，发展临空经济会强化区域同全球其他重要经济区的直接联系。同时，临空经济区往往是区域对外开放的窗口，营商环境、贸易规则等更易同国际接轨，能为区域融入全球分工、贸易体系提供平台保障。所以，发展临空经济，能有效提升区域对外开放竞争力。

再次，临空产业往往是技术先导性和战略性新兴产业，产品具有较高的科技含量，唯有此类产业、产品才能承担较高的航空运费能力。发展临空经济可引领区域产业向技术密集型、知识密集型转变，并且通过临空产业间的相互影响、学习，不断提升区域科技创新竞争力。

最后，发展临空经济需要完善的立体交通体系的支撑。通过构建"空中交通网"倒逼"陆上、水上交通网"建设，提升区域基础设施竞争力。

随着区域各项竞争力的不断提高，区域对各类资源的支配能力显著增强，区域间互动联系愈加频繁，区域内各子区域间的要素流动、一体化水平也不断提升，从而持续推动区域协调发展。

五　促进区域发展环境改善

临空经济会推动区域投资环境、创新环境、营商环境、生态人居环境的优化，促进区域协调发展。

首先，临空经济使区域基础设施实现跨越式发展，能有效改善区域投资环境。与发展临空经济相配套的一系列市政、通信、道路等基础设施建设以及多式联运体系、城市管理体系、公共服务体系等系统的构建，能有效提升临空经济区及其周边连续型区域基础设施水平和区位优势，形成吸引投资的有利条件。当然随着投资的不断增加，整个区域的对外开放水平也会不断提升；反过来也会不断强化区域的区位优势，提升临空经济区及其周边区域在更大区域空间中的地位，进一步推动投资环境改善，吸引更多投资。

其次，临空经济促进客流、货流、信息流的集聚与扩散，有利于改善区域创新环境。临空经济能提高临空经济区及其周边区域开放度，使其在经济、文化等诸多方面呈现多元化特征。随着多元化客流、货流、信息流的不断集聚与扩散，将对本区域传统观念形成强烈冲击，推动区域市场意识、竞争意识、创新意识的强化，驱动区域更积极参与到同其他区域及国际市场的竞争中，促进各类经济主体发挥主观能动性进行各项事业创新。

再次，临空经济作为改革开放先行区，有利于优化区域营商环境。临空经济区特别是国家级临空经济区一般都是所在区域改革创新、合作开放的先行区，在行政管理、人才保障、开发模式、对外贸易、区域合作、海关监管、金融财税等体制机制创新以及营商环境构建等方面具有先行先试的政策优惠，因而发展临空经济可推动区域各个领域的制度创新和营商环境的优化，从而构建起改革创新、先行先试的制度高地，为各类创新资源的高效配置和综合集成提供良好的营商环境和平台支撑。

最后，临空经济有利于营造绿色化、品质化、国际化的生态人居环境。临空产业一般具有高关联性、高附加值、高科技含量以及绿色低碳的特性，能够引领区域产业朝着现代化、高端化、绿色化方向发展，有效缓解中国产业低附加值、高消耗、高污染、高排放所造成的对人居环境的破坏。同时临空经济更倾向于吸引高端要素资源和人员，如职业经理人、高级技工等。这些高端要素、从业人员对人居环境质量有较高的要求，倒逼地方政府强化区域基础设施、生态环境建设。国家发展与改革委员会在《关于临空经济示范区建设发展的指导意见》中就明确提出，临空经济区建设要"加强生态环境保护，促进绿色低碳循环发展"，从而有效缓解区域发展、资源开发与生态环境之间的矛盾，营造更好的人居环境。

需要注意的是，临空经济也有可能会对连续型区域环境产生负向的溢出效应。例如，大规模的基础设施建设和临空产业集聚有可能会对区域生态环境、动物保护、自然景观、耕地等造成破坏，航空运输业的迅速发展带来噪声污染、空气污染等问题。所以发展临空经济要对产业遴选、空间规划、建筑施工等进行科学设计管理，力争把临空经济对连续型区域环境的负面影响降到最低水平。

六　推动区域产业升级

临空经济以其较强的自我组织能力可引领临空经济区及其邻近连续型区域更多传统产业融入全球产业链，在不同层面发力，促进传统产业朝着现代化、绿色化、高端化方向发展，形成推动区域发展新动能，促进区域转型升级。

首先，临空经济能对区域产业发展形成较强溢出，引领其现代产业体系构建。产业的优化升级需要有全局性、长远性和导向性作用的新兴产业的引领，需要有"一批对经济发展和结构调整全局带动性强的重大工程"①，临空产业链能延伸到腹地区域经济的各个领域，对整个区域产业的发散和辐射效应是全方位、多层次的，其关联作用强，溢出效应大，能显著促进整个区域现代产业体系的构建。例如，爱尔兰香农地区原本是工业基础薄弱的落后区域，后地方政府依托香农机场建设自由贸易区，在临空产业的强势带动下整个香农地区逐步经历了农业经济—加工生产型经济—服务产业型经济—知识型经济的转变，淘汰掉原有的如纺织业等劳动密集型产业，成功实现了整个区域产业结构的升级。

其次，临空经济支撑区域产业要素流动与全球产业链融入。经济全球化促进了生产要素与产品的全球配置，区域产业要想嵌入全球产业链必须有支撑其生产要素流动、产品输出入的有效平台。临空经济区正是区域经济对外联系的"窗口"，其全球易达性所形成的要素"流空间"（客货流、资源流、信息流等）不但是区域快速进行远距离经济活动的集散地，促进区域产业要素与产品有效流动和配置，提升经济贸易活跃度和全球化融合程度，而且，作为机场所在区域资源空间价值的集中表现，临空经济区所集聚的高端产业和高端要素既可对区域产业形成拉动引领作用，又可通过溢出效应支撑区域产业结构升级，使区域产业成为全球产业链高端配置的重要一环。而且，随着经济全球化下产业与要素的位移越来越容易，"距离"在区位选择中的作用不断减弱，区域产业正面临吸引、留住各类生产要素的艰难挑战。在这种"光滑"② 生产空间中，临空经济区已成为区域经济的黏性地区，强化了区域产业对各种资源的吸引能力及黏性作用。

最后，临空经济能推动区域传统产业优化。趋利性是经济活动的本质属性，各类要素都更倾向于流向效率更高、增值更大的区域。临空经济高科技偏好可提高各类要素的使用效率和价值，从而能产生强

---

① 2014 年 9 月 2 日李克强总理在主持召开研究部署"十三五"国民经济和社会发展规划编制启动工作会议上的讲话。

② "光滑"生产空间主要描述资本、工厂等转移较为容易的现象。

大的向心力，吸引高素质劳动力、原材料、生产资料等要素资源向临空经济区及其周边区域流动。而临空经济区一般位于传统产业比重较大的城市郊区，在这种情况下，各类高端要素和临空产业的聚集不但能通过带动郊区人口就业、土地增值等路径增加居民收入，而且可通过推动传统产业优化，尤其是推动区域临空农业、休闲旅游业的发展，使农民收入实现跨越式提升，实现缩小城乡收入差距、促进区域经济增长的目标。例如，中国云南大力发展临空经济，构建了以昆明机场为中心 15 个协同互补的机场群，凭借发达的支线机场网络有效强化了旅游业与航空的深度融合，促进了偏远区域旅游业发展和资源的流动与共享（李昊鹏，2016）；中国重庆渝北区通过发展临空农业，使原先几毛钱一斤都无人问津的李子"飞"到中国香港、中国澳门、中国台湾、马来西亚等地，变成几十元甚至上百元一斤的抢手货，有效增加了农民收入（邓俐，2014）；荷兰政府通过史基浦机场把全国鲜花产业成功融入世界花卉种植网络中，阿姆斯特丹也成为花卉市场的霸主，每年交易花卉数量为 50 亿株，世界近 1/4 的鲜切花在此交易后通过航空运送到全球各地。

第三节　临空经济的离散型空间溢出效应

临空经济的离散型空间溢出效应是指某区域临空经济发展会通过航空运输网络、人员与贸易往来等不同方式对与临空经济区地理边界不相邻、空间位置分散、距离相隔较远的离散区域产生跨地区影响。临空经济离散型空间溢出效应会从以下几个方面影响区域协同发展。

一　优化离散区域间资源配置

首先，临空经济推动离散区域间的要素流动，为区域经济增长提供必要的物质投入。新古典经济增长理论认为，经济增长主要是由资本、劳动力、技术水平等因素决定的，从柯布—道格拉斯生产函数可知：$Y = AK^{\alpha}L^{\beta}\mu$，其中，$Y$、$A$、$K$、$L$、$\mu$ 分别表示经济产出、技术水平、资本、劳动力和其他干扰项，α、β 分别表示资本、劳动力的弹性系数。所以，要想推动区域经济增长就必须要有一定的劳动力、资本等投入。发展临空经济能够有效推动离散区域之间资金、技术、人员等要素的自由流通和余缺调剂，从而为各离散区域的经济增长提供必要的物质条件。

其次，临空经济将离散区域有机联系在一起，可深化区域分工协作并有效扩大区域的市场规模和消费需求。分工程度由市场大小决定，市场大小又取决于交通运输条件。临空经济的发展可突破区域的限制，通过航空运输网络等方式将离散区域有机联系整合在一起，促进市场规模扩大和社会分工的深化，并提升区域生产率水平。临空经济还可以强化离散区域间的"需求关联""成本关联""消费关联"，推动区际间的互动联系，吸引资金、人员及其他要素资源的集聚与流动，实现要素资源的优化配置，促进区域经济的增长。

最后，临空经济使离散区域嵌入全球市场，提升对外开放水平，促进出口贸易增加。"贸易是生产力发展到一定阶段的产物。随着社会分工的进一步深化，区域间的贸易由小规模发展为大规模，其对经济增长的推动作用不断增强"[①]。根据总产出公式 $Y = C + I + G + (X - M)$，其中，Y、C、I、G、X、M 分别表示总产出、消费、投资、政府支出、出口、进口，即一个区域在一定时期内的社会总产出主要是由消费、投资、出口拉动的。发展临空经济有效扩大了各离散区域的市场贸易规模并使其成为全球市场的一部分，其临空产业、产品的高端性能够有效提升区域在国际贸易中的竞争力，同时完善的航空运输等交通体系缩减了对外贸易成本，紧密的贸易伙伴关系有利于降低贸易壁垒，从而推动区域对外开放水平的提升和出口规模 X 的扩大，拉动区域经济增长。

二　模仿学习推动共同发展

中国区域间经济发展的竞争会引起基本建设支出、财政支出规模等方面的正相关性（王美今等，2010；尹恒、徐琰超，2011），各地

①　[美] 唐纳德·J. 鲍尔索克斯、戴维·J. 克劳斯等著：《供应链物流管理》（第4版），马士华、张慧玉等译，机械工业出版社 2014 年版。

方政府间存在显著的"邻里模仿效应"和"示范效应"（杨友才，2010）。作为基本建设支出的重要方面，临空经济投资建设也自然会在不同区域间呈现相关性特征，即本区域临空经济建设支出会引起其他离散区域该项支出规模的扩大，并对其区域经济发展产生影响。尤其是临空经济在其催化作用和投资关联作用下所表现出的高成长性，更使其成为众多地方政府效仿发展的对象。可以预见，临空经济发展较好的区域会引起其他拥有航空港的离散区域特别是与之通航离散区域的效仿，从而在临空经济投资建设领域呈现空间正相关性。例如，郑州航空港经济综合实验区获国务院批复后发展迅速，极大地促进了郑州社会经济发展，其建设发展经验引起众多地方政府和临空经济区的效仿。2017 年"两会"期间，李克强总理对西安空港新城的发展就提出了"参照学习郑州经验"的指示[①]。

三 降低区域间互动联系成本

发展临空经济能够通过交通联系、要素流动、贸易往来等途径强化离散区域间的互动联系，促进各项经济活动的空间溢出。

交易成本大小对区域市场大小具有决定性作用，只有交易成本下降到一定程度，区域间贸易往来才能实现质的进步。发展临空经济能推动机场等基础设施与航线网络更加完善，并能推动区域其他基础设施建设的开展。随着交通网络结构的优化以及运行效率的提升，将会直接导致各离散区域间通勤时间缩短，提升各离散区域企业与居民生产、生活、交流的便利性、舒适性，大幅降低区域间贸易成本，推动商品流动与人员往来。

临空经济具有明显的空间网络化属性，有利于促进离散区域间要素自由流动以及各类经济活动的聚集与扩散。随着临空经济发展规模的扩大，能将更多区域纳入航空运输网络中，在更大空间内强化离散区域间经济联系及专业化分工与合作，推动离散型空间溢出效应持续性发挥。临空经济也具有明显的规模经济属性，临空经济规模不断扩

---

① 张琦：《"把西安作为西北的龙头，扬起来！"——李克强总理参加陕西代表团审议报告侧记》，《西安日报》2017 年 3 月 10 日第 2 版。

大能进一步推动综合运输体系完善，有效预防临空经济区由运输枢纽变成运输网络阻塞点，避免由于临空经济规模有限所可能造成的对运输系统整体运行效率的限制，降低离散区域间要素流动成本。特别是在区域运输系统已难以适应当地生产、生活需要时，发展临空经济的效果将更为显著，可迅速提升临空经济区及依附区域的区位优势，改善各离散区域间的互动联系现状，推动要素优化配置，促进区域协调发展。

发展临空经济，还能够通过充分利用由航空综合枢纽（机场、物流园区、仓库货场、交易中心等）和立体线路网络（航空、铁路、水路、公路等）所构成的交通系统，实现对各要素的优化配置，使网络中各离散区域间相互融合，降低各离散区域间要素流动与配置的磨损成本以及合作伙伴间的交易费用，推动合作伙伴间形成更为稳健、紧密的信任关系，使因相互间矛盾可能造成的仲裁或法律诉讼费用降到最低。而且发展临空经济也有利于网络中各离散区域间相互竞争学习，强化各区域风险防控能力以及区域间临空产业的分工合作，最终提升各离散区域经济运行效率并促进区域协调发展。

四　提升特殊区域公共服务水平

民用航空运输是重要的交通、国防基础设施和国家战略资源，发展临空经济，通过航空运输将空间分散的革命老区、民族地区、边疆地区、贫困地区等特殊区域有效联系在一起，和平时期可为其提供国际交往以及区域经济社会发展的服务功能，战乱时期又能为其提供国家安全的军事保障功能。同时，在特殊区域发展临空经济能有效改善这些区域同其他发达区域的联系，推动各民族社会、文化等各方面的交流和感情沟通，促进民族团结和区域稳定，提升特殊区域公共服务水平。尤其是民航运输作为应急救援和社会公共服务体系的重要组成部分，在应对重大自然灾害或突发疫情等紧急救援中发挥着极为重要的作用，成都、绵阳等机场在 2008 年汶川抗震救灾中就充分体现了其在应急救援、公共服务保障等方面的特殊价值（翼峰，2008）。

就机场等交通基础设施通达度而言，中国存在严重的不平衡问题。2016 年中国民用机场密度为 0.22 个/万平方公里，其中，华东地区机场密度是西北地区的五倍左右，长三角地区密度为 1.09 个/万平方公里，东北为 0.29 个/万平方公里，中部为 0.30 个/万平方公里，而西部仅为 0.15 个/万平方公里①，广大中西部区域机场密度明显低于东部，使中西部区域难以享受与东部同等的基本公共服务和基础设施通达水平，这在一定程度上也加剧了区域发展的不平衡。因此，国家对机场以及临空经济区的选址规划不断向中西部等特殊区域倾斜。《中国民用航空发展第十三个五年规划》提出，到 2020 年续建、新建 74 个机场，除北京新机场、承德、嘉兴、菏泽、枣庄等少数几个机场位于东部外，其余绝大部分均位于中西部且主要是三四线城市，而且其中除北京、成都、阿拉善左旗等地已有机场在运营外，其他大多数城市均未有民用机场，这将对提升中西部等特殊区域基础设施通达度水平、实现公共服务均等化、促进区域经济增长等都起到极大的推动作用。

五 提升离散区域生产效率

临空经济的发展能够从要素流动、分工深化等多方面提升各离散区域的全要素生产率。

首先，不同区域以及经济体间相互借鉴、学习是离散型空间溢出效应产生的重要动因。临空产业多是科技含量较高的新兴产业，发展临空经济、培育临空产业集群、利用临空经济的外向性和网络性促进各类生产要素和商品的跨区域流动，并推动各临空经济区内高科技产业、企业间的交流、合作与竞争，能够有效推动技术效率、管理效率的不断提升，使技术溢出广泛传播至更多离散区域。

其次，发展临空经济扩大了离散区域市场规模，驱动各区域内企业参与国际市场竞争，促进各经济主体发挥竞争优势，从而进一步提升社会专业化分工水平，倒逼整个离散区域企业技术创新，提升技术效率水平。

最后，中国交通基础设施对全要素生产率具有显著的正向影响

---

① 资料来源：根据中国民用航空局 2017 年 5 月发布的《2016 年民航行业发展统计公报》测算，未统计中国香港、中国澳门及中国台湾地区。

（刘秉镰等，2010；刘生龙、胡鞍钢，2010），基础设施越发达，各
离散区域间时空距离就越短，空间溢出效应就越强，产出效率也就越
高。发展临空经济构建以航空运输为主导的综合交通运输体系，可显
著提升区域可达性和迅捷性，拉近离散区域间时空距离，推动各经济
主体在更广阔范围内优化整合资源，降低"冰山运输成本"，消除要
素市场存在的流通障碍，为提高规模效率提供空间；也有利于高科技
产品、高素质人员等的迅速流动，降低区域间贸易摩擦，润滑整个资
源流动过程，使经济主体对高端生产要素的需求得到更快、更好满
足，不断推动资源配置向最优点移动，提升其组织效率。

六　影响经济活动区位选择

临空经济离散型空间溢出效应还可以通过影响居民、企业的区位
选择来实现。如图 5 - 4 所示，由于发展临空经济推动了区域综合交
通体系的构建，完善的交通等基础设施可显著提高区域通达度，降低
居民生活、企业生产运营成本，从而对居民、企业的区位选择具有重
大影响。

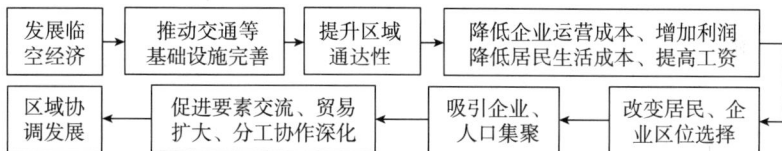

图 5 - 4　临空经济影响经济活动区位选择机制传导

资料来源：笔者绘制。

首先，降低企业生产成本、增加企业经营利润，从而吸引企业集
聚。发展临空经济能推动区域交通等基础设施的完善，提升运输速度
和效率、缩短各离散区域间运输时间，减少运输阶段中劳动力、货币
以及时间等要素投入，使企业整体生产经营成本有效降低。在企业其
他成本和经营收入不变的情况下，企业将能获取更多利润并对其他区
域企业产生吸引力，使其在机场周边区域建设新厂或者搬迁至临空经
济区，即发展临空经济会改变企业的区位选择。

其次，降低居民生活成本、增加工人工资从而吸引人口集聚。发

展临空经济会通过降低居民生活成本、提升工人工资水平两条路径吸引人口集聚：临空经济发展提升区域运输系统效率、降低运输成本、改善区域通达度、强化区位优势，从而降低居民出行成本并为其提供更多、更快捷的运输服务，增强对居民的吸引力；随着企业不断在临空经济区及其周边区域建厂生产，对劳动力的需求会显著增加并推动工资水平的上涨，在原有生活成本不变的前提下会对其他区域的劳动力产生较大吸引力。

最后，深化分工协作、扩大空间规模、促进区际交流从而产生更大范围的空间溢出。随着临空经济区及其周边区域企业、人口的集聚及其企业投入要素的增长，区域经济整体产出水平也会相应增加，临空经济区以及所依附的区域空间规模将不断膨胀，产生更大空间溢出效应。同时，人口密度以及经济活动增加推动要素间交流愈加频繁，多样性的区域间贸易、专业化分工水平等也会相应提升，最终导致各离散区域经济产出均实现增长。

第四节 临空经济空间溢出效应实证分析

以上对临空经济促进区域协调发展的空间溢出效应做了理论分析，并分别系统研究了临空经济连续型空间溢出效应、离散型空间溢出效应两种子效应对区域协调发展的作用机制。本节将基于空间经济学"空间面板计量模型"来验证临空经济的空间溢出效应，以深化对临空经济所引起的经济要素空间流动规律的认识，为促进区域协调发展提供科学依据。

一 空间溢出模型构建

探究临空经济对区域协调发展的影响必须结合空间维度的分析框架，充分考虑到其空间溢出效应。所以，在 Boarnet（1998）模型的基础上，本节将构建一个包括连续型、离散型区域临空经济因素在内的区域经济发展空间计量模型，来实证检验临空经济空间溢出效应。

（一）连续型空间溢出效应基本模型

以新古典经济学为代表的传统经济理论常假定空间是匀质的，回避了交通、运输成本以及生产要素的地理空间流动等现实问题，而空间经济学将运输成本看作是经济发展的重要影响变量，根据这一思想，本书将各个区域视为独立的实体，把临空经济等空间经济因素作为投入要素连同资本、劳动力等基本要素一同加入区域经济产出模型中，将各区域产出基本模型设定为如式（5-1）所示：

$$Y_i = Af(K_i, L_i, E_i, X_i) \tag{5-1}$$

其中，E 表示临空经济发展水平；下标 i 代表不同的区域；Y、A、K、L、X 分别表示区域经济产出、技术进步、资本、劳动力和其他影响总产出的各类因素。式（5-1）中各投入满足以下条件：

$$f'K > 0, f''K < 0; f'L > 0, f''L < 0 \tag{5-2}$$

假定区域 i 的临空经济发展水平提升、交通基础设施更加完善，则区域 i 的劳动、资本等要素价格会上涨，在各类要素自由流动的情况下区域 i 要素价格的上涨会吸引更多的要素流入区域 i 中来，将推动区域 i 产出的增加：

$$Y_i = Af(K_i + \Delta K, L_i + \Delta L, E_i + \Delta E, X_i + \Delta X) \tag{5-3}$$

在一定情况下，区域 i 吸引生产要素流入有可能是以其他区域要素流出、产出减少为代价的，即对其他区域产生负的溢出效应。但是因为临空经济具有较强的网络属性，尤其是临空经济的发展会倒逼陆上综合交通基础设施的完善，从而强化连续型区域的经济往来、改善区域间贸易及要素的流动、优化产业空间分布，产生较强的空间网络化效应，推动经济活动的集聚、扩散，所以临空经济往往具有正向溢出效应。

（二）离散型空间溢出效应基本模型

根据临空经济离散型空间溢出效应的定义，某区域经济发展会受到本地以及其他离散区域临空经济的双重影响，故在连续型空间溢出效应基本模型式（5-1）的基础上加入离散性空间临空经济发展因素，把各区域产出基本模型扩展为如式（5-4）、式（5-5）所示：

$$Y_i = Af(K_i, L_i, E_i, OE_i, X_i) \tag{5-4}$$

$$OE_i = \sum_{j=1}^{n} w_{ij} E_j \tag{5-5}$$

其中，OE 表示其他相关离散区域的临空经济发展水平；j 表示与区域 i 具有一定联系的其他不同的离散区域；n 表示区域数量；w_{ij} 为空间权重矩阵的元素值，其他变量含义同式（5 - 1）。该模型具有以下特征：

第一，该模型将每个区域视为独立的个体，其经济产出取决于资本存量、劳动力、人力资本、基础设施、政府规模、外商直接投资、产业结构等不同要素，即 X 包含了众多的新经济增长因素。

第二，由于航空运输的双向性，其他相关区域的原材料、人员、货物等会通过航空运输作为本区域的生产要素直接参与到本区域的生产活动中，所以，借鉴踪家峰和李静（2006）、刘勇（2010）、张学良（2012）、赵磊（2014）等学者的处理方式，利用空间计量经济学方法，该模型把其他相关离散区域的临空经济（OE）引入生产函数中来。

第三，需要特别注意的是，在考察临空经济影响时，以往研究多重视航空运输量情况而忽视空间网络性问题，而正是航空运输网络为临空经济离散型空间溢出效应发挥提供了平台和网络渠道。一般来说，在现实中，区域航空网络越发达，区域经济水平也就越高，空间溢出效应也就越大。据 Inter VISTAS 和国际机场协会欧洲部（2015）研究，欧洲航空连接度与人均 GDP 之间存在明显的正相关关系，航空连接度越高、人均 GDP 也就越高。近些年来，中国特别重视航空运输的网络化建设：2004—2009 年，中国内地定期航班航线从 1035条增长到 1329 条，五年增幅 28.4%；2009—2014 年，定期航班航线增长到 2652 条，五年增幅 99.5%；截至 2015 年年底，中国内地定期航班航线已达到 3326 条[①]。临空经济正是通过航空运输网络才能将各区域连接贯通，使即便处于空间离散状态的经济单元之间也能够快速进行各项经济活动。所以，该模型把临空经济网络性考虑进去，基于各离散区域之间航空运输网络，构建了反映各离散区域间航空经济联系的空间权重矩阵，其元素值为 w_{ij}。

（三）临空经济溢出效应实证模型

遵照式（5 - 1）、式（5 - 4）的设定，本书构建了一个包含资本、劳动力、临空经济、人力资本、基础设施、产业结构、政府规模等新经济增长与空间经济因素在内多要素协同作用的区域经济发展方

---

① 资料来源于中国民用航空局发布的《民航行业发展统计公报》（2004—2015）。

程式（5-6）[①]:

$$\ln Y_{it} = \beta_0 + \beta_1 \ln K_{it} + \beta_2 \ln L_{it} + \beta_3 \ln Hum_{it} + \beta_4 \ln E_{it} + \beta_5 \ln Inf_{it} +$$
$$\beta_6 Gov_{it} + \beta_7 Fdi_{it} + \beta_8 Str_{it} + \rho_1 \ln OE_{it} + \mu_{it} \qquad (5-6)$$

式（5-6）中，t 表示时间；β 表示解释变量和控制变量回归系数向量；ρ_1 表示解释变量空间滞后回归系数，反映了与区域 i 有一定联系的其他各离散区域的临空经济对区域 i 经济发展的影响水平，即临空经济离散型空间溢出效应的影响水平；当 $\rho_1 = 0$ 时表示临空经济没有离散型空间溢出效应，临空经济只影响本地连续区域的经济发展，即临空经济只有连续型空间溢出效应，其影响水平由解释变量系数 β_4 反映[②]。

（四）空间权重矩阵构建

引入空间权重矩阵是空间计量经济学区别于传统计量经济学的重要特征。二元对称性空间权重矩阵 $W_{n \times n}$ 表示 n 个位置的空间邻近关

---

① 在单纯分析解释变量的溢出效应时，大部分学者选用的是类似于式（5-6）的方程，如刘勇（2010）、张志（2012）、刘生龙（2013）、杨晨（2015）、李涵（2015）等。而魏下海（2010）、赵磊（2014）等学者则认为这一设定方式虽然在理论上可行，但侧重于分析的是单一区域自变量对因变量的影响，而且技术上不满足空间计量的要求，所以仅用其进行理论探讨，在实证分析上又回到 SLM、SEM 等空间计量模型上。不过，SLM 模型引入因变量空间滞后项，其溢出效应的形成逻辑是自变量（包括解释标量、控制变量等）通过影响本地因变量然后传递"叠加"到其他区域，且回归系数不再反映自变量的影响，需进行二次分解，而 SEM 模型则设定溢出效应的形成是由模型以外的因素即空间误差项引起，都没有很好地聚焦于解释变量。所以，本书仍采用大多数学者选用的类似式（5-6）不仅能集中于阐释解释变量的溢出效应。

② 式（5-6）仅包含了解释变量 E 的空间滞后项，而并没有把被解释变量、其他的控制变量空间滞后项考虑进去。实际上，由于生产要素的流动性，离散区域资本、劳动力等生产要素以及其他未观察到的因素也都有可能通过航空网络对本区域经济发展产生溢出（即 K_j、L_j、……以及 ε_j 对 Y_i 的影响）；同时，受经济发展的扩散效应、示范效应等因素的影响，离散区域经济发展本身也会通过航空网络相互影响从而产生溢出（即 Y_j 对 Y_i 的影响，$i \neq j$）。如果把各种情况全部考虑进去，则可将模型设定为以下一般形式：

$$\ln Y_{it} = \beta_0 + \rho_1 \sum_{j=1}^{n} w_{ij} Y_{jt} + \beta_1 E_{it} + \rho_2 \sum_{j=1}^{n} w_{ij} E_{jt} + \beta_3 X_{it} + \rho_3 \sum_{j=1}^{n} w_{ij} X_{jt} + \mu_i, \mu_i = \lambda W_{ij} \mu + \varepsilon$$

$\varepsilon \sim (0, \sigma^2)$

其中，X 是除 E 以外所有变量的集合（包括 K、L）。该一般形式在实际的运用中较为少见，通常来说上式中：当 $\rho_1 \neq 0$，$\rho_2 = \rho_3 = \lambda = 0$ 时，为空间滞后模型（Spatial Lag Model, SLM）；当 $\lambda \neq 0$，$\rho_1 = \rho_2 = \rho_3 = 0$ 时，为空间误差模型（Spatial Error Model, SEM）；当 $\rho_1 \neq 0$，$\rho_3 \neq 0$，$\rho_2 = \lambda = 0$ 时，为空间杜宾模型（Spatial Durbin Model, SDM）。

系。构建空间权重矩阵有多种规则，在实际应用中，不同学者根据研究目的和研究问题对应的特定空间联系形式来构建相应的空间权重矩阵单元。一般来说，最为常见的是基于地理邻近的 0—1 空间权重矩阵，该矩阵设定两个区域空间上如果相邻，则元素 w_{ij} 就取值为 1，如果不相邻，就取值为 0（张光南，2013）。该种权重矩阵有较多缺陷，最大问题是割裂了离散区域之间的联系（胡鞍钢、刘生龙，2009；潘文卿，2010）。例如，按照此种权重设定，上海与北京空间上不相邻，则两地之间不存在经济溢出，这显然是不科学的，因为两地可通过交通设施（如航空运输）产生经济联系。不过该种权重设置思想为本书权重设置提供了很好的借鉴，本书选取的样本大部分是空间不相邻的离散区域，所要研究的是临空经济对离散区域的空间溢出影响，所以可将 0—1 权重矩阵定义如下：$w_{ij} = 1$，表示城市 i 与城市 j 通航；$w_{ij} = 0$，表示城市 i 与城市 j 不通航。然后对这一初始权重进行标准化处理，将每个元素除以所在行所有元素之和，使矩阵中的每行元素之和为 1。该种权重的合理性在于，虽然两区域之间空间上不相邻，但通航使两区域之间经济往来和生产要素流动更加方便和频繁，从而产生溢出。

上述权重设置又形成新的缺陷，即对每一个通航区域都赋予了相同的权重，无法反映一个区域与所有通航区域之间的相对"相邻"程度。虽然采用 GDP 差距权重矩阵（胡鞍钢、刘生龙，2009）、交通网络权重矩阵（李涵、唐丽淼，2015）可以在一定程度上解决这个问题，但是这两种空间矩阵无法反映离散区域之间的航空经济联系，将扭曲临空经济的外部有效性。所以，基于离散区域之间的"航空工作量"构建第二种空间竞争权重矩阵[①]。"航空工作量"综合衡量了离散区域之间的航空客运、货运情况。本书设定，若 $i \neq j$ 时，则 $w_{ij} = a_{ij} / \sum_j a_{ij}$；若 $i = j$ 时，则 $w_{ij} = 0$。其中 a_{ij} 代表区域 i 与区域 j 的

[①] 该种思想在清华大学国情研究中心胡鞍钢教授的《交通运输、经济增长及溢出效应》一文中也有所体现。胡鞍钢认为，研究交通联系导致的外部经济问题最合适的空间权重矩阵应当是不同区域之间的"综合运输量"，该指标包括不同区域之间的客运、货运，以此衡量交通联系水平。但是由于计算复杂，同时数据收集较为困难，所以在胡鞍钢教授文中并没有具体采用。详见《交通运输、经济增长及溢出效应》，《中国工业经济》2009 年第 5 期。

航空工作量，它不仅能够反映两个区域是否通航，而且能够反映它们之间的通航程度。

二　变量界定与数据说明

一个区域实现经济发展是多维要素共同作用的结果，在遵循科学性、代表性、综合性、可操作性和相关性等原则的基础上，利用频度统计法、理论分析法等方法对指标进行了设置和筛选。变量界定如下：

（1）区域经济发展（Y）：用区域实际 GDP 表示，为消除物价的影响，以 2004 年为基期，各区域 GDP 根据 GDP 指数折算成实际 GDP，单位：元。

（2）资本存量（K）：中国官方并未对城市资本存量作专门统计，本书先界定初始年份（2004 年）各城市的资本存量，2004 年以后各城市的资本存量借鉴大部分学者所采用的永续盘存法进行测算，具体计算公式为：

$$K_{i,(t+1)} = (1 - \delta_{i,t})K_{i,t} + I_{i,(t+1)}/P_{i,(t+1)} \tag{5-7}$$

其中，$K_{i,t}$、$\delta_{i,t}$ 分别表示第 i 个地区第 t 年的资本存量、折旧率；$K_{i,(t+1)}$、$I_{i,(t+1)}$、$P_{i,(t+1)}$ 分别表示第 i 个地区第 $t+1$ 年的资本存量、名义总投资、固定资产投资价格指数，单位：万元。在初始年份资本存量 K 的界定上，借鉴柯善咨（2009）等学者的方法，首先采用各城市 2004 年全市限额以上工业企业流动资产和固定资产年平均余额总和估算全市限额以上工业资本存量，然后使用全市限额以上工业增加值占全市 GDP 的比例估算出 2004 年各城市总的资本存量；在折旧率 δ 的设定上学者现有研究出入较大，本书参照单豪杰（2008）、胡煜和李红昌（2015）等的假定，采用 10.96% 计算；名义总投资借鉴王小鲁（2000）、张学良（2012）的方法选用全社会固定资本投资总额代表[①]；《中国统计年鉴》中固定资产投资价格指数 P 是基于上一年

[①]　复旦大学张军教授认为，"全社会固定资本投资总额"是中国特有的统计指标，与 SNA 统计体系不匹配，投资指标应该选用"固定资本形成总额"，并在其《中国省级物质资本存量估算：1952—2004》一文中运用之，其省级层面相关数据可从《中国统计年鉴》上直接搜集。但是各城市的"固定资本形成总额"在各类年鉴中均未有系统提供，故张学良等建议仍选用"全社会固定资本投资总额"来近似代替"固定资本形成额"。

等于 100 的指数数据，利用环比指数乘积等于同比指数的方式将其统一换算为以 2004 年等于 100 的固定资产价格指数①。

（3）劳动力（L）：劳动力投入是区域经济增长最基本的要素之一，在经典经济增长模型中，如索洛模型（Solow growth model）、内生增长模型（Endogenous growth model）等，劳动力都是必要变量。选用各城市全市单位从业人员与私营、个体从业人员总和代表，单位：万人。

（4）人力资本（Hum）：人力资本是新经济增长因素，主要涉及教育培训、医疗卫生等多个维度。人力资本的测度方法众多，而教育是人力资本的基石，故学者多从教育入手进行测度，如选用平均受教育年限法（骆永民、樊丽明，2012）、教师与学生比率（于斌斌、金刚，2014）、每万人在校大学生数（赵磊等，2014）等。限于数据的约束，无法针对劳动者平均受教育程度收集到统一标准的资料，同时，进一步考虑人力资本的异质性，唯有受过高等教育的人力资本才会对经济增长有明显促进而非平均人力资本（Vandenbussche J.，2006；彭国华，2007），故本书选用全市每万人在校大学生数作为人力资本的代表，单位：人。

（5）临空经济（E）：中国临空经济兴起较晚且发展尚不完善，相关统计资料较为缺乏。由于临空经济是以航空运输为核心发展起来的一种新兴区域发展模式，故对其进行的实证研究，大多数学者采用航空运输客运吞吐量、货运吞吐量、飞机起降架次等来表征。基于数据的可得性，同时考虑到机场是临空经济产生离散型空间溢出效应的根源，借鉴国际机场协会的做法选用机场年工作量作为临空经济的产出衡量指标。1 工作量单位 = 1 个旅客 = 0.1 吨货物，则年工作量 = 年旅客吞吐量 + 10 × 年货运吞吐量。

（6）基础设施（Inf）：基础设施是区域经济发展的先行资本，不但直接参与生产活动（Paul Rosenstein Rodan，1943），而且对其投资建设也能对区域经济发展产生巨大的关联拉动作用，"基础设施即便

---

① 目前，各地级城市"固定资产投资价格指数"尚未有统一数据公布，故用城市所在的省区固定资产投资价格指数代替。

不能称为牵动经济活动的火车头，也是促进其发展的车轮"①。尤其是道路等交通基础设施的改善能有效降低商品和各类生产要素的运输成本及其交易费用，极大地促进区域经济规模效应与集聚效应发挥。对交通基础设施的衡量，学者多倾向于采用实物形态（杨晨等，2015），借鉴张浩然、衣保中（2012）等学者的做法，选择城市道路人均占有面积作为基础设施代理变量，单位：平方米/人。

（7）政府规模（Gov）：用政府财政支出占 GDP 的比重表示，反映了地方政府对经济的干预强度。财政支出对区域经济会产生正反两方面的影响，如果财政支出主要用于产权保护、科教文卫事业、基础设施建设等方面，将会促进区域经济增长；如果财政支出主要用于行政管理，有可能会导致资源配置的扭曲，阻碍区域经济发展。最优政府规模理论认为政府规模与经济增长的关系呈现倒"U"形的"Armey"曲线特征（Chen S. T. and Lee C. C.，2005），单位:%。

（8）外商直接投资（Fdi）：外商直接投资能增加区域的资本存量，推动产业转移及技术升级，提升区域的劳动生产率水平，促进区域经济发展。本书采用各区域（全市）实际利用外资占实际 GDP 的比重来表示。首先将各区域实际利用外资按照当年汇率水平换算为人民币，然后以 2004 年为基期的居民消费价格指数进行平减，折算成以 2004 年不变价的外商直接投资，再与以 2004 年为基期的实际 GDP 进行对比，单位:%。

（9）产业结构（Str）：产业结构升级是区域经济发展转型的必要条件，在当前供给侧结构性改革背景下，推动产业结构升级，提升产业附加值，大力发展现代服务业，以此刺激消费和增加就业对促进区域经济增长具有重要意义。选择第三产业增加值占 GDP 比重来表示，单位:%。

上述，Y 为被解释变量，E 为解释变量，其余为控制变量。共选取临空经济区及空港城市样本 35 个，选取标准、数量、区域均与本

---

① 资料来源于世界银行 1994 年发布的发展报告《为发展提供基础设施》。该报告把基础设施划分为经济性、社会性两类，道路、邮电通信等属经济性基础设施，而科教文卫等属于社会性基础设施。

书第四章第四节"临空经济市场效应实证分析"中选取的相同。时间起点为机场属地化改革全部完成的 2004 年，区间为 2004—2015年，数据经过处理后，数据观测值共计为 3780 个。数据主要来源于历年《中国城市统计年鉴》与《中国区域经济统计年鉴》，少数城市缺失的部分数据，通过查阅其相关年份的《国民经济与社会发展统计公报》进行补全，少数仍无法搜集到的数据通过线性插值法进行补齐，因为中国官方并未公布城市的价格指数数据，故选择各省份的相关指数替代，主要来源于历年的《中国统计年鉴》。临空经济年工作量计算以及权重设置中不同城市间是否通航、通航客、货运量水平等数据来源于 2005—2016 年《从统计看民航》。出于消除异方差的需要，对绝对值变量进行了对数化处理。

三 空间相关性检验

判断不同区域变量间是否存在空间自相关性，一般可通过测算空间自相关指数 Moran's I 来进行检验。其计算公式为：

$$I = \frac{\sum_{i=1}^{n} \sum_{j=1}^{n} w_{ij} (x_i - \bar{x})(x_j - \bar{x})}{S^2 \sum_{i=1}^{n} \sum_{j=1}^{n} w_{ij}} \qquad (5-8)$$

其中，$S^2 = \frac{1}{n} \sum_{i=1}^{n} (x_i - \bar{x})^2$，$\bar{x} = \frac{1}{n} \sum_{i=1}^{n} x_i$

x_i 表示第 i 区域的变量观测值，n 为观测区域数量，w_{ij} 为空间权重矩阵元素，一般选用的是地理上是否相邻的空间权重矩阵（潘文卿，2010；叶明确和方莹，2013）。I 的取值范围为 $-1 \leqslant I \leqslant 1$，当 $I > 0$ 时，表示区域间呈现空间正相关，意味着具有相似变量属性的区域倾向于聚集，即高—高、低—低集聚，越接近 1 空间正相关越强，具有相似变量属性的空间集聚趋势越明显；当 $I < 0$ 时，表示区域间呈现空间负相关，意味着具有相异变量属性的区域倾向于聚集，即高—低聚集，越接近 -1 空间负相关越强，具有相异变量属性的空间集聚趋势越明显；I 接近 0 时表示区域间不存在空间相关性。本书采用2004 年、2009 年、2014 年样本城市间是否通航（0—1 权重）作为空间权重矩阵，根据以上思想，当 $I > 0$，则意味着相似变量属性倾向于通航；当 $I < 0$，则意味着相异变量属性倾向于通航。分别计算出 2004 年、2009 年、2014 年样本城市 GDP（Y）、临空经济（E）的 Moran's I（见表 5 - 2）。

表 5 - 2　　　　　　　　样本城市 GDP 与临空经济 Moran's I

Y	2004 年	2009 年	2014 年	E	2004 年	2009 年	2014 年
Moran's I	-0.099	-0.068	-0.092	Moran's I	-0.173	-0.120	-0.205
P 值	0.026	0.050	0.053	P 值	0	0	0

资料来源：笔者计算，通过 Stata10.0 实现。

从表 5 - 2 可以看出，样本城市 GDP、临空经济的 Moran's I 绝对值都大于 0，而且 Y 的 Moran's I 全部通过了 10% 的显著性检验，E 的 Moran's I 全部通过了 1% 的显著性检验，这说明航空联系确实使离散城市之间存在空间相关性，所以在研究临空经济对区域经济发展的影响时，应当充分考虑到因空间相关性所产生的离散型空间溢出效应问题。特别要注意的是，两大指标的 Moran's I 是较为少见的负数，意味着区域 GDP、临空经济发展水平越低的区域越趋向于与越高的区域通航。主要原因有以下两点：一方面，航线开辟要考虑客流、货流的支撑，所以区域经济与临空经济发展水平较低的区域倾向于先与大型枢纽机场区域通航，以获得稳定的客、货流量，集中体现在中国支线机场间航空网络不发达、少数几个发达区域机场（如北京、上海、广州等）航线较为集中①等方面。另一方面，中国区域经济发展具有显著的"俱乐部收敛"特征，即倾向于高—高、低—低的空间集聚（胡鞍钢、刘生龙，2009；王雨飞、倪鹏飞，2016），而航空运输具有明显的距离适应性，运输距离长、空间范围广，所以，相似经济发展水平区域因空间聚集、相互间距离较近而并不适宜通航，相异经济发展水平的离散区域往往因距离较远而倾向于通航。

———————

① 2016 年，北京、上海、广州三大城市机场旅客吞吐量、货邮吞吐量分别占全部境内机场的 26.2%、49.6%。

四 模型估计结果与讨论

出于比较上需要，先对未考虑离散型空间溢出效应（即假设 $\rho_1 = 0$）的面板数据作传统回归分析。样本城市数 $n = 35$，时间维度 $T = 12$，$n > T$，属于短面板数据，故无须进行单位根检验和协整检验，但需决定是使用混合回归模型、固定效应模型还是随机效应模型。虽然仅选择了 35 个临空经济区及空港城市样本，但是这些城市机场客、货吞吐量占全国 90% 左右，具有显著的整体代表性，故选择固定效应模型较为合适（在 F 检验、Hausman 检验下，其 P 值均小于 0.05，也表明需要使用固定效应模型），而且许多学者认为固定效应模型一般优于随机效应模型（张学良，2007）；然后比对个体、时间以及个体与时间双固定效应模型的适用性，由于每个时期样本城市的经济、社会等都会呈现不同的阶段性特点，故选择使用时间固定效应模型来消除随时间变化的区域异质性的影响。同时，出于保持一致性和可比性的考虑，依照传统回归分析的模型设定，空间面板数据也应采取时间固定效应模型。此外，为充分反映临空经济网络性对离散型空间溢出效应的影响，以 2004 年为基期，根据经济发展每五年一个周期的经验，分别选择了 2004 年、2009 年、2014 年样本城市间的通航情况来构建空间权重矩阵，分别对式（5 - 6）进行回归检验，结果见表 5 - 3。

表 5 - 3 空间模型回归结果

因变量：区域 GDP 对数	[1] 不考虑离散型空间溢出	考虑离散型空间溢出					
		基于 2004 年通航情况		基于 2009 年通航情况		基于 2014 年通航情况	
		[2] 1 - 0 权重	[3] 竞争权重	[4] 1 - 0 权重	[5] 竞争权重	[6] 1 - 0 权重	[7] 竞争权重
lnK	0.120 * (1.65)	0.098 (1.45)	0.105 * (1.71)	0.102 (1.13)	0.108 * (1.78)	0.113 * (1.84)	0.122 ** (2.22)
lnL	0.088 (1.49)	0.097 * (1.69)	0.149 ** (2.34)	0.105 * (1.76)	0.145 ** (2.52)	0.149 ** (2.55)	0.154 *** (2.64)

续表

因变量: 区域 GDP 对数	[1] 不考 虑离散型 空间溢出	考虑离散型空间溢出					
		基于 2004 年通航情况		基于 2009 年通航情况		基于 2014 年通航情况	
		[2] 1-0 权重	[3] 竞争 权重	[4] 1-0 权重	[5] 竞争 权重	[6] 1-0 权重	[7] 竞争 权重
lnHum	0.026 (0.72)	0.030 (0.85)	0.043 (1.16)	0.036 (0.99)	0.060 (1.65)	0.035 (1.00)	0.058 (1.63)
lnE	0.053 *** (6.18)	0.075 ** (7.06)	0.058 *** (6.29)	0.062 *** (5.86)	0.054 *** (8.51)	0.067 *** (7.90)	0.056 *** (8.18)
lnInf	0.669 *** (14.87)	0.672 *** (15.33)	0.652 *** (14.42)	0.676 *** (14.99)	0.674 *** (15.55)	0.635 *** (14.37)	0.654 *** (14.96)
Gov	-1.597 *** (-2.96)	-1.616 *** (-3.07)	-1.655 *** (-3.08)	-1.644 *** (-3.04)	-1.603 *** (-3.08)	-1.514 *** (-2.88)	-1.215 ** (-2.29)
Fdi	2.914 *** (4.30)	2.879 *** (4.37)	2.792 *** (4.14)	2.934 *** (4.34)	2.214 *** (3.34)	2.773 *** (4.21)	2.576 *** (3.90)
Str	1.095 *** (3.87)	0.909 *** (3.27)	0.841 *** (2.80)	1.061 *** (3.75)	0.875 *** (3.18)	0.613 ** (2.11)	0.759 *** (2.69)
lnOE	—	-0.009 * (-4.80)	0.031 * (2.40)	0.034 ** (1.69)	0.039 *** (2.73)	0.046 *** (5.04)	0.049 *** (5.14)
R^2	0.760	0.773	0.764	0.762	0.778	0.775	0.775
log L	-133.794	-122.026	-130.775	-132.287	-117.190	-120.825	-120.344

注: *** 、** 、* 分别表示通过了1%、5%、10%水平下的显著性检验,括号内数值表示 t 值。

资料来源: 笔者计算。

首先,分析临空经济 lnE 对当地经济发展的影响,即临空经济的连续型空间溢出效应。表 5-3 第 [1] 列是未考虑离散型空间溢出效应的估计结果,其余各列则是分别基于三个时期、两种类型权重,加入了离散区域临空经济变量 lnOE 后的估计结果。分析发现:第一,所有模型中临空经济 lnE 的系数均显著为正(全部通过至少5%显著性检验),意味着某区域临空经济的发展确实能够显著提升当地的经济发展水平,即临空经济有显著的连续型空间溢出效应;第二,在未考虑离散型空间溢出效应的情况下,lnE 的弹性绝对值平均为0.053,

即临空经济发展每提升1%，会促进当地 GDP 增长 0.053%，而在加入了离散区域临空经济变量以后，lnE 的弹性绝对值平均为 0.062（[2]—[7]列 lnE 各系数平均值），即在控制了离散区域临空经济与其他因素以后，某区域临空经济发展每提升1%，平均而言将推动当地 GDP 增加 0.062%。这表明，临空经济具有强化作用（0.053 小于 0.062），如果不考虑临空经济离散型空间溢出效应，将会低估临空经济对当地区域经济发展的影响。

其次，分析离散区域临空经济 lnOE 的影响，即临空经济的离散型空间溢出效应。通过表 5 – 3 第 [2]—[7] 列离散区域临空经济变量 lnOE 的系数来反映。从 0—1 权重的检验来看，弹性系数分别为 −0.009、0.034、0.046，从负值变为正值且绝对值不断增加，并分别通过了 10%、5%、1% 的显著性检验；从竞争权重来看，弹性系数全部为正且整体呈增长趋势，并分别通过 10%、1%、1% 的显著性检验。以上检验结果表明：在性质上，离散型空间因素确实在研究临空经济和区域经济发展的关系中起到了重要作用，探讨临空经济对区域经济发展的影响需要考虑离散型空间溢出效应，如果忽视不同离散经济体之间隐含的空间相关性，基于经典回归模型的估计将是不甚科学的。这也进一步表明，中国各离散区域间不是没有空间联系的，以往的经验研究大都假定各离散空间保持相应的独立性，没有空间接壤或超出一定距离范围的地区之间不会有空间溢出，这会导致估计结果出现严重误差，需要科学导入空间因素（如构建能反映离散空间联系的权重矩阵）对以往经典的线性回归模型进行修正。在影响方向和大小上，在控制了其他因素之后，离散区域的临空经济对于本区域经济发展以有显著的正向溢出作用为主。[2]—[7] 列 lnOE 各系数平均值为 0.032，意味着离散区域整体临空经济水平每提高1%，平均而言会促进区域 GDP 增长 0.032%，这一溢出效应低于连续型空间溢出效应（0.062%）。在趋势上，随着航空运输网络的完善①，临空经济离散型空间溢出效应越来越明显，影响程度越来越深。这个结论

---

① 主要是因为本书的空间权重是基于通航与否、通航工作量所设置的，比较 2004 年、2009 年、2014 年的通航情况，临空经济的网络化呈不断强化趋势。

也要求，不能仅关注临空经济区投资建设以及航空运输等对区域经济的拉动，也需注重航空网络完善和通达度提高，加强航空运输网络的优化和管理效率的提升，从而促进其离散型空间溢出效应的发挥。综合而言，临空经济空间溢出总效应包括了连续型空间溢出效应与离散型空间溢出效应，故总系数为 0.094①，意味着 2004—2015 年中国空港城市临空经济每增长 1%，会导致当地 GDP 增长 0.094%，其中0.032% 是由临空经济离散型空间溢出效应引起的，0.062% 是由临空经济连续型空间溢出效应引起的，这个临空经济总效应系数 0.094 高于不考虑离散型空间溢出效应时的系数 0.053，也意味着如果不考虑临空经济的离散型空间溢出效应，会严重低估临空经济的总效应。为了更直观地反映临空经济对区域经济的影响，计算出 2004—2015 年中国空港城市临空经济年均增长率为 4.82%，意味着会推动区域GDP 年均增长 0.453%（年均增长率 4.82% 乘以空间溢出总效应系数0.094），其中约有 0.154% 是由临空经济的离散型空间溢出效应贡献的（年均增长率 4.82% 乘以离散型空间溢出效应系数 0.032）。

最后，从控制变量的影响系数来看，基础设施、外商投资、产业结构不论基于何种模型、何种权重，都至少通过了 5% 的显著水平检验，这表明产业结构升级、基础设施完善、外商投资提升已成为推动中国区域经济发展的重要驱动力，这也与目前已有的文献研究结论基本一致（Li H.、Zhang J.，2007；魏下海，2010；刘生龙、胡鞍钢，2010；马伟等，2012）。人力资本的经济影响均未通过显著性检验，可能是因为人力资本在不同区域间的流动性较强，而且具有较长的投资回报周期，所以很多城市难以确定从本地人力资本中获得应有的收益②，当然也进一步说明，整体而言中国人力资本对区域经济发展的贡献度仍然不足，加大人力资本投入并不断改善其配置效率仍是较为

---

① 连续型空间溢出效应系数 0.062 与离散型空间溢出效应系数 0.032 之和。

② 人力资本影响不显著也可能是因为选取的度量指标的问题。人力资本情况固然与受高等教育人数密切相关，但是还需涉及教学质量、在职培训、"干中学"、健康情况等因素。中国的高等教育结构不合理，培养理论型、学术型人才的学校比较多，培养技术、技能型人才的学校比较少，职业教育也仍是教育领域的薄弱环节（袁贵仁，2016）。且大学教育质量下滑、与社会需求脱钩已成不争事实。所以光考虑在校大学生数量，有可能低估了人力资本对经济发展的影响。

艰巨的任务（Barro R. J., 2001）。资本存量作为传统投入要素仍是促进区域经济发展的重要因素，但贡献度还有待提高。值得注意的是，政府规模对区域经济发展的影响具有显著的负向作用，这超出了预期，可能主要是因为政府干预会阻碍中国城市产业结构的调整和劳动生产率的提升，尤其是区域经济越发达、地方政府干预与劳动生产率提升之间的冲突就越明显，从而对经济发展带来不利影响（陆铭等，2012；于斌斌、金刚，2014）。所以，政府要更加重视市场的决定性作用，一方面要减少对经济的不当干预，另一方面要不断提升政府的现代化管理能力。劳动力在未考虑溢出效应时系数为正，但没有通过显著性检验，这可能是因为中国的劳动力结构出现了显著变化，人口红利逐渐消退，但是在考虑离散型空间溢出效应时系数为正且全部通过了显著性检验，表明航空运输网络为劳动力的流动提供了便捷的渠道，促进了劳动力作用的发挥。这符合中国的现实国情，中国幅员辽阔，航空运输在劳动力远距离流动中起到了重要作用，可以预见，随着中国户籍制度改革持续推进以及各类交通基础设施的完善，劳动力流动会更为自由，在经济发展中的作用将会更加明显。

五 空间溢出效应实证分析结论

本节基于前文对临空经济促进中国区域协调发展的空间溢出效应理论研究，构建了空间面板计量模型，并对模型中空间权重矩阵进行创新性改进，在此基础上利用中国 35 个主要临空经济区及空港城市 2004—2015 年面板数据对临空经济空间溢出效应进行实证分析，研究发现：（1）临空经济空间溢出效应确实存在，不管是连续型空间溢出效应还是离散型空间溢出效应，对区域经济增长均有正向促进作用，临空经济发展水平每提高 1%，会促进区域 GDP 增长 0.094%，其中 0.032% 是由临空经济离散型空间溢出效应贡献的，约占总效应的三分之一。2004—2015 年中国临空经济平均每年会推动区域 GDP 增长 0.453%，其中约 0.154% 是来自临空经济的离散型空间溢出效应，0299% 是来自临空经济的连续型空间溢出效应。（2）在考虑临空经济离散型空间溢出效应的作用下，连续型空间溢出效应以及总效应（离散型空间溢出效应与连续型空间溢出效应之和）都会增强，即如果不考虑临空经济的离散型空间溢出效应，将会严重低估临空经济对区域经济增长的影响。（3）临空经济的空间溢出效应强弱会随着航空运输网络完善程度而变化，航空运输网络越完善、临空经济空间溢出效应就越大、对区域经济增长的影响程度就越深。（4）古典经济增长理论以及新经济增长理论所引入的基础设施、外商投资、产业结构、人力资本、政府规模等区域发展因素在本实证分析中也得到了一定程度的验证。

综合以上，本实证分析证实了临空经济在促进中国区域协调发展中确实存在连续型空间溢出效应和离散型空间溢出效应，而且随着航空运输网络的完善临空经济空间溢出效应会不断强化；同时，临空经济离散型空间溢出效应在总效应中的贡献高达三分之一，因此，忽视离散型空间溢出效应会严重低估临空经济的总影响。所以，中国在发展临空经济、规划建设临空经济区时要统筹全局，对临空经济空间溢出效应做出全面科学评估；不但要注重临空经济区的投资建设等相关活动，更需强化航空网络的完善和通达度的提高，加强航空运输网络优化和管理效率提升。

第六章 临空经济促进区域协调发展的重构效应

推动区域产业和技术转型升级并重塑国土空间结构是促进中国区域协调发展的重要路径，也是学术界长期关注的焦点问题。改革开放40年来，中国东部沿海区域经济迅速发展的重要原因之一就是该区域吸引了大量高新技术产业集聚并不断向更高层次升级。临空经济具有显著的产业、产品、技术、空间等偏好特征，能对区域产业与技术结构优化以及空间重构产生重要影响。虽然临空经济重构效应正不断引起社会各界的广泛关注并已形成一定共识，但是尚缺乏在中国区域协调发展的视域下对临空经济重构效应的理论依据、影响机理、作用机制等问题进行系统分析，尤其是缺乏相关实证研究。本章运用规范分析与实证分析相结合的方法，系统探讨临空经济重构效应的内涵，分析临空经济产业与技术重构效应、空间重构效应促进中国区域协调发展的内在作用机制，并运用计量方法实证检验临空经济对区域产业结构升级以及空间收敛的影响。

第一节 临空经济重构效应理论分析

一 临空经济重构效应的内涵

临空经济重构效应是指临空经济能够改变区域要素禀赋，推动区域产业与技术结构升级，重塑区域空间格局，进而影响区域协调发展。发挥临空经济在区域协调发展中的重构效应，是基于中国现阶段整体要素禀赋结构特征的必然要求，也是区域重塑自身要素禀赋结构、探索区域发展模式的现实选择。

　　新结构经济学理论认为，要素禀赋及其结构决定了一个区域总预算约束以及要素的相对价格，从而决定了区域技术选择和产业的生产成本，即区域的比较优势，而遵循一个区域的比较优势来选择技术、发展产业，是实现快速发展、消除贫困和收入收敛的最好办法（林毅夫，2017）。处于不同发展阶段的经济体具有不同的要素禀赋结构，这决定了其比较优势也存在显著差异：处于初期发展阶段的经济体，其要素禀赋结构一般是劳动力或自然资源更为丰富、资本相对稀缺，因此其劳动密集型产业优势较为明显；处于较为发达阶段的经济体，其要素禀赋结构一般是资本相对丰富，资本及技术密集型产业优势较为明显。各个经济体必须要根据自身要素禀赋结构及其所决定的比较优势，推动产业与技术结构的调整。从整个中国层面看，改革开放40多年来，中国要素禀赋结构发生了巨大变化，已经从一个资本短缺的国家转变为资本相对丰富的国家，而"中国四十年的高速增长绩效，是改革开放激发出特定发展阶段上要素禀赋优势的结果"（蔡昉，2018），故促进区域协调发展，仍要基于中国现阶段要素禀赋结构，不断推动产业、技术升级，实现向资本、技术密集型产业的跃升。

　　此外，新结构经济学理论认为，一个经济体在每个时点上的产业和技术结构内生于该经济体在这一时点上给定的要素禀赋结构，而产业升级与技术创新所带来的改变又会进一步对要素禀赋结构提出新的要求，推动要素禀赋结构的升级（林毅夫，2017）。要素禀赋不但包括传统古典经济学所认为的土地（或自然资源）、劳动力、资本等，还包括各种基础设施，如机场、港口、通信等硬件基础设施以及制度、条例、价值观等软件基础设施。虽然这些要素禀赋及其结构在某个时点上是给定的，但并非一成不变，而是会随着时间的变化而变化，以满足产业与技术升级的需要。例如，当区域产业及技术拾阶而上，众多变化就会随之而至，"所采用的技术越来越复杂，资本需求增加，生产和市场规模也有了变化，远距离市场交易越来越多"①，

---

① 林毅夫：《新结构经济学：反思经济发展与政策的理论框架》，北京大学出版社2015年版，第20页。

需要区域要素禀赋结构进一步升级，尤其是需要区域机场、铁路、公路等硬件基础设施以及法律、金融、营商环境等软件基础设施的改进（Harrison A.、Rodríguez Clare A.，2009），以此减少区域运行与交易成本，使其实现生产可能性边界最大化。如果区域基础设施结构难以满足产业和技术升级需求，则区域有可能会面临莱宾斯坦（Leibenstein H.，1957）所提出的 X—低效率（x - inefficiency）问题。

区域产业升级要符合基于要素禀赋及结构所决定的比较优势才能实现持续发展，企业所采用的技术及所处的产业也要符合比较优势才能具有较强的自生能力和竞争力。资本与技术密集型产业是区域产业升级、企业发展的重要方向，而这种产业具有显著的规模经济特征，其市场交易往往是远距离、大容量、高价值的，对基础设施等各类要素禀赋有更高要求。区域若想推动其产业向资本与技术密集型升级，必须要构建与全国性乃至全球性市场活动相适应的各种硬件（电力、通信、道路、港口等）和软件（法律法规体系、文化价值系统等）基础设施（林毅夫，2015）。显然这些基础设施的升级成本无法由单个企业来承担，也无法依赖多个企业间的自发协调，需要充分发挥地方政府的作用。但是，对于一些财政收入较为紧张的区域尤其是西部区域来说，进行大规模基础设施升级所需要的巨大财政支出无疑是沉重的压力。在这种情况下，区域政府可以通过设立工业园、经济特区、实验区等方式，先行推动园区内基础设施的完善，协调各经济主体行动，以此缓解财政投入压力、破解基础设施"瓶颈"、改善营商环境、吸引区域外投资、培育区域增长极，从而重构区域空间结构，使区域有限的资源发挥出最大的杠杆效应。综上所述，中国现阶段整体要素禀赋结构特征决定了要推动区域产业向资本密集型、技术密集型产业跃升，而在产业、技术升级过程中也要注重要素禀赋结构的同步改善，尤其是提升交通等硬件基础设施以及营商环境等软件基础设施水平，同时，由于受到现实条件的约束，地方政府可以基于区域要素禀赋特征采取先行设立实验区等方式来重构区域空间结构，使有限资源发挥出最大效应。

基于新结构经济学理论可知，临空经济正是能通过优化区域产业与技术结构、空间结构等，发挥产业与技术重构效应、空间重构效应来促进中国区域协调发展。首先,临空经济的资本与技术偏好及其高附加值特征正符合了当前中国产业与技术结构升级的方向,能有效改善区域资本/劳动比,优化区域要素禀赋结构,尤其是能推动区域基础设施和发展环境的改善,促进区域产业链、产品链、供应链、价值链的优化升级,重构区域产业与技术结构,从产业、产品、技术、空间等不同层面为区域发展不断注入新的动力,推动区域经济发展方式的改变。其次,临空经济区一般是区域全方位深化对外开放的先行区,具有改革创新、先行先试的政策支撑。发展临空经济能在引导生产要素合理流动的同时,通过要素报酬机制改革推动资本、劳动、技术等各种要素迸发活力,提高区域全要素生产率水平以满足产业与技术升级的需要,促进区域比较优势的发挥和竞争力的提升,实现区域发展动力机制的升级。最后,发展临空经济能改变机场周边区域土地利用模式,使原先远离区域中心城市、呈"孤岛"状分布的临空经济区不断与周边区域融合,逐步演化为一个经济高度集中的城市区域,成为区域发展的增长极。同时,作为区域经济发展总量、流量、质量的综合体,临空经济区能够以其强大的集聚和辐射能力重构区域空间形态,推动城市发展进入新阶段并成为区域经济迅速崛起的重要依托,尤其是能够推动落后地区实现跨越式发展,缩小区域间收入差距,发挥空间重构效应,改变区域发展不平衡、不协调的局面。

二 临空经济的重构效应机理

临空产业主要是资本与技术密集型产业,临空经济区是区域典型的基础设施较为完善的地区,能有效支撑整个区域产业远距离、大容量、高价值的运行和交易,而且发展临空经济、建设临空经济区是降低区域经济发展运行成本的必要条件,是在区域财政收支约束下的现实选择,能够为期望在整个范围内构建完善基础设施和优良营商环境的区域提供一种可控并现实的替代选择,是探索区域发展模式、实现资源最大化利用的重要路径。从前文对临空经济重构效应内涵的分析可以看出,临空经济主要会通过产业与技术重构效应、空间重构效应促进区域协调发展。在此基础上,构建临空经济的重构效应作用机理见图 6 - 1。

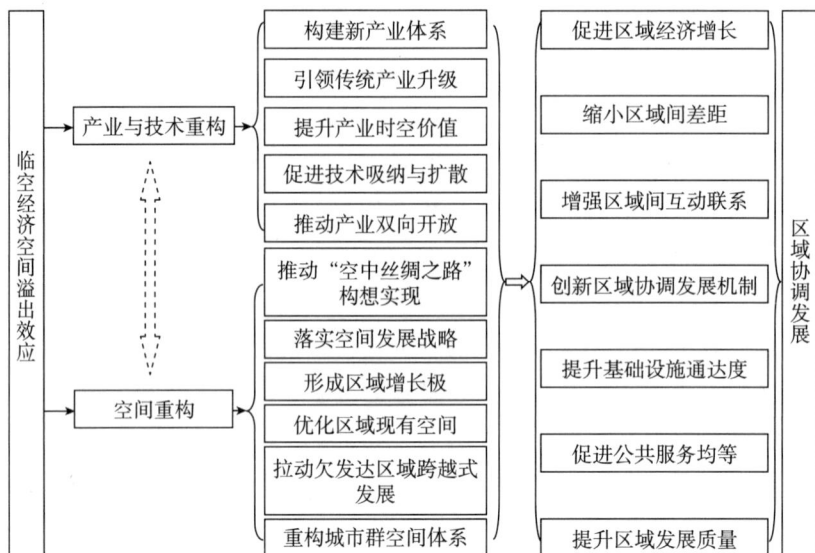

图 6-1　临空经济的重构效应机理

资料来源：笔者绘制。

　　发展临空经济能重构区域产业与技术结构，促进区域协调发展。临空产业具有显著的资本、技术偏好及高附加值特征，发展临空经济、构建临空产业体系，能推动区域产业结构的高阶演进，提升高科技、高附加值产业比重，促进高端服务业特别是生产性服务业发展；临空产业也符合区域产业升级高端性、高成长性、高关联性以及绿色低碳的方向性要求，能以其较强的自我组织能力引领更多产业融入全球产业链，推动区域传统产业优化升级。同时，临空经济的市场速达性能降低产业发展成本、提高要素利用率，满足消费者、生产者时空诉求，提升区域产业时空价值；临空经济还可以促进技术升级与扩散，引导区域低端无效产能所占用的要素资源流向科技含量高、资源消耗低、环境污染少的高端产业，实现存量要素资源的优化重组，并通过技术扩散效应拉动整个区域的技术升级，提升区域的生产效率和全球化对接能力，实现增量要素的高效利用，升级驱动区域发展的动力要素。临空经济还可以为区域间产业融合提供平台，为区域产业深度融入世界产业体系、实现区域双向互动和产业双向转移提供战略性通道，从而促进区域协调发展。

发展临空经济能重构区域空间结构，促进区域协调发展。临空经济具有明显的开放性、国际性特征，发展临空经济、建设临空经济区能够有效引领区域对外开放，为实现"空中丝绸之路"构想提供必要的战略支撑平台。此外，作为一种新的经济形态，临空经济以其极强的资源吸引能力不断重构区域现有空间格局，引导所依附城市的空间蔓延方向，培育形成区域新的经济隆起带和增长极，并能通过航空网络、对外贸易、生产协同等途径将中国城市群与全球其他大型城市群有效相连，提升中国城市群的层级地位、资源支配能力和竞争力水平。尤其是临空经济能够拉动欠发达区域实现跨越式发展，缩小区域间差距，并为中国众多国家空间发展战略的实施提供有效突破口，从而有力地促进中国区域协调发展战略目标的实现。

临空经济产业与技术重构效应、空间重构效应之间存在着相互影响、相互强化的关系。空间重构效应会提升要素配置效率，有利于产业与技术结构升级；同时，产业与技术结构优化升级会推动区域增长极形成及要素扩散溢出，有利于空间结构重构。两者相互作用、相互强化，共同促进中国区域协调发展。本书不对两者间的关系做过多分析，下文主要对临空经济重构效应各种子效应促进中国区域协调发展的作用机制进行系统阐述，并进行实证分析。

第二节 临空经济的产业与技术重构效应

临空经济的产业与技术重构效应是指临空经济能从多个方面优化区域要素禀赋，促进区域产业与技术结构的动态演进，推动区域产业链向更高层次跃升。区域经济发展实际上是区域产业与技术结构高级化的过程，在劳动力、资本等要素投入既定的情况下，区域只有通过产业不断升级、技术持续创新才可能创造出更多、更好的产品和服务，并推动各类具有更高附加值的新产业、新产品的涌现，吸引劳动力和各类要素资源由低附加值的产业向高附加值的产业流动，实现生产要素的优化配置、劳动生产率以及人均收入水平的显著增长。针对中国区域发展现状，如何促进区域产业与技术从低端向中端、高端的演进跃升，是推动区域经济增长、实现区域协调发展迫切需要解决的问题。临空经济能从以下方面推动区域产业与技术重构（见图 6 - 2），影响区域协调发展。

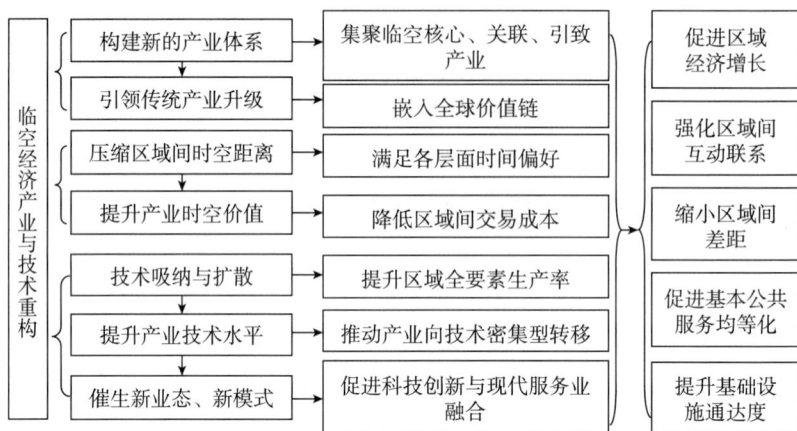

图 6 - 2　临空经济产业与技术重构效应作用机制示意

资料来源：笔者绘制。

一　构建形成新的产业体系

中国众多区域产业发展的突出问题是低技术含量、低附加值、高消耗、高污染、高排放产业的比重偏高，高技术含量、高附加值、绿色低碳、具有国际竞争力产业的比重偏低。推动区域协调发展就需要培育建立基于比较优势的产业竞争优势。临空经济独特产业体系的构建正符合区域产业升级的高端性、高成长性、高关联性、高附加值、高科技含量以及绿色低碳的方向性要求。依据对航空运输和对机场的依附程度，临空产业大致可分为三类：临空核心产业、临空关联产业、临空引致产业。基本构成与相互关系见图 6 - 3。

临空经济因不同发展阶段的驱动要素不同呈现出明显的阶段性，投影在产业上体现为临空产业结构逐步向高端化演进。在临空经济形成期，临空经济的主要活动内容是依托机场设施所产生的航空运输与航空制造活动，因而具有强临空指向性的核心产业和部分关联产业在

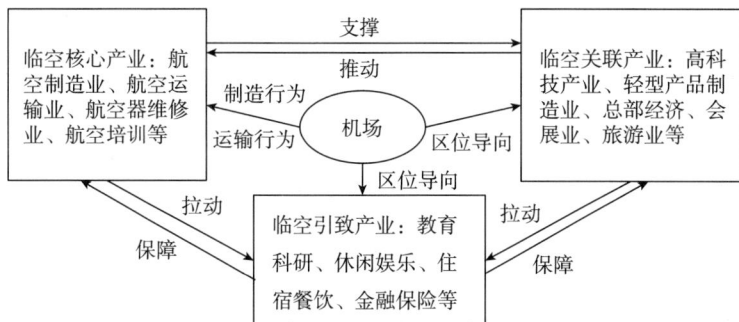

图 6 – 3　临空经济产业构成与相互关系示意

资料来源：曹允春：《临空经济——速度经济时代的增长空间》，经济科学出版社 2009 年版，第 133 页。

机场周边迅速聚集成为临空经济的主导产业。在临空经济成长期，临空经济质量提升推动了临空产业链的拓展与完善，降低产业内部交易成本的需求代替降低运输成本的需求，在此情况下，核心产业和关联产业规模与质量进一步提升，引致产业逐渐进驻临空经济区。在临空经济成熟期，各临空产业链条已基本完善，创新成为临空经济发展的主要驱动力，大量高素质人才资源、技术资源以及设计研发等机构在临空经济区迅速增加，形成更专业的分工体系并汇集了更高层次的社会资源，如金融、教育、科研等现代服务业，临空产业的服务市场也由区域市场拓展为全球市场，实现全球产业链的有机融合。总之，临空经济催生了具备临空指向性强、成长性好、带动力大等特点的临空产业系统的形成，该系统并不是众多产业的偶发、机械聚集，而是在时间上有先有后、功能上相互依赖、发展中相互促进而形成的庞大的自组织系统。随着临空经济的发展，各类临空产业不但在内部逐渐融合，而且产业结构也得以完善并逐步向高阶演进。这正契合了时下中国区域产业升级的需求，能显著地推动区域经济的快速增长。

表 6 – 1 显示了中国目前已经批复设立的十四个国家级临空经济示范区的重点产业发展情况，从表 6 – 1 中可以看出，国家对不同区域临空经济示范区的产业定位虽有一定的差异，但是均属于高时效、高附加值、高技术的高端产业类型。

表 6 - 1　　　　　中国国家级临空经济示范区重点发展产业汇总

示范区名称	重点发展产业
郑州航空港经济综合实验区	航空物流（特色产品物流、航空快递物流、国际中转物流、航空物流配套服务）、高端制造业（航空设备制造及维修、电子信息、生物医药、精密机械、珠宝饰品、高档服装、工艺美术制品、汽车电子、冷鲜食品、鲜切花等）、现代服务业（商贸会展、电子商务、航空金融、服务外包等）
北京大兴国际机场临空经济示范区	航空物流区（航空物流、综合保税、电子商务等产业）、科技创新区（航空工业产品研发、技术创新等产业）、服务保障区（配套建设航空运输相关企业的生产生活服务保障系统，适当发展航空科教、特色金融、商务会展等产业）
重庆临空经济示范区	临空经济示范核心区（航空总部、航空客货运输、航空维修检测与培训、航空展示、航空配餐及航空服务等产业）、临空制造区（智能终端、人工智能、智能汽车、新能源汽车等前沿科技产业）、临空商务区（发展具有临空指向性的高附加值现代服务业、城市生活配套服务业，并为驻场航空公司提供生活基地）、临空物流区（与航空配套的铁路物流、铁空公联运物流）、临空会展区（依托悦来会展城，发展会展及关联产业）、临空保税区（保税加工、保税贸易和保税仓储）
青岛胶东临空经济示范区	空港发展核（航空客货运、航空保税物流、航空维修、航空培训等航空核心产业；特色餐饮、精品购物、综合商贸、空港娱乐等产业，打造国际购物街）、通航产业区（公务机与通航运营、飞机整装交付、通航维修、通航培训等产业）、航空制造产业区（航空机电与零部件、飞机内饰件、航空电子仪器等航空关键制造业，配套发展机场专用设备、航空设备维修、航空特种装备、航空模具加工、航空食品精深加工等航空关联产业；适度发展卫星导航、智能装备、精密机械、3D打印等高端制造业）、临空现代服务区（金融租赁、离岸结算、航运保险、贸易融资等航空金融产业；会展、总部、创意、时尚等产业）、航空特色社区（高端居住、综合商贸、特色餐饮、健康养生等产业）、示范区北区（航空配套、临空制造等航空偏好型产业）、大沽河生态保护带（沿河生态旅游、航空主题文化、时尚运动等产业）

续表

示范区名称	重点发展产业
上海虹桥临空经济示范区	拓展国际航空枢纽服务功能；推动总部及功能平台落户；加快高端临空服务业集聚（航空服务业、"互联网＋生活性服务业"和时尚创意产业；飞机改装设计、二手飞机交易、航材航油交易、航空运营维护、航空维修保障等航空服务业；航材租赁、飞机租赁、航空保险、商业保理、航空基金、跨境结算等航空金融服务业等）；公务机运营服务功能（高端定制航线运营、公务机托管、包机代理和转运、全球旅行支持等公务机运营服务）
广州临空经济示范区	航空维修与制造、商贸会展、航空物流、航空总部、跨境电商、融资租赁等
成都临空经济示范区	临空高端制造产业功能区（保税加工制造、国际商品展示贸易、离岸金融、保税检测维修、保税物流、电子信息、高端智能装备制造、生物产业等）、航空物流与口岸贸易功能区（航空保税物流、跨境电子商务、进境指定口岸服务、航空口岸贸易等）、临空综合服务功能区（基地航空、公务机 FBO、公务机托管、MRO、检测、研发、商务会议、休闲、高端零售、适宜居住、创业孵化、创新研发、生态休闲等）
长沙临空经济示范区	空铁联动发展轴（会议展览、总部经济、创新创意、现代物流、文化传媒等）、空港枢纽组团（航空运营、空港服务、航空物流、飞机维修、综合保税等生产性服务业）、临铁新城组团（商贸会展、文化创意、跨境电商、新型物流等现代产业）、星马创新组团（信息技术、高端装备、精密制造等高新技术产业，影视娱乐、文旅商贸等现代服务业产业，以隆平高科为龙头的现代农业科技）
贵阳临空经济示范区	空港运营服务核（航空运输、航空总部、航空培训、飞机维修、燃油输配等航空服务业）、临空制造及高新技术板块（电子信息产品研发制造、现代装备制造等高新技术产业）、临空物流板块（航空快递、保税物流、电商物流等航空物流产业）、临空总部及综合服务板块（总部经济、商务商贸、高端商业、咨询中介等临空商务服务业，旅游集散、文化休闲、会议度假等特色优势产业）
杭州临空经济示范区	航空港区（航空客运、货运及机场发展所需配套服务功能）、临空现代服务业区（航空快递、保税仓储、鲜活冷链等临空物流产业和跨境电商产业，临空总部、临空服务、跨境电商等产业，商业综合体、写字楼、专业会展场馆等服务设施）、临空先进制造区（航空设备维修、航空高端装备等智能制造产业）、城市功能区（与临空经济发展相关的信息服务、金融服务、商务服务、科技研发、教育培训、中介服务等生产性服务功能）

续表

示范区名称	重点发展产业
宁波临空经济示范区	构建以临空经济指向性产业为核心，以航空贸易物流、临空智能制造为主导的现代临空产业体系
西安临空经济示范区	航空物流、保税物流、电子商务、航空维修制造、会展商贸、文化创意等产业
南京临空经济示范区	航空装备制造、航空物流等关联产业及高端商贸、金融服务、科技信息等现代服务业
首都机场临空经济示范区	引导国际航空资源和高端服务功能集聚，加快构建现代化经济体系

资料来源：笔者综合整理。

表6-2显示了全球主要枢纽机场周边区域现阶段已形成的产业类型情况，可以看出高科技产业、现代服务业、航空产业、科研机构等产业是其主要产业形态。所以，发展临空经济，能有效地推动区域新产业体系构建和高端产业集聚发展，在促进区域产业结构转型升级中发挥巨大作用。

二 引领传统产业升级

临空经济催生了独特的产业体系，其临空核心产业、关联产业、引致产业链条几乎惠及所有产业，能使现代工业与现代服务业有机结合，形成推进型产业"力场"，引领区域产业结构走向高端化，起到"产业升级助推器"作用。临空经济产业与技术重构效应是全方位、多层次的，其关联作用强，重构效应大，产业链可惠及传统农业、服装制造、信息通信、保税通关等众多产业形成较强溢出（如推动航空食品、鲜切花、高端服装等产业发展），显著引领和促进区域传统产业的升级和现代产业体系的形成。同时，通过利用临空产业高技术偏好性来改造发展传统产业部门并构建新兴产业部门，可以优化整合各类要素资源并升级整个产业链条，提升各产业的生产效率并推动其突破自身发展"瓶颈"，对区域经济发展带来突破性的带动作用。"诚如世界上第一个临空经济区爱尔兰香农地区原本是工业基础薄弱的落

表6-2　全球枢纽机场周边临空产业类型一览

机场名称/IATA代码/城市	产业类型							现代服务业							
	高科技产业	航空产业	总部经济	科研机构	生物医药	汽车工业	传统制造业	金融	中介	物流	会展	住宿餐饮娱乐	商贸	信息服务	印刷传媒
瑞士苏黎世机场（ZRH/苏黎世）	▲							▲		▲		▲			
韩国仁川机场（ECN/首尔）		▲	▲					▲	▲	▲		▲	▲		
美国达拉斯—奥斯堡机场（DFW/达拉斯—奥斯堡）					▲		▲	▲		▲			▲		
爱尔兰香农机场（SNN/香农）	▲	▲		▲	▲		▲		▲	▲				▲	▲
法国夏尔·戴高乐机场（CDG/巴黎）	▲		▲	▲						▲			▲		
奥地利维也纳机场（VIE/维也纳）			▲							▲					
日本成田机场（NRT/东京）		▲		▲						▲	▲				
英国伯明翰机场（BHX/伯明翰）				▲		▲					▲				
德国不莱梅机场（BRE/不莱梅）		▲		▲	▲	▲				▲				▲	
丹麦哥本哈根机场（CPH/哥本哈根）	▲		▲	▲						▲			▲	▲	
德国慕尼黑机场（MUC/慕尼黑）										▲	▲	▲			
日本中部机场（NGO/名古屋）		▲	▲	▲	▲		▲								
中国北京首都机场（PEK/北京）	▲	▲	▲		▲					▲	▲		▲	▲	▲
中国上海虹桥机场（SHA/上海）	▲	▲								▲	▲		▲	▲	

资料来源：笔者综合整理。

后区域，后来地方政府依托香农机场建设自由贸易区，在临空产业的强势带动下整个香农地区逐步经历了农业经济—加工生产型经济—服务产业型经济—知识型经济的转变，淘汰掉原有的纺织业等劳动密集型产业，成功实现了整个地区产业的升级"（高友才、汤凯，2017）。而且，临空经济能支撑区域传统产业所需生产要素的高效流动与全球产业链融入，作为区域对外开放高地的临空经济区，其全球易达性也能为区域快速进行远距离经济活动提供有效平台，促进生产要素与产品有效流动和配置，提升经济贸易活跃度和全球化融合程度。

发展临空经济除了能通过构建临空产业体系来引领区域传统产业升级外，还可以通过改善区域交通等基础设施结构、营商环境等制度结构，为区域传统产业升级提供有力支撑，持续性推动产业与技术重构效应的发挥，促进区域协调发展。区域现代化社会大生产显然离不开水电、交通、通信、排污等基础设施支撑，尤其是随着区域传统产业优化升级、资本与技术密集度的提高，规模经济效应会逐渐强化、产出规模不断增加、局部市场日趋饱和，区域生产要想融入更大市场，更需要完善的交通基础设施作为保障。同时，区域传统产业优化升级、资本与技术密集度的提高也带来了投资规模与投资风险的增加，需要构建健全的金融系统来动员资本并分散投资风险；伴随现代化生产与交易范围的扩张，交易主体间的关系也不断由熟人社会向陌生人社会扩大，需要对相应的法律体系进行一定的调整和完善。只有不断完善这些软、硬件基础设施，才能够不断降低区域运营费用和交易风险，促使区域顺利实现技术创新和传统产业的升级，推动区域协调发展。而发展临空经济能推动区域交通运输结构的优化，包括交通运输工具结构、网络结构、枢纽等级结构等，改善区域航空货运仓储、物流转运等设施发展水平，推动飞机、汽车、火车、轮船、地铁等多种现代运输工具的综合利用和航空、公路、铁路、水运等运输方式的高效衔接及网络的拓展优化，不但会直接提升区域基础设施通达度和公共服务均等化水平，而且能为区域传统产业优化升级提供多元化的交通支撑，促进区域生产力的发展。同时，发展临空经济能推动区域立体交通体系和多式联运系统的构建，使区域实现陆、海、空运输网络的协同和区域交通运输效率的提升，改善区域交通枢纽地位、强化区位优势，从而有效压缩区域间传统产业升级所需要素流动的时空距离，降低交易成本，推动区域互动发展。尤其是临空经济开放性、国际化特征能促进区域营商环境、法律法规、金融等软环境的改进，提升要素的使用效率，增强对其他区域要素资源、各类关联性产业的吸引力，为传统产业升级提供更优越的发展环境，推动区域原有动能加快升级改造，促进区域经济快速增长。

三　提升产业时空价值

区域产业价值的实现必须以满足各个层面需求为导向。而从时下中国来看，无论是消费者还是生产者对时间的敏感性越来越强是需求变化的重要趋势之一（荣朝和，2011），这需要寻求一个合适的平台为区域产业发展满足时间敏感性需求提供有效支撑，提升区域供给体系与消费者、生产者时间需求变化的匹配度。临空经济具有明显的时间偏好特征，能有效缩减各产业发展的时空成本、提升要素使用效率和时空价值，满足各层面对时间日益加深的敏感性需求，从而实现区域供给体系与发展质量的优化。

从消费者角度讲，消费主体虽然无法积累、存储时间，但可以通过时间节约提升时间价值。根据消费理论，消费行为受时间和货币收入双重约束，消费者收入水平越高越注重时间价值，不仅希望更快捷地得到产品或服务消费享受，而且也愿意为节约时间承担更高的货币成本。中国国家邮政局连续六年的监测发现，消费者在选择快递品牌时首选因素是时效，其次才是价格。另外，中国消费结构正从物质型消费向服务型消费转变（迟福林，2015），追逐国内外旅游、消费的快捷性、便利性、产品的新鲜度等已成为时尚。这要求区域发展必须快速适应。发展临空经济，可推动机场等基础设施建设形成以航空运输为主导的快捷的多式联运体系，既助推区域供给侧改革完成"去产能""补短板"任务，又可压缩时间距离，催生以时间节约为导向的产业链和价值链形成，满足消费者的时间价值需求。

从生产者角度讲，在最短时间内以最低成本创造出最大价值是成功的最新模式，反映在生产经营活动中即是"速度经济"① 取代"规模经济"，"国际竞争历来就是时间和速度的竞争，谁动作快，谁就能抢占先机，掌控制高点和主动权；谁动作慢，谁就会丢失机会，被别人甩在后边"②。因为：第一，时间的节约意味着成本的降低和生产效率的提高。"流通时间越等于零或近于零，资本的职能就越大，资本的生产效率就越高，它的自行增值就越大"③。中国企业正面临成本不断上涨、盈利空间逐渐压缩、核心价值链日益复杂的局面，降低产品的物流、交易时间是提升企业竞争力、创造"第三、第四利润源泉"的必然选择。第二，全球技术进步提速，产品生命周期缩短，被复制、仿造的速度加快，使时间已成为企业技术创新效益获取程度的重要决定因素，时间延后或投放市场缓慢都可能带来难以收回投资成本的风险。第三，有众多产业和产品天然就对时间高度敏感，如时鲜产品、商务会展、医药产业等，如能以最快速度满足顾客需求，就能抢占商机获得时间效益。发展临空经济，依托航空枢纽和多式联运体系优化区域供应链，既可提升区域产业对全球市场的速达性，扩大市场规模，节约运输成本和时间成本，助推区域供给侧改革完成"降成本"的任务；又可为区域发展所需各类生产要素的快速集聚与扩散提供实现平台和网络渠道，矫正要素配置的时间扭曲，提高资源配置和利用效率。

综上所述，临空经济的市场速达性压缩了生产、交换、消费时间，减弱了生产、消费过程中因时间价值损耗所产生的"延时效应"④，驱动生产要素、产品等远距离、跨区域流动和全球配置，既能提升消费者的时间价值，又能强化生产者对市场变化的响应能力，满足供需双方时间敏感性要求，从而推动区域降低发展成本、提高要素利用率、获取技术创新效益、抢占时间效益、提升区域产业价值和发展质量等目标的实现。

---

① "速度经济"概念由美国企业史学家小艾尔弗雷德·钱德勒提出，他认为，"现代化大生产、现代化大分配与现代化的运输和通信一样，其经济性主要来自速度，而非规模"。

② 2012年12月9日习近平主席在广州主持召开经济工作座谈会时的讲话。

③ ［德］马克思：《资本论》（第2卷）人民出版社1975年版，第142页。

④ 延时效应指行为主体投入生产或消费活动的时间机会成本所产生的效用价值流失，时间机会成本损耗越高延时效应越明显。

四　促进技术吸纳与扩散

技术创新在区域产业结构升级与协调发展中发挥着重要的作用。一般来说，区域技术创新速度越快，区域产业结构就越高级，区域竞争力也就越强。临空经济具有明显的技术偏好，能通过技术的升级、吸纳、转移、扩散推动区域产业集约化进程和高阶化演进，并驱动区域各类生产要素不断向高效率部门流动催生区域发展新业态、新模式，推动区域高效率、高质量供给体系构建，实现区域发展方式向依靠技术创新的方向转变。

首先，临空经济推动区域产业向技术密集型、知识密集型产业转变。临空经济所偏好的是战略性新兴产业，是技术先导性产业和高端产品，只有这些产业和产品才具有较高的航空运费承担能力。而由于产业间存在着关联效应以及技术梯度转移规律，因此，发展临空经济并强化其与腹地区域的分工协作，能有效地推动临空产业从机场周边区域向更广阔的空间延伸，引领整个区域产业从劳动密集型、资本密集型向技术密集型转变。"诚如达拉斯沃思堡机场周边的拉斯科琳娜（Las Colinas）区域聚集了花旗银行、黑莓、微软、西门子、惠普、日本电器、雅培实验室等近两千家高科技公司，有效地推动了该区域产业向技术密集型提升"。（高友才、汤凯，2017）

其次，临空经济促进全球技术扩散与吸纳。临空经济通过快捷的航空运输体系，可迅速实现生产要素与产品的空间流动，推进生产要素流动与资源配置的全球调整，促进先进技术的全球扩散与吸纳。如"郑州航空港经济综合实验区通过大力发展临空经济，建立了从手机研发、整机制造、配件生产、软件开发与产品设计、手机销售于一体的全产业链，引进富士康、酷派、天宇、创维等19家智能手机整机或配套企业，迅速改变了当地电子信息产业规模小、企业少的历史，2016年智能手机年产量1.26亿部居全球总量的1/7，郑州航空港经济综合实验区也成为全世界智能终端研发制造的主要基地"[1]。

---

[1] 聂春洁：《智能终端："郑州制造"的世界级名片》，《郑州日报》2017年6月14日第1版。

最后，临空经济促进区域科技创新与现代服务业融合。现代服务业与科技创新的有效融合已成为目前推动区域协调发展的重要动力，也是区域服务业发展的前进方向。依托航空运输形成的有利条件，临空经济吸引大量高科技产业和高端服务业在机场周边聚集，从而为科技创新与现代服务业的融合提供了有效平台，不断催生出新业态并引领产业演进趋势，推动区域发展方式的转变，为区域协调发展提供新动能。

五 为产业双向开放提供战略新通道

中国40多年的改革开放进程是不断从最初的侧重于吸引外资和劳动密集型产业的单项开放向"陆海内外联动、东西双向开放的全面开放新格局"的转换升级过程。作为一种更高层次、更广阔、更全面的开放境界，"双向开放"要求各区域必须努力推动区域产业的转型升级，培育壮大新兴产业，拓展多元化的双向开放新通道。临空经济本质是开放型、国际化经济，是一种新的经济形态和产业发展模式，发展临空经济能够有效地推动区域双向互动、产业双向转移，为区域双向开放提供战略新通道。

临空经济为区域间产业融合提供平台，有利于实现区域间的双向开放。区域间产业双向转移与开放合作是通过区域间高效连通实现的，推动区域间各种生产要素自由流动和优化配置是区域间产业融合的关键。临空经济开放性特征、国际化与高端化的产业诉求及由此所产生的强大冲击力能有效突破区域间限制，所构建形成的以航空运输为导向的立体化交通体系也能为区域间生产要素自由流动与高效配置提供方便快捷的通道，从而有效地强化区域间产业互动联系，促进区域开放型产业体系的构建以及区域产业对内对外的双向深度融合。目前，中国各区域已逐渐认识到临空经济在区域产业双向开放中的作用，临空经济区也正成为区域间产业合作的高精尖创新平台和重要的功能承载区，《关于临空经济示范区建设发展的指导意见》中就明确指出要把临空经济示范区建设成"现代产业基地……和开放合作平台"，要"发挥交通、产业和开放优势，强化产业集聚和综合服务功能，延伸面向周边区域的产业链和服务链，实现更大范围、更广领域、更高层次的资源配置，促进合作共赢"。

临空经济为区域产业深度融入世界产业体系提供战略性通道。在全球经济一体化以及中国经济进入新常态的背景下，区域产业深度融入世界产业体系必须要基于区域区位优势，依托航空、铁路等现代化综合交通体系，构建面向世界的要素资源流动和产业梯度转移新通道。临空经济区是一种战略性通道的高级形态，具有现代化交通优势、先行先试的政策优势、国际化产业集聚优势、良好的营商环境优势，能有效吸引国内外高端产业的入驻，推动区域与世界其他经济体在高端产业、技术和人才等方面进行高层次双向交流合作，提升区域对战略性资源和产业的配置能力，促进区域产业不断向世界产业价值链高端攀升。可以预见，随着中国供给侧结构性改革深入推进和全面开放新格局的不断形成，建设临空经济区将成为推动中国各区域与世界连通的重要举措，成为强化同全球其他经济体合作的重要平台，为区域迈向全球价值链高端提供战略性通道，在推动中国各区域产业双向开放、促进区域协调发展中发挥更加积极的作用。

第三节　临空经济的空间重构效应

临空经济的空间重构效应是指临空经济能够改变区域物质环境、土地利用、人口与经济活动分布、交通组织、经济文化价值等诸多方面结构，使各区域功能分布、空间组合关系和作用模式呈现新的形态。空间重构是区域空间承载内容位置与组织方式变换的过程，能对区域协调发展产生重要影响（李晓，2016）。"十三五"规划、党的十九大报告等相关文件也都明确提出要基于区域发展总体战略，优化经济发展空间格局，促进区域协调发展。发展临空经济推动"空中丝绸之路"构想与多个国家区域发展空间战略的实现，促进区域发展极形成，并能优化中国城镇体系，拉动特殊区域跨越式发展，从多条路径重构中国空间格局，影响区域协调发展。

一　推动"空中丝绸之路"构想实现

2017 年 6 月 14 日习近平主席在会见卢森堡首相格扎维埃·贝泰

尔时提出了"空中丝绸之路"构想，并明确指出"支持建设郑州—卢森堡'空中丝绸之路'"。这一构想是在全球经济政治格局发生深刻变化、世界各国发展面临新挑战的背景下顺应区域和世界合作潮流所提出的重大倡议，也是中国提出的主动影响国际空间格局的重大举措，旨在推动各类要素资源的自由快速流动和高效配置，提升中国对外开放水平，实现不同市场的深度融合，从全球格局优化中国区域空间结构，已成为中国区域协调发展的重要支撑点。而要实现这一构想，需大力发展临空经济。

首先，大力发展临空经济，能够推动民航运输等现代化运输体系构建，为"空中丝绸之路"构想实施提供网络支撑。"空中丝绸之路"沿线涉及国家众多，空间范围极其广泛。在如此大的空间范围内推动区域商贸往来与人员交流，必须要有发达的航线网络做支撑。所以，只有大力发展临空经济，驱动国内各区域构建更完善的航空运输网络，使区域形成多维空中走廊，以网络化、全方位的大连通强化国内各区域同全球其他国家和区域间的航空联系，才能有效地提升区域的对外开放水平和市场规模，改善区域空间结构，有效协调国内区域与国外其他区域间合作关系，促进区域协调发展。

其次，大力发展临空经济，能够加快培育航空运输、高新技术、绿色经济等新的合作增长点，为"空中丝绸之路"提供丰富的产业、产品支撑，并有效地推动区域间产业及产品结构、生产结构的改善，促进国内各区域与"空中丝绸之路"沿线区域基于各自比较优势生产。"空中丝绸之路"构想的重要目标是推动沿线区域经济社会共同发展，并形成相互促进、相互融合的利益共同体。但是，如果没有丰富的产业、产品做支撑，那么"空中丝绸之路"构想将成为"无水之源"而难以实现。发展临空经济，能促进航空制造、航空物流、电子智能设备、特殊材料、生物医药等高科技含量、高附加值、高时效性产业的发展，吸引高新技术企业和高端生产要素大规模向机场附近聚集，为国内各区域与"空中丝绸之路"沿线区域间商贸往来提供必要的产业、产品支撑，使各区域间互通有无，实现共同发展。

最后，大力发展临空经济，能够更好更快地实现"政策沟通、设施联通、贸易畅通、资金融通、民心相通"。因为临空经济所承载的客流、资金流、贸易流、信息流等具有天然的开放性、国际性特征，是推动人文合作、经贸往来、技术扩散的重要路径，可有力地推动区域经济一体化进程和全球资源优化配置。

二 驱动中国区域发展空间战略落实

随着中国区域发展空间战略实施进程的加快，发展临空经济已经成为必然选择和重要抓手。各区域实践已表明，任何区域的良性发展都需要高效利用全球资源、全球市场，谁能以最快的速度在全球范围内配置优质资源，谁就能抢占发展先机并获得源源不断的发展动力。相对于一个区域的总面积而言，临空经济区虽然空间较小，但是却具有对全球要素资源极强的空间吸引能力，临空经济区往往是整个区域经济空间中优质资源最愿意投资的区域之一，全世界拥有大型机场的区域也几乎全部提出了要建设"航空大都市"（曹允春，2017）。当前中国临空经济已进入快速发展、加速布局的阶段，作为一种高端经济形态，临空经济通过吸引全球要素资源带动区域高新技术、高端商务、旅游休闲等产业发展的作用正不断显现，临空经济区也逐渐从原先的区域综合交通中心逐渐向区域经贸活动中心、综合服务中心、对外开放中心、改革创新实验中心、产城融合示范中心转变，在服务中国区域发展空间战略中的地位和功能也在不断上升。国家层面关于区域发展的一系列重大空间战略部署中都高度重视临空经济的作用，比如《国务院关于依托黄金水道推动长江经济带发展的指导意见》提出，要"拓展航空运输网络，依托空港资源，发展临空经济"；《推动共建丝绸之路经济带和 21 世纪海上丝绸之路的愿景与行动》提出，要"强化上海、广州等国际枢纽机场功能，加快提升航空基础设施水平，支持郑州、西安等内陆城市建设航空港"；《京津冀协同发展规划纲要》提出，要"打造国际一流的航空枢纽，加快北京新机场建设，开展北京新机场临空经济合作区改革试点"。

三 促进区域新经济增长极形成

发展临空经济能通过吸引其他区域要素资源，培育形成新的区域经济隆起带。优越的交通运输基础设施、完善的交通运输网络以及良好的营商环境与制度安排是区域吸引其他发达区域产业梯度转移、促使各种生产要素先行注入的必备条件，而发展临空经济能推动区域积极完善基础设施、构建良好的营商环境、提升劳动力素质和科学技术水平、营造宽松的创新氛围，强化区域在全球市场吸引外部投资、创新资源和高端要素的能力，驱动高端生产要素、产业在机场周边、空港交通走廊沿线区域集聚，推动临空经济区由单一交通功能向城市功能、由传统意义上的客货运输场所向全球生产和商业活动的重要节点转变，使其成为具有完整的城市服务功能与自我组织能力、能产生极大辐射带动力的多功能经济区，起到点轴发展系统中关键节点的作用。

发展临空经济能直接激发区域新动能促进经济增长极的形成。临空经济区作为所在区域工人就业、商业零售、娱乐休闲、商务会展的重要功能区，可从国际交往、政府税收、旅游观光、投资消费等多个方面直接拉动区域经济增长，形成拉动区域发展的大规模高端产业集聚区。实践中，临空经济区也已因其高成长性成为区域经济增长"高地"，如首都机场等中国八大机场所在区级行政区 GDP 增长率比所在城市 GDP 增长率平均高出 8%（曹允春，2009）；广州新白云机场吸引 FedEx 建设亚太转运中心、天津滨海机场引入空客 A320 总装线、郑州新郑机场吸引富士康在此建设生产基地后，在其强势拉动下临空经济区被成片规划发展，逐渐形成融合各种城市功能的"航空大都市"，对周边形成强大辐射力，成为区域新的增长引擎。

四 优化区域现有空间

临空经济能科学引导区域内现有城市的蔓延方向，优化区域现有空间结构。"临空经济区一般位于距离城市 20 千米以外的郊区，土地开发利用空间弹性大，同时，临空经济的发展过程是不断扩大影响范围、向腹地空间扩散、与城市空间相互融合渗透的过程。因此，发展临空经济、建设临空经济区可有效引导现有城市蔓延方向，拓展城市空间范围，并利用其完善的现代化综合交通网络、强大的聚集能力来疏解现有城市非核心功能。尤其是在当前大城市病较为普遍的情况下，通过建设临空经济区和航空大都市来分流区域中心城市人口，对破解人口、就业、资源、交通、环境难题，建立绿色、协调的宜居宜业环境有重要意义"（高友才、汤凯，2017）。随着郑州航空港经济综合实验区的发展，郑州城市空间扩张改变了传统的以老城区或 CBD 为中心逐步向郊区扩散的模式，出现了"蛙跳式"（leapfrog）的发展，在远离市区的机场周边形成了新的城市发展中心，使城市空间朝着临空经济区的方向延伸。

临空经济能使一个区域更好地满足各经济主体的便捷交通需求，可有效提升区域地位和形象。从区域发展角度讲，交通基础设施对区域经济发展具有重要影响，尤其是速度经济时代，完善的交通设施能有效提升区域对时间敏感性经济主体的吸引力。发展临空经济，构建以航空为主导的综合交通运输体系和高层次产业体系，会显著提高区域交通枢纽地位和开放程度，满足各类主体时间敏感性需要并促进各类生产要素的加速流动和频繁交汇，使该区域拥有更多吸引、支配各类资源的能力，推动市场规模进一步扩大，从而优化区域空间格局、增强区域竞争力。郑州航空港经济综合实验区正是通过大力发展临空经济构建了联通世界的航空网络，显著提升了郑州的交通枢纽地位和国际形象，有力地支撑了郑州国家中心城市建设，并使郑州在"一带一路"建设中具备了独特的空中优势，成为"空中丝绸之路"的重要节点。

五 拉动欠发达区域跨越式发展

区域产业与技术升级是一个持续性的动态过程，欠发达区域充分发挥后发优势促进产业与技术升级，是实现快速发展、消除贫困、缩小与发达区域差距的必由之路。而甄别出具有良好增长前景和潜在竞争力的产业是欠发达区域产业政策取得成功的先决条件。临空产业具有投入成本小、见效快、关联性强、带动性大的特点，其产业链几乎可惠及所有产业，从而能有效地拉动欠发达区域实现跨越式发展。例如，民航业的投入产出比一般为 1:8，居各交通方式之首，受地理限制较多地区的投入产出比更高，如西藏地区为 1:11；修建三千米的高铁、高速公路、机场跑道其投入都是 3 亿—5 亿元人民币，但三千米高铁或高速公路仅能连接下一个城镇，而三千米跑道能将一个地区和世界连接在一起（李家祥，2011）。

临空经济为中国一些欠发达区域实现经济赶超带来了难得的机遇，如郑州航空港经济综合实验区获批设立后取得快速发展，"辐射周边、活跃全局所产生的价值远超过全省 GDP 总量"①，成为拉动河南甚至整个中部区域实现跨越式发展的新突破口。世界上也已有许多欠发达区域借助临空经济实现了"弯道超车"，如美国孟菲斯原仅是盛产棉花的传统农业城市，FedEx 入驻后临空经济迅速发展，孟菲斯也由一个名不见经传的小城变成了世界物流中心；韩国仁川松岛新城以仁川机场为核心，从零开始建成了世界级城市。这说明，"有了机场，在荒僻之处建造一座世界级城市极有可能——好比在极不可能的地方另建一座洛杉矶或达拉斯"②，从而有力地带动落后区域实现跨越式发展，提升落后区域经济发展的质量和效率并有效缩小同发达区域的发展差距。

六 重构城市群空间体系

新时代下中国各区域城市群正日益成为拓展中国区域发展新空间的重要载体，是推进中国新型城镇化建设、参与国际竞争与分工合作的全新地域单元，也是促进区域经济持续性增长和协调发展的重要平台。党的十九大报告在"实施区域协调发展战略"中就明确提出要"以城市群为主体构建大中小城市和小城镇协调发展的城镇格局"。在一定程度上，"区域协调发展问题实际上就是城市群的健康发展问题"③。当前，"城市群空间体系重构成为世界城市发展的基本态势"（连玉明，2017），而作为外向型经济典型代表的临空经济凭借联通全球的航空客货运输网络、完善的综合交通体系、高端产业与市场优势，与城市群发展的关系日趋紧密并对其空间体系重构产生重大影响。

---

① 2015 年 9 月 24 日李克强总理视察郑州航空港经济综合实验区时的讲话。

② 约翰·卡萨达、格雷格·林赛著：《航空大都市：我们未来的生活方式》，曹允春、沈丹阳译，河南科学技术出版社 2013 年版，第 13 页。

③ 2017 年 12 月 23 日中央财经领导小组办公室副主任杨伟民在 2017—2018 年中国经济年会上的讲话。

　　临空经济区是连接城市群和世界的重要桥梁，通过引领城市群的对外开放，能够有效倒逼城市群内部空间的优化。首先，优化城市群中心城市空间结构。大型临空经济区一般位于城市群中心城市，其所聚集的高端要素对所在区域中心城市功能有较高要求，通过发展临空经济，能够有效地促进中心城市优化空间布局，提升政府运行效率，吸引优质教育和医疗卫生资源、高端商业零售业、财务咨询业、现代金融业等向临空经济区及中心城市周边汇集，提升中心城市首位度，推动中心城市产业功能、公共服务功能、行政功能的优化。其次，优化中心城市与周边城市的空间结构。发展临空经济需要完善的交通体系及广阔的经济腹地做支撑，从而推动城市群强化中心城市与周边城市的交通联通、规划一体、产业互补、功能配合。最后，优化城市群内部生产要素的空间结构。建设临空经济区特别是跨区域建设，既可以为城市群内部生产要素自由流动提供快捷的交通支撑，又能以其典型的外部性、开放性特征驱动城市群内各城市突破行政与地域的限制，强化合作交流，提升各种生产要素的空间配置效率。

　　临空经济能提升城市群在更大空间中的层级地位。产业结构、对外开放、基础设施、科技创新、营商环境等因素直接影响着一个城市群的发展水平和竞争能力。而临空经济区是城市群对外开放的重要窗口，也是城市群面向世界开展产业、人才、资本等要素交流的重要功能区，通过发展临空经济，不但可以推动城市群构建完善的综合交通体系和高端产业体系，实现其产业结构的升级；而且为城市群扩大了对外贸易空间、提供了参与国际竞争合作的通道、吸引了全球优质资源，从而有效地推动城市群外向型经济发展，并从整体上强化城市群对国际资源的吸引和配置能力，提升城市群在更大空间中的层级地位。

　　临空经济区建设对推动中国新城新区建设具有全新的示范效用。中国已进入以城市群为主导的区域协调发展新阶段，在高速化的交通网与泛在性的互联网支撑下，城市群正突破传统"单极化"空间形态，逐步向多中心、网络化空间形态转变。多中心、网络化空间形态是区域协调发展的典型特征，而为实现这种良性空间形态，城市群内核心城市需不断疏解其功能，提高城市群内其他一些区位条件优越、基础较好的城市能级，使其逐渐成长为城市群次中心城市，实现与核心城市的分工协作、优势互补。近些年来，建设各类特殊经济区已成为众多城市提升能级的重要模式，截至 2015 年全国已设立了 582 个国家级产业园区，有效地促进了亚区域空间形态的优化。但当前新城新区建设仍存在不少问题，突出反映在产城分离、体制机制僵化等多个方面。而各地大多把临空经济区定位为区域改革开放先行区、体制机制创新区等。根据这种定位，临空经济区建设是一种全新的新城新区建设模式，有可能催生出更完善的协调发展新机制，为各地新城新区建设提供良好的示范，推动多中心、网络化空间形态塑造，在更高层次上促进亚区域空间形态的优化，实现区域的协调发展。

当前，中国临空经济在城市群发展空间体系重构中的作用不断强化，中国已经批复设立的十四个国家级临空经济示范区与中国重要的城市群有高度的重叠性，如郑州、北京、青岛、重庆、成都、广州、上海、杭州、宁波、南京、长沙、贵阳、西安等临空经济示范区分别位于中原、京津冀、山东半岛、成渝、珠江三角洲、长江三角洲、长江中游、黔中、关中平原等城市群的核心区中。此外，不少城市群规划也纷纷强化了对临空经济的重视，如国家级城市群规划中，《长江中游城市群发展规划》（发改地区〔2015〕738 号）提出，要"加快武汉、长沙、南昌等临空经济区建设"；《哈长城市群发展规划》（发改地区〔2016〕499 号）提出，要"规划建设哈尔滨临空经济示范区"；《中原城市群发展规划》（发改地区〔2016〕2817 号）提出，要"提升航空港对外开放门户功能"，"支持具备条件的机场因地制宜发展临空经济"；《长江三角洲城市群发展规划》（发改规划〔2016〕1176 号）提出，要"推进以枢纽机场为核心的临空经济区发展"；《关中平原城市群发展规划》（发改规划〔2018〕220 号）提出，要"推动西安陆港、空港联动发展……建设临空经济示范区"。可见，临空经济区"已经成为城市群区域接入世界的重要节点，成为实现区域与全球化同步的不可或缺的重要支撑"（连玉明，2017），对中国各区域城镇体系空间结构产生着越来越重要的影响。

第四节　临空经济重构效应实证分析

以上对临空经济促进区域协调发展的重构效应做了理论分析，并分别系统研究了临空经济产业与技术重构效应、空间重构效应两种子效应对区域协调发展的作用机制。本节将运用超制图学技术验证临空经济空间重构效应，运用格兰杰因果检验、面板数据回归模型验证临空经济产业重构效应。

一　临空经济对中国区域经济空间格局的影响

"时间与空间是社会经济活动存在的基本形式，一个社会的经济效率和富裕程度，很大程度上取决于其社会成员对时间和空间的利用程度，也取决于其经济时空结构的构建水平"（荣朝和，2011）。而发展临空经济能把分布在全球各地的经济活动织成一个整体，压缩了时间距离，提升人类逾越空间距离的能力，推动社会对距离的理解从原先的空间距离、地理距离向交通距离、时间距离转变，从而重构区域空间结构并有效提升时空的利用效率。鉴于此，如若能够在空间地图上融入临空经济发展因素，把不同区域间的空间距离科学地转化成时间距离并据此绘制基于时间距离的新时空地图，这对于研究临空经济在中国区域协调发展中的空间重构效应就显得尤其重要。为更形象地呈现临空经济对中国区域经济空间格局及其空间联系的影响，可以基于超制图学（Metacart ography）的基本思想①，使用 Arcgis 10.2 软件中地图投影空间变化法，以航空运输时间距离重新界定区域间的空间距离，经过压缩、拉升绘制以北京为参照点、以航空运输衡量的时间距离地图，以此检验临空经济对中国区域经济空间格局带来的改变。本部分只系统说明时空地图绘制与解读思路。

---

① 超制图学由瑞典地理学家哈格斯特兰（Hagerstrand，1953）首先提出，20 世纪 60 年代邦奇（Bunge，1962）等学者对超制图学理论进行了系统总结，地理学大师托布勒（Tobler，2004）丰富完善了这一思想，并提出交通运输工具具有通过复杂方式改变距离的效果，所以可以利用地图投影空间变换的方式把各种行为地理及其经济模型的几何意义绘制于平面地图上，托布勒还详细介绍了这种空间变换的理论依据以及数学方法。

（一）基于航空联系的时间距离空间变换

时间距离地图绘制的基本思想是用区域间的最短时间距离来替代空间距离，并在空间地图上对其进行伸缩变换以绘制基于时间距离测度的时空地图。所以时间距离的空间变换是其中的关键，要将时间距离变换为以千米为单位的空间距离，换算公式为：

$$DT_{bi} = DW_{min} \cdot T_i/T_0 \quad (i = 1, 2, 3, \cdots) \qquad (6-1)$$

为充分体现临空经济对中国区域空间结构的影响，在式（6-1）中：DT_{bi} 表示北京首都机场到其他城市机场时间距离的空间换算值，DW_{min} 表示北京首都机场到其他城市机场的最短空间距离，即 $DW_{min} = min\{DW_1, DW_2, \cdots, DW_n\}$，在本书中 DW_{min} 是北京首都机场到与其空间上最邻近的天津滨海机场间的空间距离，T_i 表示北京首都机场到其他城市机场的最短时间距离（根据中国民航运行情况，全国省会以上城市除天津、石家庄外，其余均与北京通航，故北京首都机场与其他通航城市机场间的最短时间距离均为通过航空运输所需的时间距离），T_0 表示 DW_{min} 的最短时间距离，本书中即为在各种运输方式下北京首都机场到天津滨海机场的最短时间（据测算为两地间经公路运输需要的时间）。T_i、DW_{min} 和 T_0 数据可分别从"中国民用航空局国内航班查询信息"数据库以及"百度地图"数据库获取。

（二）基于航空联系的时间距离地图绘制

利用国家基础地理信息中心（NGCC）发布的中国地级及以上城市点、面状栅格地图，绘制以首都北京为空间参照不动点的时间距离地图：将北京坐标设定为 (x_0, y_0)，然后以北京为不动点分别作与其他空港城市 i 的连接线得到其他空港城市的地理坐标为 (x_i, y_i)，设向量 $B_{bi} = (x_i - x_0, y_i - y_0)$，则有：

$$f_{bi} = \left(\frac{x_i - x_0}{\sqrt{(x_i - x_0)^2 + (y_i - y_0)^2}}, \frac{y_i - y_0}{\sqrt{(x_i - x_0)^2 + (y_i - y_0)^2}} \right) \quad (6-2)$$

以北京为起点，f_{bi} 为方向向量，DT_{bi} 为向量的模，并基于换算后的距离 DT_{bi} 确定空港城市 i 与北京的时间距离坐标 i' (x_i', y_i')，然后在地图上作北京与新坐标 i' (x_i', y_i') 的连接线，其之间线段即为北京与空港城市 i 间的时间距离。通过以上步骤确定所有 i 与 i' 的对应关系后，再利用 Arcgis10.2 软件中地图空间变换的橡皮拉伸（Rubbersheet）技术，以北京为起点，i' 为终点对地图图层作拉伸，就能够获得基于航空联系变换后的地图（汤凯，2018）。

（三）时间距离地图的解读

以北京为不动点其位置保持不变，其他城市偏离实际地理空间的距离，就是经航空时间距离的空间变换后此城市与北京实际距离的相对差值。航空运输有效缩短了全国主要空港城市与北京的时间距离，经变换后与实际空间位置相比都发生明显收缩，但收缩程度会存在显著差异，整体而言中东部区域收缩会更为明显，而对东北与西部区域的时空压缩则相对会不甚显著，这主要是因为广大西部区域及东北临空经济发展相对滞后，航空运输网络不发达，而中东部区域已经初步形成了覆盖面较为广泛的航空网络体系，从而能够把多个区域中心节点紧密压缩连接，在时间距离地图上中东部区域空间格局的改变幅度也就会更为明显（王雨飞、倪鹏飞，2016）。

临空经济对时空距离的压缩在现实中给区域空间格局重构带来了重大影响：一方面，中国存在众多以省会城市为代表的区域经济中心并大多建有机场，通过发展临空经济，构建以航空为主导的立体化交通体系，区域经济中心间时空距离有效缩短，众多大中型城市紧密联系在一起，相互补充促进，能增强中国大中城市的集团竞争水平和整体国际形象，使区域中心城市拥有更多的吸引、支配各类资源的能力，提升区域中心城市的地位并促进区域经济的发展；另一方面，随着航空网络的完善，航空连接的城市数量增多，市场规模和市场需求不断扩张，区域间生产要素互补互动，处于广阔空间范围内的区域不断打破空间"樊篱"而相互融合，可利用要素资源的种类、数量显著增多，为不同区域各类"极点"的形成提供了源源不断的要素支撑。

临空经济对时空距离的压缩也进一步深化了企业的区位选择理论，创新了空间重构的微观基础形成模式。企业是推动区域空间重构的微观基础，对企业而言，知识经济的深化与经济一体化发展使行业竞争规则与企业选址规则发生深刻变化，企业对效率和速度的诉求明显增强。临空经济的发展能构建形成以航空运输为主导的快捷的多式联运支撑体系，为各类生产要素的快速集聚与扩散提供了实现平台和网络渠道，既能使企业所需要的处于不同空间状态的各类生产要素流动变得更加容易，也能提升企业对更广阔市场的速达性，使其可以利用机场的枢纽功能通过全球航线网络实现人员、产品、资本的全球空间易达，便捷、高效地与世界不同空间实现联通。这深化了空间经济学中企业区位选择理论，临空经济所带来的时空距离的压缩使处于远距离空间中的企业无须完成"物理上"或"空间上"的集聚，而只需布局在各自所在区域的机场周边附近，便能和更广阔的市场和企业间构建紧密的经济联系，形成"经济上"或"事实上"的集聚，从而获得更大的规模经济效益，并能在此作用推动下使机场周边区域不断"隆起"，成为区域经济的增长极。

临空经济可通过以上空间重构效应使经济资源在区域间进行重新分配，改变原有的产业均衡分布状态，对更大区域空间经济发展产生正向促进作用，带来全国范围的经济发展。但需要强调的是，在市场充分竞争以及资本、劳动力等生产要素能够自由流动的条件下，不同区域中心城市临空经济发展水平各异，从而导致其对资源的吸引能力以及经济增长速度也存在显著差别。所以，为促进区域协调发展，需重点强化落后区域中心城市对各类要素的集聚能力，以此不断缩小同发达区域中心城市间的经济发展差距。

二 临空经济对中国区域产业结构升级的影响

临空经济能从多个方面推动区域产业结构的升级，而产业结构的升级主要包括产业结构合理化、产业结构高级化等方面。可通过构建一个较为简单的临空经济与区域产业结构合理化、高级化关系的实证数理模型，来分别考察临空经济对中国区域产业结构合理化、高级化的影响，验证临空经济对区域产业的重构效应。

（一）模型构建与指标设计

1. 产业结构合理化指标

产业结构合理化表示的是产业间的聚合质量，反映了不同产业间的协调情况以及各类要素资源的配置与利用程度。推动产业结构合理化也就是要优化要素资源配置，提高产业间的协调能力和关联水平。一般采用结构偏离度来衡量产业结构合理化：

$$F = \sum_{i=1}^{n} \left| \frac{y_i/l_i}{y/l} - 1 \right| = \sum_{i=1}^{n} \left| \frac{y_i/y}{l_i/l} - 1 \right| \tag{6-3}$$

式（6-3）中，F 表示结构偏离度，y 表示经济产出，l 表示就业情况，i 表示单个产业，n 表示产业数量。古典经济学认为经济发展过程最终会自动向均衡状态收敛，即实现社会各产业部门生产率水平的趋同。而根据生产率的含义，y/l 表示劳动生产率，所以当经济实现均衡时，$y_i/l_i = y/l$，故 $F = 0$。此外，y_i/y 表示产业结构，l_i/l 表示就业结构，所以 F 也反映了经济中产出结构与就业结构的偏离情况。F 的值越小则表示经济越趋向于均衡，产业结构就越合理。因为经济均衡状态只是在理论上存在，而非均衡是现实中的普遍现象，尤其对发展中国家或地区来说，非均衡则更是常态，所以一般情况下 F 值很少为 0。结构偏离度在一定程度上满足了产业结构合理化测度的需求，但是这一指标把经济中各产业同等看待而忽略了不同产业的相对重要程度，而且指标逆向化和绝对值的使用也增加了操作上的复杂性。所以，借鉴陈明、魏作磊（2016），干春晖（2011）等学者的做法，采用调整泰尔指数的方式来建立如下测度指标[①]：

$$TH = 1 / \sum_{i=1}^{n} \left(\frac{y_i}{y} \right) \ln \left(\frac{y_i}{l_i} / \frac{y}{l} \right) \tag{6-4}$$

式（6-4）中，TH 表示某个区域产业结构合理化程度，其他字母含义同式（6-3）。式（6-4）遵循了结构偏离度的理论思想与经济内涵，而且体现了各产业相对重要程度并规避了绝对值计算以及指标逆向化带来的不便，所以能更好地测度产业结构合理化，TH 的值越趋向于 0 则表示经济越不均衡，产业结构也就越不合理。

2. 产业结构高级化指标

产业结构高级化表示的是要素资源配置突破固有界限不断向成长性更好、发展速度更快的朝阳产业流动并推动其发展的过程，根据配

---

① 泰尔熵指数是因泰尔（*Theil*，1967）利用信息理论中的熵概念来计算收入不平等而得名，主要用于衡量个人或地区间收入差距（或称为不平等度），如收入泰尔指数的表达式为：$T = \frac{1}{n} \sum_{i=1}^{n} \frac{y_i}{y} \ln \left(\frac{y_i}{y} \right)$，式中 T 为用于测度收入差距程度的泰尔指数，y_i、y 分别表示第 i 个体的收入、所有个体平均收入，本书对其进行了改进来测度产业结构的合理化程度。

第一克拉克定理①，常选择非农产业产值占总产值的比重来代表。尽管非农产业产值比重不断增长是经济发展的一条重要规律，但是自20世纪70年代以来信息技术快速发展对产业结构带来了极大的冲击并呈现出"经济服务化"的发展态势，而传统的度量方法难以反映出产业结构的这种变化趋势。因此鉴于"经济服务化"进程中第三产业增长率高于第二产业增长率的特征事实，本书选择第三产业产值对第二产业产值的比（用 TS 代表）来对产业结构高级化进行测度，即：$TS = y_3/y_2$，其中，TS 为某区域产业结构高级化程度，y_3、y_2 分别表示该区域第三、第二产业的产值。此种方法体现了非农产业的内部结构变化，并清晰地呈现出经济结构的服务化方向，反映产业结构是否寻着"服务化"的趋势发展，所以能更好地测度产业结构高级化，当 TS 值呈上升形态时，意味着经济在向服务化的方向发展，即产业结构处于升级的状态中。

3. 临空经济指标

临空经济指标选择同第四章用机场年工作量表示，即 1 工作量单位 = 1 个旅客 = 0.1 吨货物，则年工作量 = 年旅客吞吐量 + 10 × 年货运吞吐量。

4. 模型构建

本书旨在探讨临空经济对区域产业结构变迁的影响，将利用2004—2015 年中国 35 个主要临空经济区及空港城市的面板数据来进行实证分析。空港城市的样本选择同第四章、第五章。面板数据能够有效控制不可观测因素的影响，而且有助于扩大样本容量、提升自由度，使回归结果更为科学，根据研究需要并保持与前文第五章模型构建的一致性，仍使用固定效应模型，并将其初步设定为：

$$T_{it} = \beta_0 + \beta_1 \ln E_{it} + \varepsilon_{it} \tag{6-5}$$

式（6-5）中，i 表示区域，t 表示时间，T 表示区域产业结构升级（在具体的运算中将分别用 TH 产业结构合理化、TS 产业结构高级化来代表），E 表示临空经济发展水平，ε 表示随机误差项，β_0 为截

---

① "配第一克拉克定理"表述为：随着经济发展和人均国民收入水平的提高，劳动力呈现出首先由第一产业向第二产业转移，然后再向第三产业转移的演进趋势。

距项表示区域不可观测因素的影响，β_1 表示临空经济对区域产业结构的影响程度和方向。需要注意的是，在现实中影响区域产业结构变迁的因素众多，一般情况下需要引入一些控制变量并检验它们之间的关系。而控制变量的选取并没有统一的标准，多数文献均是依据其自身研究需要以及数据的可得性来进行选择，因此为了规避控制变量选取的随意性，本书借鉴 Frank M. W.（2005）、干春晖（2011）等学者的做法，不选用控制变量，而是直接利用解释变量与被解释变量（这里分别为临空经济与产业结构）的交互项来进行控制，因此将式（6-5）修正为模型（6-6）：

$$T_{it} = \beta_0 + \beta_1 \ln E_{it} + \beta_2 (T_{it} \times \ln E_{it}) + \varepsilon_{it} \tag{6-6}$$

（二）模型检验与估计

为了探究临空经济对区域产业结构合理化以及高级化的影响性质、程度，先通过格兰杰检验来验证变量间是否存在因果关系①，然后通过回归分析进一步确定影响方向（正向或负向）及程度。

1. 平稳性检验

本书使用 Eviews 8.0 软件并基于 LLC、Breitung、IPS、ADF - Fisher、PP - Fisher 五种常用的面板数据单位根检验方法对各变量进行单位根检验以确定变量的稳定性，检验结果如表6-3所示。可以发现变量 $TH \times \ln E$ 原数据均没有通过上述五种检验，而经过一阶差分后全部通过了平稳性检验；TH、TS、$\ln E$、$TS \times \ln E$ 原数据虽然通过了一个或两个方法的平稳性检验，但是仍难以确认是平稳的，而其经过一阶差分以后全部通过平稳性检验，都不存在单位根。整体而言，所有变量均为一阶单整，故可对其进一步进行协整检验。

表6-3　　　　　　　　面板数据单位根检验结果统计

	LLC	Breitung	IPS	ADF - Fisher	PP - Fisher	结论
TH	-1.5332*	—	—	82.765	85.602*	非平稳
$\triangle TH$	-21.7168***	—	—	454.570***	515.613***	平稳

———————

① 格兰杰因果检验的前提是变量必须都是平稳的，所以一般来说先要对变量进行单位根检验以确定是否平稳，然后再进行协整检验以确定变量间是否存在长期均衡关系，最后进行格兰杰因果检验以确定变量间是否存在"引起—被引起"的因果关系。

	LLC	Breitung	IPS	ADF – Fisher	PP – Fisher	结论
TS	– 0.29737	4.6592	1.31045	77.2467	104.080 ***	非平稳
$\triangle TS$	– 21.8401 ***	– 1.5917 *	– 7.3061 ***	192.663 ***	363.718 ***	平稳
$\ln E$	– 4.36238 ***	1.7911	2.9488	51.5295	96.3356 **	非平稳
$\triangle \ln E$	– 16.3321 ***	– 7.2911 ***	– 5.3028 ***	158.767 ***	245.031 ***	平稳
$TH \times \ln E$	29.0870	—	—	1.15325	0.01396	非平稳
$\triangle (TH \times \ln E)$	– 6.93916 ***	—	—	117.826 ***	125.065 ***	平稳
$TS \times \ln E$	– 0.21008	5.2275	1.4556	76.7614	106.925 ***	非平稳
$\triangle (TH \times \ln E)$	– 20.7522 ***	– 1.2020 *	– 7.1023 ***	189.070 ***	349.372 ***	平稳

注：*** 、** 、* 分别表示通过了1%、5%、10%水平下的显著性检验；△表示变量一阶差分。

2. 协整检验

分别采用 Pedroni、Kao、Johansen 三种方法对经过一阶差分后的变量做了两组协整检验（见表6－4）：第一组验证△TH、△$\ln E$ 的协整关系。一般而言，*Panel ADF* 与 *Group ADF* 的检验效果最好。在本书 *Pedroni* 检验中的 *Panel ADF*、*Group ADF* 以及 *Kao* 检验、*Johansen* 检验都至少在5%水平下显著，所以△TH 与△$\ln E$ 之间存在协整关系；第二组验证△TS、△$\ln E$ 的协整关系，同样也都通过了存在协整关系的检验，即△TS、△$\ln E$ 两个变量之间也存在着协整关系。

表6－4　　　　　　　　变量间协整检验结果统计

检验方法		△TH、△$\ln E$	△TS、△$\ln E$
Pedroni	Panel ADF	– 2.5283 ***	– 5.8205 ***
	Group ADF	– 4.9220 ***	– 2.5739 ***
Kao		—	2.3096 **	3.4979 ***
Johansen		—	204.2 ***	219.5 ***

注：*** 、** 分别表示通过了1%、5%水平下的显著性检验。

3. 格兰杰因果关系检验

格兰杰因果关系检验主要用于确定变量间是否有因果关系以及关

系的影响方向，但要求以各序列均为平稳序列为前提。因为原变量只是经过一阶差分后才全部为平稳序列，所以可运用格兰杰因果检验对经过一阶差分后的 $\triangle TH$ 与 $\triangle LnE$ 间、$\triangle TS$ 与 $\triangle\ln E$ 间的因果关系进行检验。从表 6 - 5 可以发现，在系统默认最优滞后期为 2 的条件下，临空经济在 5% 的显著性水平下成为产业结构高级化的格兰杰原因，但是没有成为产业结构合理化的格兰杰原因。

表 6 - 5   **格兰杰因果关系检验结构统计**

变量	假设	检验（F 值）	结果
$\triangle\ln E$	$\triangle\ln E$ 不是 $\triangle TH$ 的格兰杰原因	1.038	接受
	$\triangle\ln E$ 不是 $\triangle TS$ 的格兰杰原因	4.978 **	拒绝

注：** 通过了 5% 水平下的显著性检验。

4. 计量回归结果与讨论

用回归模型来研究临空经济与产业结构升级的关系需要面对内生性问题的挑战[①]，况且原模型利用了产业结构与临空经济的交互项来进行控制，其内生性问题有可能会更为严重，所以对式（6 - 6）直接回归将会降低模型的科学性。而通过表 6 - 3 可以发现经过一阶差分以后各变量均通过了平稳性检验，因此，可以借鉴陈明、魏作磊（2016），干春晖（2011）等学者的做法进一步对式（6 - 6）进行差分处理并对其进行回归以缓解内生性的影响[②]，回归结果见表 6 - 6。

表 6 - 6   **回归结果统计表**

因变量	$\triangle TH$	$\triangle TS$
$\triangle\ln E$	0.1488	0.055 ***
	(0.425)	(7.96)

---

① 例如，发展临空经济有可能推动区域产业结构的升级，而区域产业结构的升级也可能进一步促进临空经济的发展，一旦确定存在这种关系则回归模型的内生性问题就难以避免。

② 即对式（6 - 6）先进行差分处理以得到差分模型：$\triangle T_{it} = \beta_0 + \beta_1 \triangle\ln E_{it} + \beta_2 \triangle\ln(T_{it} \times \ln E_{it}) + \varepsilon_{it}$，然后再对此差分模型进行回归。

续表

因变量	△TH	△TS
△（ln$E$ × TH）	0.618 （0.426）	—
△（ln$E$ × TS）	—	0.062*** （288.60）
R^2	0.2097	0.9964
LogL	−1117.45	1262.98

注：＊＊＊表示通过1%水平下的显著性检验。

　　从回归结果可以看出，临空经济对产业结构高级化具有显著的正向影响，表明临空经济确实已经成为推动中国区域产业结构向高级化发展的重要动力，尤其是推动了区域第三产业的快速发展；但是，临空经济对产业结构合理化的影响并不显著，这一结果与格兰杰因果关系检验反映的问题相一致，表明临空经济在促进产业间资源合理配置等方面尚未发挥应有的作用，这可能是由中国临空经济空间分布失衡以及发展尚不成熟等问题造成的。中国广大中西部区域临空经济发展虽然速度较快，但是由于起步晚底子薄、基础力量较为薄弱、航空网络及各类基础设施不健全，尚难以有效支撑各类资源在三次产业间的合理配置，而且随着中国经济进入新常态、供给侧结构性改革的深入推进，广大中西部区域特别是资源型区域传统经济转型升级的任务极为艰巨，临空经济作为新的高端经济形态引导资源在产业间合理配置的作用方式、通道尚处在探索之中，从而也影响了模型的整体检验效果。这也意味着在区域产业结构优化进程中不但要充分发挥临空经济对产业结构高级化的促进作用，在当前发展阶段还需特别强化临空经济对要素资源禀赋在产业间配置等方面的协调作用，合理规划临空经济并健全临空经济与区域产业发展的长效互动机制，改善产业结构的聚合质量从而不断地促进区域产业结构的合理化演进。

三　重构效应实证分析结论

　　基于中国主要空港城市间的航空联系，可运用超制图学技术可视化呈现临空经济对中国区域协调发展的空间重构效应。在以航空运输衡量的时间距离地图中，临空经济能有效缩短全国主要空港城市之间的时空距离，但是其空间重构形态也会存在明显差异，对中东部区域空间重构效应明显大于西部和东北区域。整体而言，发展临空经济能通过航空运输网络压缩不同区域间的时空距离，将更多企业、城市紧密地联系在一起并使区域中心城市拥有更多吸引、支配各类资源的能力，不但提升了中心城市的空间地位，为各类区域极点的形成提供快捷的高端要素支撑，而且扩大了临空经济的辐射边界，使区域影响范围通过航空网络不断突破原有界限相互融合共生，促进本区域经济发展的同时产生更强的空间扩散推动不同区域协调发展。

基于2004—2015年中国35个主要空港城市临空经济、产业结构等方面的统计数据，运用格兰杰因果检验、面板数据回归模型实证研究了临空经济发展对于区域产业结构优化的影响，研究发现：（1）格兰杰因果关系检验显示临空经济发展是影响中国区域产业结构高级化的重要原因，回归方程结果显示临空经济对中国区域产业结构高级化确实有正向的推动作用，有效促进了区域服务业的发展。所以，促进中国区域协调发展、推动各区域产业结构优化应充分发挥临空经济的作用，以临空经济引领区域产业结构的高级化演进和经济发展方式转变，使区域产业发展向着速度更快、质量更高、成长性更强的方向升级。（2）格兰杰因果关系检验与回归方程结果均显示，临空经济对中国区域产业结构合理化的作用均不显著，表明当前阶段临空经济对产业结构合理化水平的推动力量还较为薄弱，这同中国目前临空经济所处的发展阶段以及空间不平衡性密切相关。中国临空经济发展起步较晚整体而言还较为落后，各区域对临空经济作用的认识还有待深化，临空经济引导产业间要素合理流动与配置的渠道、模式尚处探索之中。可以预见，随着临空经济的持续发展与质量不断提升，其对中国区域产业结构合理化的影响程度将不断增加。所以，各区域要协调临空经济的空间布局，强化临空经济对要素资源流动的引导作用，优化航线网络，特别是要增强中西部区域与其他发达区域的连通度，提升其产业生产效率并推动与东部区域的趋同。

综合以上，本实证分析证实了临空经济发展能显著改变区域经济空间布局、对区域产业结构高级化有积极的推动作用，为论证临空经济在区域协调发展中的空间重构效应、产业及技术重构效应提供了证据支持，同时也发现临空经济在产业结构合理化演进中作用有限，对西部、东北部等区域的空间重构效应偏弱，需进一步强化对临空经济的认识、优化空间布局，推动临空经济时空压缩作用以及引导产业间要素流动作用的发挥。

第七章　以临空经济促进区域协调
发展的对策建议

前文从理论和实证上分别论证了临空经济能够通过市场效应、空间溢出效应、重构效应促进区域协调发展。本章主要对如何推动临空经济各种效应的发挥提出相应的对策建议。

第一节　明确临空经济的战略地位

一　强化中央政府政策扶持力度

临空经济对中国区域协调发展的重要作用决定了中国大规模发展临空经济是正确的，因此在国家层面要进一步明确"要想强，上民航"的发展理念，把临空经济列为中国基本建设支出的重点投资领域；在制定国家产业政策、基础设施建设规划以及经济发展战略时，充分考虑不同产业、基础设施等"异质性"的特点，更多向临空经济倾斜；探索细化临空经济投资方向，尊重临空经济发展规律，注意临空经济发展的持续性，推动临空经济在区域协调发展中效应的发挥；推动临空经济发展与"一带一路"建设的紧密衔接，系统研究"空中丝绸之路"建设方案；探索以立法形式确立临空经济区的战略定位，将临空经济发展纳入法制轨道，加快郑州、北京、青岛、重庆、广州、上海等国家级临空经济实验区和示范区条例的制定，为临空经济实验区、示范区的先行先试保驾护航；在临空经济区空间选址上，要从是否有利于整个区域协调发展层面对其效应进行科学评估，改变以往过度聚焦单个区域效应最大化、忽视同其他区域关系的选址方案，并制订相应的转移支付方案补偿受到不利影响的区域，构建竞争合作的协调发展新机制；要进一步强化对国家级临空经济区的制度供给，赋予其更多改革创新自主权，完善制度创新激励机制、成果推广机制，使其真正发挥起改革创新实验区的作用。

二 推动地方公共资源向临空经济区倾斜

临空经济具有显著的空间溢出效应，地方政府在进行公共资源配置时，应充分考虑临空经济区发展与其他区域的空间联系与相互促进作用，科学合理地明确各级政府、不同区域地方政府之间纵向、横向支出责任。在公共资源约束条件下，地方政府应科学配置各项公共支出，加大对航线拓展、机场规划建设、机场周边交通体系完善等方面的投入，完善临空经济区与其他区域间的交通通信网络，促进商品、人员、信息、技术的流动，提升公共支出利用效率。尤其是在中国继续实施"积极"财政政策的背景下，临空经济作为中国区域协调发展中具有全局影响的重大举措，要继续强化对临空经济这一地位认识，坚定不移地推动临空经济发展规模及发展质量的同步提升，为中国区域协调发展战略实施提供有力的物质保证及动力支持。

三 因地制宜引导临空经济效应发挥

地方政府要提高对发展临空经济的重视程度，要主动适应、适度超前、因地制宜。东部区域应侧重于现有临空经济资源的内部优化；中部、东北区域当前需更侧重于以临空经济来推动区域改革开放的深化、产业结构的升级及新旧动能的转换，进一步完善交通运输网络并强化人员、资金、货物等要素流动，引领新业态、新模式和新经济的发展，培育壮大以临空经济区为中心的区域经济新增长极；西部区域要侧重于强化机场、铁路等基础设施建设与联通，推动同其他板块的联动与互补、强化人力资本投资和软环境建设，并着力推进成都、贵阳、重庆、西安等国家级临空经济示范区的发展，充分发挥其实验、示范以及辐射带动作用，培育建成区域经济发展新的战略高地，并以此为西部大开发战略的深入实施提供有力的突破口。

第二节 发挥临空经济市场效应促进区域协调发展

一 强化以航空运输为主导的综合交通体系建设

促进临空经济市场效应发挥需要不断完善交通基础设施。要对区域的空间距离作科学评估，以此重点完善不同的交通网络①，获得最优经济成本；强化航空与其他交通方式的衔接和组合发展，以航空为主导构建铁路、公路、水运、管道立体化多式联运体系，利用大数据加强信息化建设，实现各种运输方式互联互通、优势互补、零距离高效对接，使立体化交通的成本节约、效率提升作用充分发挥；增强区域资源整合、要素互动和交通共建共享水平，实现区域整体集群优势；提高航空运输系统的效率和管理能力，优化航班时刻资源，缓解空域不足等问题；科学布局交通枢纽，发挥北京、天津、上海、广州、重庆、成都、郑州、武汉等国家中心城市及枢纽城市的辐射带动能力，在东部打造更多全国性综合交通枢纽城市，东北、中、西部加快完善沈阳、长沙、西安、昆明、乌鲁木齐等大型机场，建设区域性枢纽。

二 消除区域间市场分割

交通基础设施的完善仅是促进临空经济市场效应发挥必要的物质条件，除此之外，还需要努力打破区域间要素流动障碍，消除不同区域间的市场分割。中国区域间因制度性障碍、行政壁垒等所导致的市场分割会制约临空经济市场效应全域性传导机制的实现，使劳动力、商品、资金、信息等要素的市场一体化出现"断裂"，对临空经济市场效应的发挥造成严重破坏。所以，要注重给要素市场"松绑"，在临空经济区与其他区域之间建立起完善的"共同市场"，通过打破制

---

① 一般而言，1000 千米以外远距离运输以航空为主，500—1000 千米内以高铁为主，短途以公路运输为主。

度性障碍和地方保护主义、消除行政壁垒和市场分割，从而催发"制度红利"，推动临空经济市场效应的发挥。

三 全面深化民航市场化改革

民航市场化改革是临空经济市场效应有效发挥的重要推动力。要继续深化民航运输价格、收费机制改革，完善市场化定价机制，提升航空运输企业生产经营自主性并赋予其更多定价权，使其能够按照经营成本、市场供求关系、同业竞争情况确定收费标准；充分发挥市场在航空运输业资源配置中的决定性作用，激发民航市场活力，引导航空运输企业间形成良好的合作竞争关系，促进民航市场良性运行；推进民航管理体例改革，简政放权提升民航管理效率，健全民航发展监管机制，完善规范民航市场各类主体行为的法规制度，促进民航治理体系和治理能力现代化；推动天空开放、航权开放，优化国际航权分配政策及航权、航线、航班时刻结构，为中国各区域、企业参与国际竞争提供更多的航空通道；推动中国与"一带一路"沿线国家航空市场开放及航权自由化，重点拓展中国西部航空市场，特别要强化乌鲁木齐临空经济区、喀什临空经济区、昆明临空经济区等建设，优化其面向中西亚、东南亚国家的航线网络，加大在产业扶持、资金投入、航线准入与航班时刻资源分配等方面的扶持力度，从国家层面推动其发展。

第三节 发挥临空经济空间溢出效应 促进区域协调发展

一 构建中国临空经济区发展网络体系

在国家层面设立权威的临空经济管理机构，协调各区域临空经济投资建设活动，从中国区域协调发展高度科学布局临空经济区，提升各类社会资源的整体利用效率，避免重复建设、无序竞争等问题；要高度重视临空经济发展数据统计工作并对其经济回报进行整体性、准确性估算；在中国财政分税体制下，要注意避免地方政府在发展临空经济投资决策时的短视、地方本位主义倾向，协调各利益主体间关系，防止各区域"孤岛状"发展临空经济；重点优化航空网络布局，使航空运输的供给水平与最优规模相匹配；强化区域间特别是人员、贸易往来需求较强区域间航空网络的互联互通建设；大力推进中国区域市场整合，降低区域市场间贸易壁垒和贸易成本，进一步提升企业对航空基础设施的利用效率，更大程度地推动临空经济在区域协调发展中空间溢出效应的发挥；要强化培育临空经济区成为区域发展新增长极，在全中国空间视域下优化临空经济区空间分布，形成完善的区域增长极体系，更好地发挥临空经济空间溢出效应促进中国区域协调发展。

二 打造东部三大世界级临空经济集群

以上海虹桥临空经济示范区、杭州临空经济示范区为引领，提升上海机场世界大枢纽竞争力，联合南京、合肥、宁波等地临空经济区，强化长三角临空经济区之间的交通基础设施互联互通、人员流动、产业分工协作，实现深度融合，共同打造长三角区域世界级临空经济集群。

以广州临空经济示范区为引领，促进广州、深圳等地临空经济协同发展，强化与香港、澳门等地临空经济区合作共赢，共同打造珠三角区域世界级临空经济集群。

推动京津冀区域"空中协同"，充分发挥京津冀区域"四大临空经济区"① 作用，明确各自的功能定位、发挥各自比较优势，实现分工协作、优势互补、互惠互利；要实施临空经济差异性发展策略，协调好京津冀区域机场的客、货源，北京应侧重于盘活存量，将其非国际航空枢纽功能疏解至天津、河北两地，天津应侧重于强化区域枢纽功能和航空物流业发展，河北应侧重于培育枢纽功能并强化航空快件集散及低成本航空发展，破解"北京吃不下、天津吃不饱、河北吃不着"② 的难题；要充分发挥北京新机场临空经济区的"京津冀协调发

---

① 分别以北京新机场、北京首都机场、天津滨海机场、石家庄正定机场为核心的四大临空经济区。

② 2017 年 3 月 3 日时任中国民航局局长冯正霖在列席全国政协十二届五次会议时的讲话。

展示范区""国家发展新的动力源"作用,扩大天津、石家庄临空经济区发展规模和质量,强化临空经济对京津冀区域经济社会发展和对外开放的支撑带动作用;要完善京津冀区域轨道交通等运输系统,实现四大临空经济区与轨道交通等的有效衔接,构建空铁联运、错位发展的世界级机场群和临空经济集群。

三 推动东北国家级临空经济区设立

在已批复的 14 个国家级临空经济区中,有 8 个地处东部、2 个地处中部、4 个地处西部,东北地区尚无一个国家级临空经济区。事实上,现阶段东北一些机场已经初步具备了设立国家级临空经济区的条件。根据《关于临空经济示范区建设发展的指导意见》(发改地区〔2015〕1473 号),国家级临空经济示范区设立条件之一是"所在地机场年货邮吞吐量应在 10 万吨以上或年客流量 1000 万人次以上",2017 年,哈尔滨太平机场、大连周水子机场、沈阳桃仙机场旅客吞吐量分别为 1881 万人次、1750 万人次、1734 万人次,货邮吞吐量分别为 12 万吨、16 万吨、16 万吨,两项指标均已远超上述条件。所以,要尽快推动东北国家级临空经济区的设立工作,加大力度优化东北空域条件,完善现代交通运输体系,积极引入基地航空公司以及大型物流公司入驻东北,探索航空运输与东北传统产业融合发展模式,积极构建现代产业体系,通过推动国家级临空经济区的创建引领东北对外开放和产业转型升级。

四 给予中西部区域临空经济发展更多支持

改善中西部区域临空产业发展配套条件,提升其对企业、各类生产要素的吸引力,培育拉动中西部区域经济发展新的增长极,形成临空经济与区域经济发展的良性累积循环效应;机场布局更多向中西部倾斜,开放更多西部空域,强化临空经济基础设施建设,增加对中西部区域枢纽机场、支线机场、通用机场等投资力度,提升中西部区域临空经济发展短板;在发挥市场资源配置决定性作用前提下,鼓励中西部机场开拓更多航线、完善航空运输网络;发挥临空经济"能将一个地区和世界连接在一起"(李家祥,2011)的功能,引领中西部对外开放并驱动外向型经济发展和产业结构升级，带动中西部区域产业融入全球产业链，提升供给质量，缩小与经济发达区域的差距；给予昆明、乌鲁木齐、西宁、西安、兰州、太原等地临空经济区国家级示范区政策支撑；鉴于临空经济对中国区域协调发展具有显著的空间溢出效应，同时机场、航空运输等具有一定的公共物品属性，应主要由政府来提供，而广大的中西部区域经济较为落后、地方政府公共财政收入有限，故中央政府应尽职履行建设支出资金分配责任，加大对中西部的转移支付力度，优先安排中西部机场、航站楼、临空经济区等项目建设。

第四节　发挥临空经济重构效应促进区域协调发展

一　推动临空产业体系构建

强化对各地临空经济区产业发展的统一规划和协调，根据区域总体发展规划、发展目标、比较优势等情况科学遴选临空产业类型；合理制定入驻临空经济区产业、企业标准，严控缺乏临空指向型的产业入驻临空经济区，吸引高科技含量产业、现代服务业、高端制造业、航空产业、总部经济、电子商务等处于价值链高端的产业入驻，重点招商引进大型跨国公司、现代物流公司等企业；各地方临空经济区需基于本地比较优势构建特色临空产业集群，避免临空经济区之间的产业雷同，比如着力打造郑州航空港经济综合实验区智能终端、北京顺义临空经济核心区航空及汽车、成都临空经济示范区电子信息及生物等千亿级临空产业集群；注重临空产业与区域其他产业的相互融合，推动不同产业门类相互渗透、相互促进，同时突破临空经济区之间行政区划制约，促进区域间临空产业发展的交流与合作。

二　完善国际"空中丝绸之路"

充分发挥航空运输时效性、可达性和带动性更强的优势，构筑"空中丝绸之路"，以"空中丝绸之路"克服"一带一路"地形地貌以及建设成本的制约；强化与"一带一路"沿线国家航空运输的互联互通，优化航线，增加航班，通过内外联通的航空运输大循环，推动要素、商品、服务跨区域、跨国界自由流动，把"一带一路"沿线国家市场连接起来，取长补短，实现生产要素的优化配置；充分发挥临空经济区窗口作用，拓展构建与"一带一路"国家民航业全面合作的平台和机制，促进临空经济区与自由贸易区的协同发展，实现贸易便利化，更快发展开放型经济；加强临空经济区和"空中丝绸之路"信息化建设，实现全方位的零距离对接，提高临空经济区和"空中丝绸之路"的运营效率。

三　探索建设空港型自由贸易港

自由贸易港（以下简称"自贸港"）是开放水平最高的特殊经济功能区，对优化中国对外开放结构、推动区域深化改革、促进区域协调发展具有重要意义，而临空经济区作为区域对外开放门户，是探索自贸港新模式的理想试验场。要推动临空经济与现有自贸区的对接，尤其是河南、上海、四川、广东、浙江、陕西等既有国家级临空经济示范区，又有自贸区的区域，要促进临空经济与自贸区融合，学习借鉴爱尔兰香农机场、迪拜世界中心机场、新加坡樟宜机场、韩国仁川机场等地空港型自贸易港建设经验，基于本地实际情况探索空港型自贸港建设模式；各临空经济区要优化航空运输网络、完善综合交通体系、拓展多样化口岸、优化营商环境和国际化服务系统、强化外向型产业体系构建，为空港型自贸港构建提供有力支撑；特别是对于地处内陆、无法依托海港的中西部区域，要充分发挥临空经济优势，探索建设"内陆空港型自贸港"，改变"先沿海再内陆"的传统开放时序格局；建议先行在郑州、成都、西安等地设立空港型自贸港。

四　促进"港—产—城—域"四位一体发展

推动航空港、临空产业、临空经济区与区域"港—产—城—域"四位一体发展，是提升临空经济各系统间正向交互作用的重要举措，是驱动临空经济发展迈向高级阶段、实现最理想发展状态的必要路径，也是发挥临空经济重构效应、促进中国区域协调发展的先决条件。在遵循临空经济发展规律及区域协调发展原则的基础上，要结合临空经济不同发展阶段，制定针对性策略，循序渐进地推动临空经济"港—产—城—域"四位一体发展；要强化临空经济理论研究，推动临空产业及相关要素集聚，协调临空经济发展相关利益主体行为，从全局出发优化资源配置，避免临空经济发展中土地资源紧张、园区开发无序、交通混乱、生活配套设施滞后、航空大都市建设粗放等问题；要充分挖掘临空经济区区位及综合交通优势，发展完善临空产业链，科学确定重点产业、配套协作产业，突出区域产业特色，避免产业同质化，构建与周边区域产业良好互动关系，发挥临空产业集群重构效应，推动实现产城融合；要建设完善内外部一体化多式联运体系，扩大航空港运营水平，根据依附城市和区域发展需要拓展航线网络，构建航空、高速铁路、公路、地铁等一体化交通枢纽，实现多种运输方式在临空经济区内的高度集中、无缝连接；要有效发挥政府与市场的共同作用，构建"港—产—城—域"协作机制，成立高规格协调管理机构，理顺临空经济区管理体制，避免"多龙治水"的问题；要统筹临空经济发展规划，注重临空经济区规划同城市及区域规划的有效融合，明确临空经济区与周边区域的功能定位、交通及产业的空间布局，努力实现航空港规划、临空产业规划、航空大都市规划以及城市或区域发展规划协同，以"多规合一"引导"港—产—城—域"四位一体发展。

第八章　研究结论及展望

第一节　研究结论

从孙中山先生号召"航空救国"到习近平主席提出"民航强国"，中国航空业的发展总是与国家的命运休戚相关，时刻担负着国家战略实施的时代使命，而依托机场和航空运输应运而生的临空经济在中国区域发展中的战略功能正不断强化。尤其是随着中国特色社会主义进入新时代，"实施区域协调发展战略"正赋予临空经济更大的历史使命，每一个机场、临空经济区的背后不但承载着一个区域和城市发展的最新热望，也反映着国家对构建现代化经济体系、推动区域协调发展的战略预期。

本书通过对临空经济相关文献进行综述，归纳现有研究对临空经济促进区域协调发展的研究进展与不足之处，并以中国大力发展临空经济、实施区域协调发展战略为现实背景，分析了临空经济的演生、内涵特征及中国区域协调发展战略的演变、内涵、目标要求等，在此基础上构建了临空经济促进区域协调发展的效应体系，通过理论分析、机制分析，对各种效应的作用机理和路径进行了系统探讨，并利用中国 35 个主要临空经济区和空港城市数据、构建数理模型进行了实证分析，从学理上完整论证了临空经济促进区域协调发展中各种效应，最后提出了相关对策建议。基于全书研究得出以下主要结论：

第一，临空经济是促进中国新时代区域协调发展的新动能。回顾中国区域经济的发展历程可知,中国为促进区域协调发展已实施了一系列举措,但并未从根本改变中国区域发展不协调、不充分的局面。这表明,实现新时代中国区域协调发展必须寻求新业态、新产业、新模式。临空经济正是这种促进中国新时代区域协调发展的"三新"经济体,是新的动力机制。临空经济是交通运输变革以及国民经济发展达到较高水平时的必然产物,具有高科技含量、明显空间区划、显著外部性、快速时效性、产业集群化等特征,并具有产业、产品、技术、时间、空间、开放六大偏好,既能够推动区域发展中传统动能的优化升级,又能够激发新动能,从产业、技术、空间、市场、结构、要素流动、对外开放等多方面对中国区域协调发展产生重要影响,推动中国区域协调发展战略目标的实现。

第二,临空经济市场效应、空间溢出效应、重构效应对中国区域协调发展均有显著的正向促进作用。临空经济能通过扩大区域市场规模并促进市场一体化进程发挥市场效应、促进要素集聚与扩散对机场周边连续型区域以及更广阔的离散型区域产生空间溢出效应、改善要素禀赋并压缩区域间时空距离对区域产业与技术及空间产生重构效应,从多条路径推动"区域经济持续增长,人与自然和谐发展""区域间经济差距逐渐缩小,人民生活水平大体相当""区域间互动联系增强,区域协调机制不断创新""基本公共服务均等化,基础设施通达度比较均衡"等区域协调发展多维度战略目标的实现。

第三,临空经济市场效应在市场偏远及交通不便区域更为明显,民航市场化改革是临空经济市场效应发挥的重要驱动力。通过构建市场引力模型对临空经济市场效应进行实证分析,发现临空经济能够通过航空运输网络把各区域联系在一起,扩大区域市场规模,推动区域间人员、货物流动,强化区域间互动联系,并通过缩短区域间经济距离、影响区域产业结构、人口、经济规模等,提升区域间市场引力和市场一体化水平。但临空经济市场效应具有一定的距离适应性,1000千米以内市场效应并不明显,而对市场偏远及交通不便区域其市场效应发挥更为显著;民航市场化改革是临空经济市场效应有效发挥的重要推动力,在现阶段航空运输速度短时间难以有较大突破情况下,推动民航运输价格、收费机制市场化改革是促进临空经济市场效应发挥的重要手段。

第四，临空经济空间溢出效应能显著推动空港城市 GDP 增长，其中离散型空间溢出效应在总效应中的贡献率高达 1/3。现有研究大部分都忽视了临空经济的空间溢出效应，尤其是尚未有研究临空经济离散型空间溢出效应的文献出现。本书通过构建空间面板计量模型对临空经济空间溢出效应进行实证分析发现，不论是连续型空间溢出效应还是离散型空间溢出效应，对区域发展均有正向促进作用。在临空经济空间溢出总效应中，临空经济发展水平每提高 1%，会促进区域GDP 增长 0.094%，其中 0.032% 是由临空经济离散型空间溢出效应贡献的，约占总效应的 1/3；2004—2015 年中国临空经济平均每年会推动区域 GDP 增长 0.453%，其中约 0.154% 是来自临空经济的离散型空间溢出效应，0299% 是来自临空经济的连续型空间溢出效应；在考虑离散型空间溢出效应下，连续型空间溢出效应与总效应（离散型空间溢出效应与连续型空间溢出效应之和）都会增强；临空经济空间溢出效应会随着航空运输网络的完善不断强化。

第五，临空经济空间重构效应大小与区域经济发展水平呈显著正相关关系。临空经济能有效缩短全国主要空港城市之间的时空距离，对各区域均产生空间重构效应，但其空间重构形态会存在明显差异，区域经济发展水平越高，临空经济空间重构效应就越大，临空经济对中东部区域空间重构效应会明显大于西部和东北区域。

第六，临空经济能显著推动区域产业结构高级化。为研究临空经济产业重构效应，本书从产业结构优化视角将其分解为产业结构高级化、产业结构合理化两个方面，运用格兰杰因果检验、面板数据回归模型实证研究临空经济发展对于区域产业结构优化的影响，发现临空经济对中国区域产业结构高级化确实有正向的推动作用，有效地促进了区域服务业的发展，但是临空经济对中国区域产业结构合理化的作用并不显著，需进一步协调中国临空经济空间布局，强化临空经济对要素资源流动的引导作用，优化航线网络，特别是增强中西部区域与其他发达区域的连通度，提升其产业生产效率并推动与东部区域的趋同。

第七，临空经济能有效推动欠发达区域实现跨越式发展。临空经济具有投入产出比高、关联性与带动性强、溢出效应大、科技含量与开放程度高等优势，能够有效地推动欠发达区域优化调整产业结构、形成区域全方位开放格局、强化内生发展动力，引领欠发达区域生产嵌入广阔的国际空间，驱动其发展方式从要素驱动、投资驱动向创新驱动转变，为欠发达区域产业转型升级、经济发展空间拓展、经济质量提升和跨越式发展提供新路径和新模式。

第八，中国应强化临空经济的战略地位，加大对临空经济发展的扶持力度。本书通过理论分析—机制分析—实证分析，均有效验证了"临空经济能促进中国区域协调发展"的理论预判。所以，中国各级政府应强化对临空经济发展的扶持力度，给予机场等基础设施建设、临空经济区发展、临空产业体系构建等更多资金、政策支持，推动地方公共资源更多向临空经济区倾斜。尤其是要加大对中西部区域发展临空经济的扶持力度，提升制约中西部临空经济发展的各种短板，以建设临空经济区为突破口，培育拉动中西部区域经济发展新的增长极，推动中西部区域后发优势的发挥，促进其实现"跨越式发展"，缩小与东部地区间的差距。

第二节　研究展望

本书期望通过一个较为系统、严谨、科学的研究，论证临空经济在区域协调发展中的效应，为中国区域协调发展指出一个突破方向。尽管探讨的内容自始至终聚焦于临空经济在区域协调发展中的各种效应，且力求行文逻辑合理、结论科学、方法得当、论据充分，并在此基础上努力进行了多方面的创新尝试，但受多种因素制约，研究还存在一些不尽如人意之处，今后尚需加强以下工作：

第一，进一步加强田野调查。临空经济是现实的经济实践，其效应及效应的发挥都需要到实践中去总结、去检验、去完善。例如，研究涉及的临空经济区对区域空间重构等问题，需要长时间系统地考察其状态演变；涉及的对策建议等问题，需要深入相关政府部门、临空经济区进行长期跟踪观察，或直接参与到具体政策的制定、实施中去，使提出的政策建议更具高度、更有针对性。"理论是灰色的，而生活之树常青"，尽管笔者为进行研究曾多次赴郑州航空港经济综合实验区、重庆两江新区、深圳前海合作区、广州空港经济区等开展调研活动，也曾在郑州航空港实验区锻炼学习半年，但仍深感来自实践的阅历不足，对实践的了解不够全面，致使对一些问题的认识、对政策的把控难以精准，因而尚需开展更多更深入的田野调查，以使问题研究更接地气，结论更加科学准确。

第二，进一步完善实证分析方法。目前，在统计上尚未有专门针对临空经济的数据资料，且"临空经济区"是一个较为模糊的地域概念，难以对其范围作严格的界限，从而为实证分析带来极大操作难度。所以本书立足于现有的统计体系只好权宜性地选择了临空经济的核心产业等相关指标来取代，并基于目前所能收集到的数据，尝试性地构建数理模型对其效应进行验证。虽然得出了较为科学的结论，但是，临空经济作为一种完备而复杂的新经济形态，具有众多指标要素，后续随着统计资料的丰富完善，需不断将更多的指标要素纳入实证分析框架中，使对临空经济效应的分析更加全面。此外，目前对临空经济效应的量化研究偏少、实证分析方法单一，本书在此方面谨慎地进行了创新性探索，针对每种效应分别构建了数理模型进行实证分析，有效丰富了临空经济实证研究方法，例如，在临空经济空间溢出模型的构建上，尚未有对离散型空间溢出效应的文献，本书创新性地提出了临空经济离散型空间溢出效应这一全新概念，并对空间计量模型中空间权重矩阵进行改造，构建了临空经济离散型空间溢出效应空间计量模型，这是本书一个重要创新尝试。但是囿于相关计算机实现软件国内难以获取等客观因素制约，仍存在一定的不足之处。当前大数据技术的持续发展正不断使定量研究更加便利，临空经济研究也将迎来"全样本数据"时代，后续仍需进一步完善实证分析模型，积极运用大数据技术，不断提升临空经济定量研究的丰富性、适应性、可操作性和科学性。

第三，进一步拓展深化研究内容。临空经济在促进区域协调发展中的效应是多方面的，本书只是重点研究了其市场效应、空间溢出效应和重构效应，今后还应进一步研究其他效应，建立更完善的效应体系；临空经济与区域协调发展的关系是双向的，本书只是研究了临空经济在促进区域协调发展中的效应，今后还应进一步研究二者之间的互动效应；临空经济促进区域协调发展效应的发挥需要"有为政府"和"有效市场"的共同作用，既要充分发挥市场在资源配置中的决定性作用，又要发挥好政府的宏观调控作用，特别是"有为政府"和"有效市场"的合理边界和科学组合更需要去认真研究和探索；依托航空运输兴起的临空经济虽已成为促进经济发展的第五冲击波，但很显然，临空经济的发展必须有铁路、公路、水运等多种运输方式的协同作用，各种运输方式之间具有很强的竞合关系，特别是高铁的快速发展对航空运输的影响更为明显，最大化发挥临空经济在区域协调发展中的效应显然必须不断优化并充分发挥各类运输方式的共同作用，因而亟须从不同层面对航空运输与其他运输方式、临空经济与临站经济、临港经济、临轨经济等经济形态的竞合关系、前景及其对中国区域协调发展的影响进行更广泛全面的、更深入系统的研究。总之，临空经济是一种新的经济形态，中国临空经济发展实践虽然起步较晚，但已是如火如荼，目前理论研究明显滞后于实践，这既为学术界提供了广泛的研究空间，也亟待学术界去开展广泛的研究。

21 世纪是速度经济时代，临空经济必将迎来更快速的发展，并在促进中国区域协调发展中发挥出更大更重要的作用。

参考文献

［1］艾美芳、李书锋：《欠发达地区发展空港经济的路径探析》，《河北经贸大学学报》2014 年第 3 期。

［2］安虎森、蒋涛：《块状世界的经济学——空间经济学点评》，《南开经济研究》2006 年第 5 期。

［3］安虎森：《空间经济学：新视角 新解读——空间经济学（新经济地理学）专栏点评》，《西南民族大学学报》（人文社科版）2008 年第 8 期。

［4］包世泰等：《港经济产业布局模式及规划引导研究——以广州白云国际机场为例》，《人文地理》2008 年第 5 期。

［5］薄文广、安虎森：《我国区域发展思路的演进与未来展望》，《南开学报》（哲学社会科学版）2016 年第 3 期。

［6］蔡昉：《中国改革成功经验的逻辑》，《中国社会科学》2018 年第 1 期。

［7］蔡云楠、李冬凌、杨宵节：《空港经济区"港—产—城"协同发展的策略研究》，《城市发展研究》2017 年第 7 期。

［8］曹允春等：《临空经济区"港—产—城"一体化发展研究》，《区域经济评论》2016 年第 4 期。

［9］曹允春：《机场发展临空产业的思考》，《中国民用航空》2013 年第 6 期。

［10］曹允春：《临空经济：拉动区域增长的新引擎》，《中国经济时报》2017 年 5 月 26 日第 8 版。

［11］曹允春：《临空经济——速度经济时代的增长空间》，经济科学

出版社 2009 年版。

［12］曾晓新：《机场：为中国迈向现代化打下坚实基础》，《中国民航报》2014 年 10 月 17 日第 2 版。

［13］陈栋生：《论构建协调发展的区域经济新格局》，《当代财经》2008 年第 3 期。

［14］陈栋生：《论区域协调发展》，《工业技术经济》2005 年第 2 期。

［15］陈斐、陈秀山：《促进区域协调发展的两大重点——明确不同区域功能定位和健全区域协调互动机制》，《生产力研究》2007 年第 13 期。

［16］陈明、魏作磊：《中国服务业开放对产业结构升级的影响》，《经济学家》2016 年第 4 期。

［17］陈秋良：《从法兰克福看机场经济》，《经济日报》2004 年 5 月 26 日第 1 版。

［18］陈秀山、刘红：《区域协调发展要健全区域互动机制》，《党政干部学刊》2006 年第 1 期。

［19］陈秀山、杨艳：《区域协调发展：回顾与展望》，《西南民族大学学报》（人文社科版）2010 年第 1 期。

［20］陈耀、陈钰：《资源禀赋、区位条件与区域经济发展》，《经济管理》2012 年第 2 期。

［21］陈振明：《市场失灵与政府失败——公共选择理论对政府与市场关系的思考及其启示》，《厦门大学学报》（哲学社会科学版）1996 年第 2 期。

［22］成燕：《航空港区去年跨境电商　申报进出口逾 200 万票》，《郑州日报》2017 年 1 月 16 日第 5 版。

［23］迟福林：《走向服务业大国——2020：中国经济转型升级的大趋势》，《经济体制改革》2015 年第 1 期。

［24］戴伯勋、沈宏达：《现代产业经济学》，经济管理出版社 2001 年版。

［25］单豪杰：《中国资本存量 K 的再估算：1952—2006 年》，《数量经济技术经济研究》2008 年第 10 期。

［26］ 邓海超、欧阳杰：《"空港、临空产业、航空城"互动发展的灰色关联度分析——以北京顺义航空城为例》，《现代城市研究》2015 年第 4 期。

［27］ 邓俐：《"歪嘴李"缘何身价大涨？——重庆市渝北区"临空都市农业"探访》，《农民日报》2014 年 7 月 14 日第 1 版。

［28］ 杜传忠：《经济新常态下推进我国区域协调发展的路径及对策》，《理论学习》2017 年第 6 期。

［29］ 樊纲：《收入差距将进一步拉大至少 20 年才能逆转》，《领导决策信息》2013 年第 37 期。

［30］ 樊纲：《中国经济处周期性低迷还有二三十年高增长》，《山东经济战略研究》2015 年第 8 期。

［31］ 范剑勇：《市场一体化、地区专业化与产业集聚趋势——兼谈对地区差距的影响》，《中国社会科学》2004 年第 6 期。

［32］ 冯奎：《区域协调发展进入新时代》，《中国发展观察》2018 年第 1 期。

［33］ 付才辉：《构建我国自主创新的新结构经济学学科体系——综述、架构与展望》，《制度经济学研究》2015 年第 4 期。

［34］ 付才辉：《新结构经济学理论及其在转型升级中的应用》，《学习与探索》2017 年第 5 期。

［35］ 干春晖等：《中国产业结构变迁对经济增长和波动的影响》，《经济研究》2011 年第 5 期。

［36］ 高传华：《航空港主导产业发展思路与对策》，《经济纵横》2015 年第 7 期。

［37］ 高友才、汤凯：《"丝绸之路经济带"节点城市竞争力测评及政策建议》，《经济学家》2016 年第 5 期。

［38］ 高友才、汤凯：《临空经济与供给侧结构性改革——作用机理和改革指向》，《经济管理》2017 年第 10 期。

［39］ 高友才、汤凯：《临空经济与区域经济阶段性耦合发展研究》，《经济体制改革》2017 年第 6 期。

［40］ 耿明斋、张大卫：《论航空经济》，《河南大学学报》（社会科学版）2017 年第 3 期。

［41］龚金星、朱佩娴：《河南中原腹地走向开放前沿》，《人民日报》
2018 年 1 月 2 日第 6 版。

［42］龚雯：《七问供给侧结构性改革》，《人民日报》2016 年 1 月 4
日第 2 版。

［43］管驰明、马奇骐：《航空运输投资对经济增长的影响及其机制
的实证研究》，《中国软科学》2010 年第 10 期。

［44］郭树清：《推动区域协调发展》，《山东经济战略研究》2015 年
第 11 期。

［45］胡鞍钢、刘生龙：《交通运输、经济增长及溢出效应——基于
中国省际数据空间经济计量的结果》，《中国工业经济》2009
年第 5 期。

［46］胡煜、李红昌：《交通枢纽等级的测度及其空间溢出效应——
基于中国城市面板数据的空间计量分析》，《中国工业经济》
2015 年第 5 期。

［47］胡煜：《中国交通枢纽的空间溢出效应研究》，博士学位论文，
北京交通大学，2017 年。

［48］姜文仙：《区域协调发展的动力机制研究》，博士学位论文，暨
南大学，2011 年。

［49］蒋奕廷、蒲波：《基于引力模型的成渝城市群吸引力格局研
究》，《软科学》2017 年第 2 期。

［50］柯善咨：《中国城市与区域经济增长的扩散回流与市场区效
应》，《经济研究》2009 年第 8 期。

［51］匡旭娟、谢立：《航空运输与中国国际贸易发展——基于国际
贸易面板数据的实证分析》，《广东社会科学》2017 年第 3 期。

［52］李非等：《临空经济区形成机理与区域产业结构升级——以广
州新白云国际机场为例》，《学术研究》2012 年第 1 期。

［53］李国政：《从城市的边缘到经济的中心：临空经济演进的动力
机制与圈层结构》，《现代城市研究》2013 年第 4 期。

［54］李涵、唐丽淼：《交通基础设施投资、空间溢出效应与企业库
存》，《管理世界》2015 年第 4 期。

［55］李家祥：《更好地发挥民航业在加快转变经济发展方式和调整

经济结构中的战略作用》，《中国民航报》2011 年 4 月 11 日第
1 版。

[56] 李健：《临空经济发展的若干问题探讨与对策建议》，《科技进
步与对策》2005 年第 9 期。

[57] 李克强：《关于深化经济体制改革的若干问题》，《求是》2014
年第 9 期。

[58] 李松霞、张军民：《新疆丝绸之路沿线城市空间关联性测度》，
《城市问题》2016 年第 5 期。

[59] 李文洁：《国内市场分割问题的实证研究》，博士学位论文，西
南财经大学，2011 年。

[60] 李晓：《沈阳城市经济转型背景下的城市空间重构研究》，博士
学位论文，辽宁大学，2016 年。

[61] 李晓东：《正在崛起的“航空大都市”》，《光明日报》2015 年
5 月 15 日第 8 版。

[62] 连玉明：《中国临空经济发展报告（2016—2017）》，社会科学
文献出版社 2017 年版。

[63] 练振中：《临空经济论》，博士学位论文，中共中央党校，
2011 年。

[64] 梁琦、黄卓：《空间经济学在中国》，《经济学（季刊）》2012
年第 3 期。

[65] 梁琦：《空间经济学：过去、现在与未来——兼评〈空间经济
学：城市、区域与国际贸易〉》，《经济学（季刊）》2005 年第
3 期。

[66] 林火灿：《李佐军：供给侧结构性改革与稳增长并非二选一》，
《经济日报》2015 年 12 月 14 日第 6 版。

[67]《临空经济发展战略研究》课题组：《临空经济理论与实践探
索》，中国经济出版社 2006 年版。

[68] 林毅夫、刘培林：《以高质量发展迈向高收入国家》，《人民日
报》2018 年 1 月 14 日第 5 版。

[69] 林毅夫：《新结构经济学、自生能力与新的理论见解》，《武汉
大学学报》（哲学社会科学版）2017 年第 6 期。

［70］林毅夫：《新结构经济学：反思经济发展和政策的框架》，北京
　　　大学出版社 2015 年版。

［71］林毅夫：《新结构经济学的理论基础和发展方向》，《经济评论》
　　　2017 年第 3 期。

［72］林毅夫：《新结构经济学——重构发展经济学的框架》，《经济
　　　学（季刊）》2011 年第 1 期。

［73］刘秉镰等：《交通基础设施与中国全要素生产率增长——基于
　　　省域数据的空间面板计量分析》，《中国工业经济》2010 年第
　　　3 期。

［74］刘波：《航空城的空间结构、要素与规划策略研究》，《城市规
　　　划学刊》2015 年第 4 期。

［75］刘诚、冯明、钟春平：《中国经济前景光明》，《人民日报》
　　　2017 年 9 月 17 日第 5 版。

［76］刘莉雪、徐寿波：《临空经济发展的阶段性特征与产业布局：
　　　以郑州为例》，《河南师范大学学报》（哲学社会科学版）2015
　　　年第 4 期。

［77］刘莉雪：《我国临空产业布局安全形成机理与评价研究》，博士
　　　学位论文，北京交通大学，2017 年。

［78］刘乃全等：《中国区域发展战略政策演变及整体效应研究》，
　　　《财经研究》2005 年第 1 期。

［79］刘荣增：《河南省际经济联系与地缘经济关系匹配研究》，《河
　　　南大学学报》（社会科学版）2017 年第 2 期。

［80］刘生龙、胡鞍钢：《交通基础设施与经济增长：中国区域差距
　　　的视角》，《中国工业经济》2010 年第 4 期。

［81］刘生龙、郑世林：《交通基础设施跨区域的溢出效应研究——
　　　来自中国省级面板数据的实证证据》，《产业经济研究》2013
　　　年第 4 期。

［82］刘雪妮等：《区域间民航发展与经济增长关系的比较分析》，
　　　《管理评论》2007 年第 7 期。

［83］刘雪妮：《临空经济对区域经济的影响研究——以首都机场临
　　　空经济为例》，《经济经纬》2009 年第 3 期。

[84] 刘雪妮：《我国临空经济的发展机理及其经济影响研究》，博士学位论文，南京航空航天大学，2008 年。

[85] 刘勇：《交通基础设施投资、区域经济增长及空间溢出作用——基于公路、水运交通的面板数据分析》，《中国工业经济》2010 年第 12 期。

[86] 刘再兴：《20 世纪 90 年代中国生产力布局与区域的协调发展》，《江汉论坛》1993 年第 2 期。

[87] 陆大道：《关于"点—轴"空间结构系统的形成机理分析》，《地理科学》2002 年第 1 期。

[88] 陆铭等：《城市规模与包容性就业》，《中国社会科学》2012 年第 10 期。

[89] 罗黎平：《民航运输业对区域产业影响的定量分析——以湖南省为例》，《经济地理》2011 年第 8 期。

[90] 骆永民、樊丽明：《中国农村基础设施增收效应的空间特征——基于空间相关性和空间异质性的实证研究》，《管理世界》2012 年第 5 期。

[91] 吕斌、彭立维：《我国空港都市区的形成条件与趋势研究》，《地域研究与开发》2007 年第 2 期。

[92] 马伟等：《交通基础设施与中国人口迁移：基于引力模型分析》，《中国软科学》2012 年第 3 期。

[93] 马晓科：《临空经济与区域经济发展的耦合作用机理——以郑州航空港为例》，《技术经济与管理研究》2017 年第 7 期。

[94] 摩根士丹利：《2025 年中国将步入高收入国家行列》，《中国房地产》2017 年第 35 期。

[95] 聂春洁：《智能终端："郑州制造"的世界级名片》，《郑州日报》2017 年 6 月 14 日第 1 版。

[96] 欧阳杰、苏千：《航空城空间结构演进过程及其动力机制分析》，《现代城市研究》2017 年第 2 期。

[97] 潘文卿：《中国区域经济差异与收敛》，《中国社会科学》2010 年第 1 期。

[98] 彭国华：《我国地区全要素生产率与人力资本构成》，《中国工

业经济》2007 年第 2 期。

［99］钱春弦：《首都机场股份公司总经理史博利：给这只"金鸡"算笔账》，中国日报网：http：//www. chinadaily. com. cn/hqcj/xfly/2014 – 09 – 03/content_ 12319221. html。

［100］荣朝和：《交通—物流时间价值及其在经济时空分析中的作用》，《经济研究》2011 年第 8 期。

［101］阮菊明：《临空经济理论解析与上海航空城战略行动》，上海三联书店 2017 年版。

［102］沈丹阳：《临空经济区入区企业遴选评价研究》，博士学位论文，中国民航大学，2009 年。

［103］沈露莹：《世界空港经济发展模式研究》，《世界地理研究》2008 年第 3 期。

［104］史普润等：《区域资源整合视角下临空经济的效率——基于 DEA 窗口分析法和灰色预测的江苏临空经济区的实证研究》，《系统工程》2012 年第 4 期。

［105］苏建军等：《交通巨变对中国旅游业发展的影响及地域类型划分》，《旅游学刊》2012 年第 6 期。

［106］孙波等：《临空经济产生的机理研究——以首都国际机场为例》，《理论探讨》2006 年第 6 期。

［107］孙翠兰：《对我国区域经济均衡发展战略形成历史的再研究——以历史唯物主义为视角》，《探索》2009 年第 6 期。

［108］孙晶、许崇正：《空间经济学视角下"经济引力"模型的构建与运用——以 2010 年长三角地区经济数据为例》，《经济学家》2011 年第 7 期。

［109］孙久文、罗标强：《基于修正引力模型的京津冀城市经济联系研究》，《经济问题探索》2016 年第 8 期。

［110］孙久文、张可云、安虎森等：《"建立更加有效的区域协调发展新机制"笔谈》，《中国工业经济》2017 年第 11 期。

［111］覃成林等：《区域经济协调发展：概念辨析、判断标准与评价方法》，《经济体制改革》2011 年第 4 期。

［112］覃成林：《区域协调发展机制体系研究》，《经济学家》2011

年第 4 期。

[113] 谭淑霞等:《国内外临空经济研究综述》,《科技管理研究》
2012 年第 8 期。

[114] 汤凯:《临空经济对区域发展的重构效应研究》,《云南财经大
学学报》2019 年第 7 期。

[115] 汤宇卿、王宝宇:《临空经济区的发展及其功能定位》,《城市
规划学刊》2009 年第 4 期。

[116] 田红兰等:《南昌市对外经济联系量与地缘经济关系匹配动态
演进研究》,《江西科学》2017 年第 5 期。

[117] 汪嘉波:《中国仍是世界上发展速度最快的经济体——访俄罗
斯国际关系管理研究所所长瓦斯拉夫斯基》,《光明日报》
2016 年 3 月 18 日第 16 版。

[118] 汪洋:《推动形成全面开放新格局》,《人民日报》2017 年 11
月 10 日第 4 版。

[119] 王美今等:《中国地方政府财政竞争行为特性识别:"兄弟竞
争"与"父子争议"是否并存?》,《管理世界》2010 年第
3 期。

[120] 王巧义:《临空产业集群实施路径研究》,《河北经贸大学学
报》2014 年第 2 期。

[121] 王全良:《基于动态空间模型的中国临空经济区与腹地区域经
济关系研究》,《地理研究》2017 年第 11 期。

[122] 王胜等:《爱尔兰香农自由贸易区发展经验探析》,《今日海
南》2018 年第 6 期。

[123] 王绶琯:《创新时代更要讲科学精神》,《人民日报》2015 年 1
月 22 日第 7 版。

[124] 王小鲁:《中国经济增长的可持续性与制度变革》,《经济研
究》2000 年第 7 期。

[125] 王旭:《空港都市区:美国城市化的新模式》,《浙江学刊》
2005 年第 5 期。

[126] 王旭:《美国城市史》,中国社会科学出版社 2000 年版。

[127] 王学斌、刘晟呈:《现代临空经济理念和航空城发展趋势分

析》，《城市》2007 年第 2 期。

[128] 王学东：《国际空港城市——在大空间中构建未来》，社会科学文献出版社 2014 年版。

[129] 王一鸣：《正确理解供给侧结构性改革》，《人民日报》2016 年 3 月 29 日第 7 版。

[130] 王雨飞、倪鹏飞：《高速铁路影响下的经济增长溢出与区域空间优化》，《中国工业经济》2016 年第 2 期。

[131] 王志清等：《京津冀地区发展民航产业集群研究》，《中国工业经济》2006 年第 3 期。

[132] 韦森：《探寻人类社会经济增长的内在机理与未来道路——评林毅夫教授的新结构经济学理论框架》，《经济学（季刊)》2013 年第 3 期。

[133] 魏后凯、高春亮：《新时期区域协调发展的内涵和机制》，《福建论坛》（人文社会科学版）2011 年第 10 期。

[134] 魏后凯：《中国区域政策——评价与展望》，经济管理出版社 2011 年版。

[135] 魏下海：《基础设施、空间溢出与区域经济增长》，《经济评论》2010 年第 4 期。

[136] 魏晓芳等：《现代空港经济区的产业选择与空间布局模式》，《经济地理》2010 年第 8 期。

[137] 文瑞：《试论航空港经济概念的新发展》，《河南科技大学学报》（社会科学版）2015 年第 2 期。

[138] 吴常艳等：《长江经济带经济联系空间格局及其经济一体化趋势》，《经济地理》2017 年第 7 期。

[139] 吴殿廷等：《从可持续发展到协调发展——区域发展观念的新解读》，《北京师范大学学报》（社会科学版）2006 年第 4 期。

[140] 吴国飞、陈功玉：《广州临空经济发展模式和具体思路研究》，《国际经贸探索》2014 年第 12 期。

[141] 吴三忙、李善同：《市场一体化、产业地理集聚与地区专业分工演变——基于中国两位码制造业数据的实证分析》，《产业经济研究》2010 年第 6 期。

［142］习近平：《决胜全面建成小康社会 夺取新时代中国特色社会主义伟大胜利》，《人民日报》2017年10月28日第1版。

［143］徐现祥、李郇：《市场一体化与区域协调发展》，《经济研究》2005年第12期。

［144］杨晨等：《交通基础设施、空间溢出对城市化进程的影响——基于省级面板数据的分析》，《城市问题》2015年第12期。

［145］杨国强、周翔：《不靠海 不沿边 走向世界靠蓝天——临空经济助推湖南腾飞》，《人民日报》（海外版）2017年3月27日第11版。

［146］杨凌：《港区去年生产手机2.58亿部》，《河南日报》2017年2月24日第3版。

［147］杨友才：《产权制度的空间溢出性与经济增长——基于空间面板固定效应的计量研究》，《经济问题》2010年第6期。

［148］杨友孝、程程：《临空经济发展阶段划分与政府职能探讨——以国际成功空港为例》，《国际经贸探索》2008年第10期。

［149］姚雪青、白天亮：《机场亏损为何还要建》，《人民日报》2013年1月28日第2版。

［150］叶明确、方莹：《出口与我国全要素生产率增长的关系——基于空间杜宾模型》，《国际贸易问题》2013年第5期。

［151］叶舟：《中国民航发展与经济增长关系的统计研究》，博士学位论文，天津大学，2005年。

［152］翼峰：《直击救灾大空运》，《航空知识》2008年第7期。

［153］殷广卫：《空间经济学对称核心——边缘模型解读》，《西南民族大学学报》（人文社科版）2008第8期。

［154］尹恒、徐琰超：《地市级地区间基本建设公共支出的相互影响》，《经济研究》2011年第7期。

［155］于斌斌、金刚：《中国城市结构调整与模式选择的空间溢出效应》，《中国工业经济》2014年第2期。

［156］余永定：《发展经济学的重构——评林毅夫〈新结构经济学〉》，《经济学（季刊）》2013年第3期。

［157］张光南：《基础设施、空间溢出与制造业成本效应》，《经济学

（季刊)》2013 年第 10 期。

[158] 张浩然、衣保中：《基础设施、空间溢出与区域全要素生产率——基于中国 266 个城市空间面板杜宾模型的经验研究》，《经济学家》2012 年第 2 期。

[159] 张军扩等：《临空经济发展的战略与对策：以首都国际机场为例》，经济科学出版社 2008 年版。

[160] 张军扩：《临空经济的内涵及发展中国临空经济的重要性》，《中国经济时报》2007 年 2 月 6 日第 4 版。

[161] 张可云：《区域经济一体化：追求理想的共赢格局》，《区域经济评论》2015 年第 6 期。

[162] 张蕾等：《空港经济区范围界定——以长三角枢纽机场为例》，《地理科学进展》2011 年第 10 期。

[163] 张蕾、陈雯：《国内外空港经济研究进展及其启示》，《人文地理》2012 年第 6 期。

[164] 张蕾：《长三角空港经济区产业结构空间格局演变及路径优化研究》，科学出版社 2016 年版。

[165] 张明莉：《系统视角下的临空产业集群研究》，北京交通大学出版社 2013 年版。

[166] 张琦：《"把西安作为西北的龙头，扬起来！"——李克强总理参加陕西代表团审议报告侧记》，《西安日报》2017 年 3 月 10 日第 2 版。

[167] 张倩：《"郑州造"智能手机遍布全球》，《郑州日报》2017 年 9 月 24 日第 1 版。

[168] 张学良：《中国交通基础设施促进了区域经济增长吗？——兼论交通基础设施的空间溢出效应》，《中国社会科学》2012 年第 3 期。

[169] 张学良：《中国交通基础设施与经济增长的区域比较分析》，《财经研究》2007 年第 8 期。

[170] 张占仓等：《郑州航空港临空经济发展对区域发展模式的创新》，《中州学刊》2016 年第 3 期。

[171] 张志、周浩：《交通基础设施的溢出效应及其产业差异——基

于空间计量的比较分析》,《财经研究》2012 年第 3 期。

[172] 赵磊等:《旅游发展、空间溢出与经济增长——来自中国的经验证据》,《旅游学刊》2014 年第 5 期。

[173] 赵巍:《我国打造三大世界级机场群的机遇与挑战》,《中国民航报》2017 年 9 月 7 日第 1 版。

[174] 赵巍:《樟宜机场如何成就全球最佳机场?》,《空运商务》2016 年第 2 期。

[175] 赵伟伟、李广志:《航空运输与区域经济发展的关系及作用机制分析》,《地域研究与开发》2018 年第 1 期。

[176] 赵伟伟:《2000 年以来中国城市体系演变特征研究——基于通航城市分布格局的分析》,《中国人口·资源与环境》2014 年第 10 期。

[177] 赵文:《临空经济与区域经济发展的耦合作用机理——以首都第二国际机场兴建为例》,《经济社会体制比较》2011 年第 6 期。

[178] 赵正等:《京津冀城市群核心城市的空间联系及影响测度》,《经济地理》2017 年第 6 期。

[179] 郑秉文:《从国际经验看如何长期保持增长动力?》,《人民日报》2016 年 6 月 12 日第 5 版。

[180] 钟昌标:《区域协调发展中政府与市场的作用研究》,北京大学出版社 2016 年版。

[181] 周柯、曹东坡:《航空港经济区(郑州)重点产业培育研究》,中国社会科学出版社 2015 年版。

[182] 周少华、韦辉朕:《临空经济的主要发展模式》,《中国国情国力》2009 年第 11 期。

[183] 周潇枭:《中国人民大学副校长刘元春:2030 年中国有望迈入高收入国家》,《21 世纪经济报道》2017 年 10 月 19 日第 3 版。

[184] 周子勋:《林毅夫:新结构经济学何以引领第三波发展思潮》,《中国经济时报》2016 年 3 月 11 日第 9 版。

[185] 祝平衡等:《发展临空经济的充要条件分析》,《湖北社会科

学》2007 年第 11 期。

［186］踪家峰、李静：《中国的基础设施发展与经济增长的实证分析》，《统计研究》2006 年第 7 期。

［187］［澳］欧文·E. 休斯：《公共管理导论》（第 4 版），张成福等译，人民大学出版社 2015 年版。

［188］［德］马克思：《马克思恩格斯全集》（第 30 卷），人民出版社 1995 年版。

［189］［德］马克思：《马克思恩格斯全集》（第 34 卷），人民出版社 1972 年版。

［190］［德］马克思：《资本论》（第 2 卷），人民出版社 1975 年版。

［191］［俄］列宁：《列宁全集》（第 34 卷），人民出版社 1985 年版。

［192］［俄］列宁：《列宁选集》（第 3 卷），人民出版社 1972 年版。

［193］［美］艾伯特·赫希曼：《经济发展战略》，曹征海、潘照东译，经济科学出版社 1991 版。

［194］［美］罗格纳·纳克斯：《不发达国家的资本形成问题》，谨斋译，商务印书馆 1966 年版。

［195］［美］唐纳德·J. 鲍尔索克斯、戴维·J. 克劳斯等：《供应链物流管理》（第 4 版），马士华、张慧玉等译，机械工业出版社 2014 年版。

［196］［美］约翰·卡萨达、格雷格·林赛：《航空大都市：我们未来的生活方式》，曹允春、沈丹阳译，河南科学技术出版社 2013 年版。

［197］［美］詹姆斯·M. 布坎南：《自由、市场与国家：20 世纪 80 年代的政治经济学》，平新乔、莫扶民译，北京经济学院出版社 1988 年版。

［198］［日］藤田昌久、保罗·克鲁格曼等：《空间经济学——城市、区域与国际贸易》，梁琦主译，中国人民大学出版社 2016 年版。

［199］［英］哈耶克：《个人主义和经济秩序》，贾湛等译，北京经济学院出版社 1989 年版。

［200］［英］亚当·斯密:《国民财富的性质和原因的研究》,郭大力、王亚南译,商务印书馆1972年版。

［201］ ACI Europe, Inter VISTAS, "Economic Impact of European Airports – a Critical Catalyst to Economic Growth", https: //www. aci – europe. org/component/downloads/downloads/4159. html.

［202］ ACI Europe, YORK Aviation, "The Social and Economic Impact of Airports in Europe", https: //www. aci – europe. org/component/downloads/downloads/3208. html.

［203］ Adler N. , Fu X. , Oum T. H. , et al. , "Air Transport Liberalization and Airport Slot Allocation: The Case of the Northeast Asian Transport Market", *Transportation Research Part A Policy and Practice*, 2014, 62 (4): 3 – 19.

［204］ AIRBUS, "Global Market Forecast – Flying by Numbers (2015 – 2034)", http: //www. airbus. com.

［205］ Arrow K. J. , "The Economic Implications of Learning by Doing", *The Review of Economic Studies*, 1962, 29 (3): 155 – 173.

［206］ Ashford N. J. , Mumayiz S. , Wright P. H. , *Airport Engineering: Planning, Design, and Development of 21st Century Airports (Fourth Edition)*, New Jersey: John Wiley and Sons, Inc. 2011: 659 – 703.

［207］ ATAG, "Aviation: Benefits beyond Borders", https: //aviation-benefits. org/media/149668/abbb2016_ full_ a4_ web. pdf.

［208］ Baldwin R. E. , "Regulatory Protectionism, Developing Nations, and a Two – Tier World Trade System", *Brookings Trade Forum*, 2000: 237 – 293.

［209］ Barro R. J. , "Human Capital and Growth", *American Economic Review*, 2001, 91 (2): 12 – 17.

［210］ Boarnet M. G. , "Spillovers and the Locational Effects of Public Infrastructure", *Journal of Regional Science*, 1998, 38 (3): 381 – 400.

［211］ Bowen J. , "Airline Hubs in Southeast Asia: National Economic

Development and Nodal Accessibility", *Journal of Transport Geography*, 2000, 8 (1): 25 –41.

[212] Button K. , Yuan J. , "Airfreight Transport and Economic Development: An Examination of Causality", *Urban Studies*, 2013, 50 (2): 329 –340.

[213] Camelia G. , Mihai S. , "The Economic and Social Benefits of Air Transport", *Ovidius University Annals Economic Sciences*, 2010, x (1): 60 –66.

[214] Chen S. T. , Lee C. C. , "Government Size and Economic Growth in Taiwan: A Threshold Regression Approach", *Journal of Policy Modeling*, 2005, 27 (9): 1051 –1066.

[215] Conventz S. , Thierstein A. , *Airports, Cities and Regions*, London: Routledge, 2015.

[216] Denise Zak, Michael Getzner, "Economic Effects of Airports in Central Europe: A Critical Review of Empirical Studies and Their Methodological Assumptions", *Advances in Economics and Business*, 2014, 2 (2): 100 –111.

[217] Easterly W. , "The Lost Decades: Developing Countries' Stagnation in Spite of Policy Reform 1980 – 1998", *Journal of Economic Growth*, 2001, 6 (2): 135 –157.

[218] Florida R. , Mellander C. , Holgersson T. , "Up in the Air: the Role of Airports for Regional Economic Development", *The Annals of Regional Science*, 2015, 54 (1): 197 –214.

[219] Francois Perroux, "Economic Space: Theory and Applications", *The Quarterly Journal of Economics*, 1950, 64 (1): 89 –104.

[220] Frank M. W. , "Income Inequality and Economic Growth in the U. S. : A Panel Cointegration Approach", *Working Paper, Sam Houston State University*, 2005.

[221] Garreau J. , *Edge City: Life on the New Frontier*, New York: Doubleday, 1992: 103.

[222] George Stalk, Thomas Hout, *Competing Against Time: How Time –*

Based Competition is Reshaping Global Markets, New York: Free Press, 1990: 7.

[223] Gitto S. , Mancuso P. , "Two Faces of Airport Business: A Non – parametric Analysis of the Italian Airport Industry", *Journal of Air Transport Management*, 2012, 20 (3): 39 – 42.

[224] Glen E. Weisbrod, John S. Reed, Roanne M. Neuwirth, "Airport Area Economic Development Model", *The PTRC International Transport Conference*, Manchester, England, 1993.

[225] Gunnar Myrdal, *Economic Theory and under – developed Regions*, New York: Harper & Brothers Publishers, 1957.

[226] Harrison A. , Rodríguez Clare A. , "Trade, Foreign Investment, and Industrial Policy for Developing Countries", *Handbook of Development Economics*, 2009, 5 (15261): 4039 – 4214.

[227] J. Sachs et al. , "Economic Reform and Constitutional Transition", *Annals of Economic and Fiance*, 2000 (1): 435 – 491.

[228] Jacco Hakfoort, Tom Poot, Piet Rietveld, "The Regional Economic Impact of an Airport: The Case of Amsterdam Schiphol Airport", *Regional Studies*, 2001, 35 (7): 595 – 604.

[229] Jeffrey G. Williamson, "Regional Inequality and the Process of National Development: A Description of the Patterns", *Economic Development & Cultural Change*, 1965, 13 (4): 1 – 84.

[230] John D. Kasarda, "Governing the Aerotropolis", http: //www. aerotropolis. com/files/2009_ 04_ Governing The Aerotropolis. pdf.

[231] John D. Kasarda, "Time – Based Competition &Industrial Location in the Fast Century", *Real Estate Issues*, 1999 (4): 24 – 29.

[232] John D. Kasarda, "What is an Aerotropolis", http: //aerotropolisbusinessconcepts. aero/the – aerotropolis/.

[233] John D. Kasarda, Lindsay G. , *Aerotropolis : the Way We'll Live Next*, New York: Farrar, Straus and Giroux, 2011.

[234] John D. Kasarda, "The Fifth Wave: the Air Cargo-industrial Complex", *Portfolio: A Quarterly Review of Trade and Transportation*,

1991, 4（1）: 2-10.

[235] Karacor E. K., Korshid D., "Projected Environmental Effects of the Third Airport in Istanbul", *Journal of Food Agriculture & Environment*, 2015, 13（2）: 223-227.

[236] Karsner D., "Aviation and Airports: The Impact on the Economic and Geographic Structure of American Cities, 1940s-1980s", *Journal of Urban History*, 1997, 23（4）: 406-436.

[237] Krueger A. O., Tuncer B., "Growth of Factor Productivity in Turkish Manufacturing Industries", *Journal of Development Economics*, 1982, 11（3）: 307-325.

[238] Lakew P. A., "Airport Traffic and Metropolitan Economies: Determinants of Passenger and Cargo Traffic", *Transportation Research Record Journal of the Transportation Research Board*, 2015, 2471: 58-72.

[239] Leibenstein H., "Book Reviews: Economic Backwardness and Economic Growth. Studies in the Theory of Economic Development", *Population*, 1957, 126（1）: 1349-1350.

[240] Li H., Zhang J., "Do High Birth Rates Hamper Economic Growth?", *Review of Economics & Statistics*, 2007, 89（1）: 110-117.

[241] Luis A. Rivera-Batiz, Paul M. Romer, "Economic Integration and Endogenous Growth", *The Quarterly Journal of Economics*, 1991, 106（2）: 531-555.

[242] Mckinley Conway, "The Flye-in Concept", *Industrial Development*, 1965（11）: 13-28.

[243] Mckinley Conway, *Airport Cities 21: the New Global Transport Centers of the 21st Century*, Atlanta: Conway Data, Inc., 1993.

[244] Mckinley Conway, *The Airport City*, Atlanta: Conway Data, Inc., 1970.

[245] Mckinley Conway, *The Airport City: Development Concepts for the 21st Century*, Atlanta: Conway Data, Inc., 1980.

[246] Michel Van Wijk, Kes Brattinga, Marco A. Bontje, "Exploit or

Protect Airport Regions from Urbanization? Assessment of Land – use Restrictions in Amsterdam-Schiphol", *European Planning Studies*, 2011, 19 (2): 261 – 277.

[247] Omar E. L. Hosseiny, "Challenges Facing the Interrelation of 21st Century International Airports and Urban Dynamics in Metropolitan Agglomerations. Case Study: Cairo International Airport", *Airports and Urban Dynamics 39th Iso Carp Congress*, 2003.

[248] Paul Krugman, "Increasing Returns and Economic Geography", *Journal of Political Economy*, 1991, 99 (3): 483 – 499.

[249] Paul Krugman, "The New Economic Geography, Now Middle – aged", *Regional Studies*, 2011, 45 (1): 1 – 7.

[250] Paul Rosenstein Rodan, "Problems of Industrialisation of Eastern and South-Eastern Europe", *Economic Journal*, 1943, 53 (210/211): 202 – 211.

[251] Prager F., Rose A., Wei D., et al., "Economy – wide Impacts of Reduced Wait Times at U. S. International Airports", *Research in Transportation Business & Management*, 2015, 16: 112 – 120.

[252] President's Airport Commission, *The Airport and its Neighbors*, Washington D. C. : US Government Printing Office, 1952.

[253] Robert E. Lucas, "On the Mechanics of Economic Development", *Journal of monetary economics*, 1988, 22 (1): 3 – 42.

[254] Seabury Consulting, Airline Cargo Management, "Annual Analysis of the Air Cargo Industry", http://www. airlinecargomanagement. com/feature/global – gains.

[255] Siyan Peter , Mohammed Nuruddeen Isa, "Sectorial Analysis of the Impact of Aviation Transport on Nigerian Economy: A Study of Four Selected International Airports (2003 – 2015)", *Journal of Economics and Public Finance*, 2017, 3 (3): 310 – 322.

[256] Smahel T., "Airport Features Most Likely to Affect International Traveler Satisfaction", *Transportation Research Record Journal of the Transportation Research Board*, 2017, 2626: 34 – 41.

[257] Stevens N., Baker D., Freestone R., "Airports in Their Urban Settings: Towards a Conceptual Model of Interfaces in the Australian Context", *Journal of Transport Geography*, 2010, 18 (2): 276 – 284.

[258] Stilwell J., Hansman R. J., "The Importance of Air Transportation to the U. S. Economy: Analysis of Industry Use and Proximity to Airports", *Massachusetts Institute of Technology*, 2013.

[259] Suksmith P. L., Nitivattananon V., "Aviation Impacts on Property Values and Management: The Case of Suvarnabhumi International Airport", *Iatss Research*, 2015, 39 (1): 58 – 71.

[260] Tony Sorensen, "Hub Cities in the Knowledge Economy: Seaports, Airports, Brainports", *Geographical Research*, 2015, 53 (1): 110 – 111.

[261] Tretheway M., "Strategic Airport Planning", *Journal of Air Transport Management*, 1999, 6 (4): 249 – 250.

[262] Vandenbussche J., Aghion P., Meghir C., "Growth, Distance to Frontier and Composition of Human Capital", *Journal of Economic Growth*, 2006, 11 (2): 97 – 127.

[263] Ventikos G. P., "A Probe into Evaluation of Airport Social Economic Benefits", *China Civil Aviation*, 2006 (8): 195 – 197.

[264] Young A. A., "Increasing Returns and Economic Progress", *Economic Journal*, 1928, 38 (152): 527 – 542.

[265] Zak D., Getzner M., "Economic Effects of Airports in Central Europe: A Critical Review of Empirical Studies and Their Methodological Assumptions", *Polish Journal of Ecology*, 2014, 62 (3): 431 – 439.

后　记

　　文稿即将付梓，终觉释然，本著作以博士学位论文为基础，代表了四年的辛苦探索，也是我学术生涯中的第一本著作。尽管已洋洋洒洒逾 20 万字，但因自身理论水平及实践深度所限，文章在理论阐释、模型构建、分析技术选择、数据采集等方面，仍存在诸多不足，有些观点、技术、数据等或许有错误，尤其是可能会面临证据不成分的指责。临空经济在中国是个崭新的经济形态，缺乏数据资料是当前研究的主要瓶颈，而且我对该领域的探索工作才刚刚开始，所以，恳请读者能够谅解，并提出中肯批评和宝贵建议。随着自身理论水平的提高及资料的丰富，我希望能够在将来能够提出更加经得起实证分析考验的观点来。

　　人为什么活着？罗素认为是"对爱情的渴望，对知识的追求，对人类苦难不可遏制的同情心"。是的，知识是支配我们一生最重要的一种追求，但是，路漫漫其修远兮，这种追求谈何容易。幸运的是，我的老师、家人、朋友，在我学术研究中，都给予了我莫大的鼓励与帮助，正是因为他们，我才能无畏荆棘，满怀信心与希望地执着于自己的追求。所以，在文稿完成之际，要向他们表示深深的感谢。

　　感谢我的博导高友才教授，他给予了我充分的信任，提供了良好的科研条件，从文章选题、结构安排，到具体论证、行文，都饱含了他的汗水，他也以渊博的学识以及谦逊和蔼的为人处世方式深刻影响着我；感谢我的硕导牛树海副教授，多年来在生活上、学业上他都给予了我极大的关心与鼓励，并把我引入学术之路，教我治学；感谢国内临空经济研究领域著名专家、中国民航大学曹允春教授，我有幸多次向曹教授当面请教，他的许多真知灼见为本书提供了极大的启发；感谢郑州大学商学院的诸位领导，正是他们平时对我的关心、鼓励、指导，才使我安静下来，坚持自己的研究；感谢商学院周柯、王海杰、刘荣增、孙恒有、张合林、李中建、沈琼、范炳良、孔喜梅等诸位老师，是他们的辛苦授业，使我掌握了扎实的经济理论知识，为学术研究打下基础；感谢刘霞、张婷玉、孙向伟、程晨等同事的帮助，他们从自身的研究领域对本书丰富完善提出了许多宝贵建议；感谢我的家人们给予的精神支持以及生活上无微不至的关心。

最后，感谢中国社会科学出版社卢小生老师、刘晓红老师，他们为拙作的出版都付出了许多辛苦。

汤　凯

2019 年 7 月 18 日于郑州大学